KB111882

초월의식2

코스믹 게임

◆ 일러두기

이 책은 정신세계사가 2008년 발행한 〈코스믹 게임〉의 개정판입니다.

제목, 표지, 본문 디자인, 가격이 바뀌었고 추가적인 교정작업이 있었으나 내용의 차이는 없습니다.

The Cosmic Game

by Stanislave Grof

스타니슬라프 그로프 지음 ◆ 김우종 옮김

초월의식 2.

코스믹 게임

정신세계사

초월의식2: 코스믹 게임

ⓒ 스타니슬라프 그로프, 1998

스타니슬라프 그로프 짓고, 김우종 옮긴 것을 정신세계사 정주득이 2008년 9월 5일 처음 펴내다.
서정욱이 다듬고, 변영옥이 꾸미고, 한서지업사에서 종이를, 영신사에서 인쇄와 제본을,
하지혜가 책의 관리를 맡다. 정신세계사의 등록일자는 1978년 4월 25일(제1-100호),
주소는 03965 서울시 마포구 성산로4길 6 2층, 전화는 02-733-3134, 팩스는 02-733-3144,
홈페이지는 www.mindbook.co.kr, 인터넷 카페는 cafe.naver.com/mindbooky 이다.

2024년 5월 3일 펴낸 책(개정판 제2쇄)

ISBN   978-89-357-0420-2 04180
            978-89-357-0418-7(세트)

이 도서의 국립중앙도서관 출판시도서목록(CIP)은 서지정보유통지원시스템
홈페이지(http://seoji.nl.go.kr)와 국가자료공동목록시스템(http://www.nl.go.kr/kolisnet)에서
이용하실 수 있습니다.(CIP제어번호: CIP2018018846)

우주는 누가 창조했고 어떻게 생겨났을까, 아니 그보다, 왜 창조되었을까? 인간은 그 창조 원리와 창조 과정 속에서 어떤 위치와 역할을 점하고 있는 걸까? 우주의 창조에 악은 꼭 필요한 것이었을까? 현대에 와서 가속적으로 심화되고 있는 인간의 난제를 우리는 해결할 수 있을까? 그 밖에도 탄생과 성^性과 죽음이라는 삶의 중요한 세 요소 간의 심오한 연결성, 카르마와 윤회를 바라보는 중층적 시각 등의 난해한 철학적 주제들을 다루면서 신과 인간의 숨바꼭질인 이 우주라는 게임의 비밀을 과감하게 파헤치는 이 책은 종교서나 철학서가 아니라 정신의학자인 스타니슬라프 그로프 박사의 역작이다.

그는 자아초월심리학¹⁾이라는 새로운 심리학의 창시자 중 한 사람이자 그 중요한 이론가로서, 정신의학을 공부하던 수련의 시

---

1) Transpersonal Psychology. 국내에 소개되는 과정에서 자아초월심리학, 초개아심리학, 초개인심리학, 등으로 번역되면서 아직 용어통일이 이루어지지 않고 있다. 본문에서는 초개아심리학으로 번역되었다. (편집자 주)

절 LSD의 임상적 용도를 연구하는 프로젝트에 인연을 맺게 된 이래 50여 년 동안 변성의식 상태의 체험과 관찰을 통해 인간 의식의 미답지를 탐사해왔다.

가장 최근에 태동한 심리학 분야인 자아초월심리학은 인간의 의식을 에고라는 비좁은 유물론적 경계 안에다 가둬놓았던 프로이트 심리학의 정신분석적 한계를 돌파하여 '궁극의 철학(perennial philosophy)'을 통해 고대로부터 전해오던 인간에 대한 정의 — '인간의 진정한 본질은 신성' — 를 받아들이고, 그 기반 위에다 새로운 과학을 정립하고자 하는 가히 혁명적인 시도를 벌이고 있다. 그러한 시도가 가능한 것은 자아초월심리학이 인류의 귀한 유산인 다양한 의식변성 기법들(예컨대 종교적 수행법, 주술 의식, 환각, 최면, 유체이탈 현상, 체험적 심리요법, 마인드 테크놀로지 등)을 의식 탐험의 도구로 받아들이고 활용함으로써 이 책에서 곧 접하게 될 초월적, 궁극적 차원의 체험에 이르기까지 인간 의식의 영역을 확장해나가기 때문이다.

〈코스믹 게임〉은 그로프의 그러한 탐사결과가 집대성된 의미심장한 결실로서, 과학적 방법론에 입각하여 몸소 체험하거나 관찰해온 비일상적 의식 상태의 체험들을 마치 퍼즐 조각처럼 맞춰서, 우리로 하여금 궁극의 배경 위에다 자신을 올려놓고 상상하지 못했던 각도에서 새롭게 바라보게 해주고 있다.

이를 통해 우리는 종래 자신의 시야가 얼마나 비좁고 왜곡된 것이었는지를 실감하지만 주류학계는 유물론적 과학의 근본 가설을 뒤흔드는 이 모든 새로운 증거를 묵살하는 태도로 일관한다. 하지만 켄 윌버가 명쾌하게 지적했듯이 종교와 과학이 서로 갈등을 보인다면 그것은 순수한 종교, 진정한 과학이 아니다.

자아의 영역을 초월하는 영적 세계와 심리학이라는 과학 사이의 접점을 과감히 모색하고 있는 자아초월심리학은 병든 지구의식을 치유해줄 미래의 심리학으로 발전해갈 것이 틀림없다. 좋은 책을 펴내준 정신세계사에 감사를 보낸다.

연세대학교 의과대학 외래교수
영남대학교 의과대학 명예교수
한국 명상-영성 치료학회 회장
신경정신과 전문의
정성덕

◇ 차 례 ◇

01

들어가며

신비는 우리가 마주할 수 있는 가장 아름다운 체험이다.

이런 감정을 모르는 사람,

더 이상 외경심으로 넋을 잃고 감탄할 줄 모르는 사람은

죽은 것이나 다름없다.

— 앨버트 아인슈타인Albert Einstein

내면의 불을 밝혀

그대 본연의 명징한 시야를 되찾으라.

— 노자老子

이 책은 존재(existence)에 대해 인류가 태곳적부터 품어온 근본적인 의문들을 다루고 있다. 이 우주[1]는 어떻게 시작되었을까? 우리가 사는 이 세계는 생기 없이 그저 수동적으로 반응하는 물질들이 일으킨 물리적 변화의 산물일 뿐일까? 창조와 진화를 일으키는 지고한(superior) 우주 지성은 존재할까? 자연법칙이 물질세계를 전부 설명할 수 있을까? 아니면 그런 설명이 통하지 않는 힘이나 원리가 작용하는 걸까?

시공간은 유한할까, 아니면 영원하고 무한할까? 우주의 질서와 형상, 의미는 어디에서 비롯되었을까? 생명과 물질, 의식과 뇌 사이에는 어떤 관계가 있을까? 우리는 이 책에서 일상과 밀접한 관계에 있는 여러 가지 주제들도 탐구해볼 것이다. 예컨대 선과 악의 극명한 대립, 카르마와 윤회의 수수께끼, 삶의 의미 따위의 골치 아픈 의문들 말이다.

심리학 연구나 정신의학 수련 과정에서는 좀체 이런 의문들이 제기되지 않는다. 하지만 내가 정신의학자로서 연구해온 많은 사람들의 마음속에서는 이런 의문들이 자연발생적으로, 그리고 절박하게 솟아났다. 내가 40여 년 동안 매달려온 연구의 주제가 바로 '비일상적 의식 상태'[2]라는 별난 분야이기 때문이다.

이 주제에 대한 나의 관심은 꽤 극적이고 예기치 못한 계기로 시작되었는데, 1956년에 의과대학을 졸업한 나는 몇 달 후에 체코슬로바키아의 프라하 의과대학 정신의학부에서 진행한 LSD 실험

---

1) 원서에서는 물질과 현상을 총칭하는 단어 'the universe'와 chaos(혼돈)의 반대말로서 질서 정연한 체계로서의 우주를 뜻하는 'cosmos'가 구분되어 쓰였으나, 우리말로는 동일하게 '우주'로 옮겼다. 단, 한 문장 안에서 두 단어가 겹칠 때에 한해서 the universe를 '삼라만상'으로 옮겼다.

2) non-ordinary states of consciousness.

에 자원했다. 이 실험은 내 사생활과 진로에 결정적인 영향을 미쳤고, 내가 인간 의식 연구에 일생을 바치기로 결심하게 하는 계기가 되었다.

나는 비일상적 의식 상태에 폭넓게 관심을 두었지만 특히 환각 연구에서 가장 많은 개인적 경험을 쌓아왔는데, 이 연구는 자연발생적인 심령적 위기(영적인 비상사태)[3]를 겪는 사람들의 치료 작업 또는 아내와 함께 개발한 홀로트로픽 요법[4]을 통해서 이루어졌다. 비일상적 의식 상태는 화학물질(환각요법), 일상의 알려지지 않은 원인들(심령적 위기), 또는 특정한 방식의 신체 조절과 의식을 각성시키는 음악과 빠른 호흡(홀로트로픽 요법) 등으로 인해 유발될 수 있다. 이 세 가지 범주에서 얻어진 통찰들은 꼭 같지는 않아도 매우 비슷하므로, 나는 이것들을 다 함께 다뤄보고자 한다.

의식 연구와 궁극의 철학

나는 전작들에서 비일상적 의식 상태에 대한 체계적 연구가 감정적, 정신신체적(psychosomatic) 장애와 심리요법 분야에 던지는

---

3) spontaneous psychological crises(spiritual emergency)

4) holotropic breathwork. 1970년대 중반에 LSD를 포함한 향정신성 물질의 사용이 의학적인 임상실험에서조차 법적으로 금지되었다. 하지만 그로프는 LSD에 의한 체험이 약물중독에 의한 망상 따위가 아니라 융의 심층심리학과 동서양의 신비사상들이 공통으로 밀하는 영적인 심층과 관계가 깊다고 확신하고는, 체내에 과다한 산소를 공급하는 격렬한 호흡, 감정·기억 따위를 환기시키는 음악, 신체 조절법 등을 병행하여 비일상적 의식 상태를 유도해내는 홀로트로픽 요법을 개발했다. 홀로트로픽 세션에서는 대개 참가자를 두 집단으로 나누어 번갈아 체험자(breather)와 조력자(sitter) 역할을 수행하게 하는데, 이처럼 '집단 요법'의 형태로 실시하는 이유는 참가자들의 감정 분출과 해방, 심층적인 교감 형성 등에 이점이 있기 때문이다.

중요한 시사점을 설명했다. 이 책은 그보다 더 폭넓고 보편적인 주제를 다루고 있다. 이 책은 내가 연구 중에 맞닥뜨린 대단히 철학적이고 형이상학적이고 영적인 통찰들을 제시한다. 내가 연구에서 얻은 경험과 관찰들은 일상적 상태에서는 거의 자각할 수 없는 현실의 중요한 차원과 측면을 드러내준다.

수십 세기 동안 베단타 철학, 대승불교와 상좌부(小乘) 불교, 도교, 수피즘, 영지주의, 그리스도교 신비주의, 카발라, 그 외 정교한 많은 체계들은 영적인 철학과 신비 전통 속에서 비일상적 의식 체험과 그로 인해 드러난 존재의 차원들을 묘사해왔다. 내 연구를 포함한 최근 의식 연구의 결과들은 본질적으로 이런 옛 가르침들의 관점을 지지하고 뒷받침한다. 그리고 그것은 당연하게도 의식-인간-현실의 본질에 관한 유물론적 과학의 근본 가정과 정면으로 충돌한다. 우리의 연구 결과는 의식이 두뇌의 산물이 아니라 존재의 제1원리이며, 현상계의 창조에 핵심적인 역할을 한다는 사실을 분명하게 시사한다.

또한 이런 연구들은 인간의 정신에 대한 우리의 관점을 근본적으로 변화시킨다. 요컨대, 우리들 각자의 정신은 본질상 만물의 총합과 동등하며 궁극적으로는 우주의 창조 원리 그 자체와 동일하다는 것이다. 이런 결론은 현대 과학기술 사회의 세계관과 심각하게 맞부딪치지만, 영국계 미국 작가이자 철학자인 올더스 헉슬리Aldous Huxley가 '궁극의 철학(perennial philosophy)'5)이라고 표현한 위대한 영적, 신비적 전통들이 보여주는 세계관과는 놀라울 만큼

---

5) '영원의 철학', '영원한 철학' 등으로 번역되기도 한다. 인류가 이룩해온 다양한 문화들 속에서, 시대와 지역을 뛰어넘어 끊임없이 반복되어온 보편적인 믿음 또는 세계관을 뜻한다.

유사하다.

현대의 의식 연구는 '궁극의 철학'의 기본 교의敎義를 뒷받침해주는 중요한 자료들을 축적해왔다. 그것들은 창조계 배후의 원대하고 용의주도한 설계를 밝혀냈고, 만물 속에 고도의 지성이 스며 있음을 보여주었다. 새로운 발견들에 따르면, 우주의 설계도와 인간 정신의 중대한 차원을 드러내고 있는 영성(spirituality)은 인간의 삶에서 마땅히 중요하게 추구되어야 한다. 과거에 신비 전통과 영적 철학들은 '비합리적'이고 '비과학적'이라며 무시당하고 조롱받기도 했다. 하지만 이는 근거도 없고 정당치도 않은, 그저 무지한 생각에 불과하다. 위대한 영적 전통들은 대부분 과학 연구와 흡사한 방법으로 수십 세기에 걸쳐 인간의 정신을 깊이 탐구한 끝에 얻어진 결과물이기 때문이다.

영적 전통들은 자신들의 철학적 기반인 영적 체험을 유도해내는 세밀한 지침과 기법을 갖추고 있다. 그 기법들은 대개 수십 세기가 넘는 세월 동안 체계적으로 모은 자료를 통해, 그리고 다수의 체험을 통해 검증된 것이다. 이는 신뢰성 있는 지식을 얻고자 할 때 거쳐야 하는 과학 연구의 절차와 조금도 다르지 않다. 묘하게도, '궁극의 철학'에 속하는 다양한 전통의 주장들이 현대 의식 연구의 결과들로부터 지지받고 있는 셈이다.

이 책에 소개된 내적 탐구의 방법들은 현대적인 검증이 가능하고, 과거의 영적 수행들이 요구했던 수준의 개인적 희생이나 헌신을 요구하지도 않는다. 그보다는 복잡한 삶에 붙잡힌 현대인들에게 알맞도록 좀더 쉽고 실용적이다. 현재 환각물질들은 통제를 벗어난 실험들이 무분별하게 실시된 탓에 오명을 뒤집어쓴 채로 정부 당국과 법적 규정에 의해 엄격하게 금지된 상태다. 하지만 홀로트로픽 요법은 이 책에서 소개할 통찰들의 타당성을 검증하는 데 관심이 있는 독자라면 누구나 실천해볼 수 있는 방법이다. 전 세계에서 진행된 워크숍의 체험 사례들과, 소정의 훈련 과정을 수료한 후에 직접 홀로트로픽 요법 세션을 안내하고 있는 7백 명의 전문가들로부터 온 반응들은, 내가 이 책에서 공개할 관찰 결과들이 충분히 반복 검증될 수 있음을 뒷받침한다.

일체지향적 의식 상태

내 연구의 영적·철학적 통찰을 살펴보기에 앞서, 내가 '비일상적 의식 상태'라는 말을 어떤 의미로 사용할 것인지를 명확히 해두는 것이 좋겠다. 나의 첫 번째 관심사는 인간 정신과 현실의 본질에 대한 유용한 자료가 되어주는, 특히 영적 차원에서 존재의 다양한 측면을 드러내주는 체험들이다. 또한 이런 체험들이 가진 치유(healing), 변성(tranfomation), 진화(evolution)의 잠재력도 확인하고자 한다. 그렇다면 '비일상적 의식 상태'라는 표현은 적절하지 않거나 무의미한 범위의 상태들까지 포함하기 때문에 우리의 목적을 이루기에는 너무 막연하다.

의식은 대뇌의 충격, 독극물 중독, 감염, 뇌의 혈액순환 장애 등의 다양한 병리 작용에 의해 크게 변할 수 있다. 이런 조건들도 분명히 '비일상적 의식 상태'의 범주에 포함될 만큼 심각한 정신적 변화를 일으킬 수 있다. 하지만 이런 변화들은 '평범한 정신착란'

또는 '기질적인 정신병'으로서 임상학적으로 매우 중요하지만, 우리의 논의 주제와는 별 관계가 없다. 정신착란에 빠진 사람들은 대개 정신적 혼란을 겪는다. 그들은 자기가 누구인지, 여기가 어딘지, 올해가 몇 년도이고 지금이 몇 월인지를 혼동하기도 한다. 그들은 지적 기능의 장애를 보이다가 지금까지의 기억들을 서서히 상실하기도 한다.

그러므로 나는 비일상적 의식 상태의 중요하고 커다란 하위 범주이지만 아직 현대 정신의학이 명명한 적이 없는 의식 상태로 우리의 논의를 좁히려고 한다. 나는 이 상태를 그 외의 상태들로부터 따로 구분해야 한다고 생각하고 '홀로트로픽holotropic(일체지향적)'이라는 용어를 만들어냈다. '홀로트로픽'은 '전체 지향적인' 또는 '전체를 향해 움직이는'이라는 뜻을 담고 있다. (그리스어로 holos는 전체를, trepein은 무언가를 향해 움직인다는 뜻이다.) 실제로 이 용어가 어떻게 정의되고 쓰이는지는 뒤에서 더욱 명확해질 것이다. 이 용어는 우리의 일상 의식이 실제로는 온전하지 않다는 사실, 그리고 우리가 작은 파편 하나에다 자신을 동일시하는 분열된 상태에 있다는 사실을 시사한다.

일체지향적 의식 상태는 총체적인 감각의 변화, 격하고 유별난 감정의 발생, 사고방식의 전면적 전환 등 뚜렷한 의식 변성을 일으키는 특징이 있다. 또한 다양한 정신신체적 징후나 파격적인 행동을 수반하기도 한다. 이때 의식은 매우 근본적이고 질적인 변화를 겪지만, 정신착란과는 달리 심각한 손상은 일어나지 않는다. 일체지향적 의식 상태에서는 존재의 다른 차원에 들어가게 되는데, 그것이 매우 강렬하고 압도적으로 느껴질 때도 있지만 그럼에도 우리는 흔들림 없이 방향성을 유지하여 일상적 현실 감각의 끈을 완전히 놓아버리지 않는다. 요컨대, 전혀 다른 두 가지 현실을 동시에 체험하는 것이다.

일체지향적 의식 상태의 매우 중요한 양상이자 특징은 감각의 놀라운 변화다. 눈을 떴을 때는, 대개 주변 사물의 형태와 색깔이 완전히 바뀐 것을 경험하게 된다. 눈을 감았을 때는, 개인적 경험 또는 집단 무의식으로부터 영상들이 밀려오기도 한다. 자연, 우주, 또는 신화적 세계에 해당하는 환상이 나타나거나 온갖 소리, 물리적 촉감, 냄새, 맛이 혼합된 입체적인 체험이 수반되기도 한다.

일체지향적 의식 상태에서 솟아나는 감정들은 일상적 경험의 한계를 멀리 벗어나 있다. 황홀경, 천상의 지복감, '사람의 이해를 뛰어넘는 평화[6]'에서부터 지독한 공포, 참기 어려운 분노, 철저한 절망, 소모적인 죄의식 등의 극심한 정신적 고통에 이르는 다양한 감정들이 광범위하게 펼쳐지는 것이다. 그중에는 몇몇 거대 종교들이 묘사하는 지옥에서의 고문에 비견될 만큼 고통스러운 감정도 있다. 마찬가지로 이런 각각의 감정에 수반되는 신체적 느낌도 극과 극으로 나뉜다. 체험의 내용에 따라 놀랄 만한 건강과 행복감, 극대화된 생리 기능, 엄청난 강도의 성적 희열을 느낄 수도 있지만, 반대로 심한 통증, 압박감, 메스꺼움, 질식할 듯한 느낌 등 극도로 불쾌한 감각을 느낄 수도 있다.

특히 흥미로운 부분은 일체지향적 상태가 사고 과정에 미치는 영향이다. 일체지향적 상태가 사고력 자체를 둔하게 만들지는

---

6) 빌립보서 4장 7절의 '사람의 헤아림을 뛰어넘는 하나님의 평화'를 인용한 듯하다.

않지만, 분명히 평상시와는 뚜렷이 다른 방식의 사고를 일으킨다. 일상적인 판단조차 내리기 어려워지거나, 다양한 주제에 대해 쏟아지는 새롭고 놀라운 정보들에 말 그대로 '파묻혀'버릴 수도 있다. 자신의 과거사, 무의식의 작용, 감정적 장애, 인간관계의 문제에 대한 깊은 심리학적 통찰이 떠오르기도 한다. 지금껏 머리로 배우고 쌓아온 토대를 뛰어넘어 우주와 자연의 새로운 차원을 엿보는 놀라운 경험을 하기도 한다. 그중에서도 가장 흥미로운 통찰은 바로 철학적이고 형이상학적이고 영적인 주제에 관한 것이다. 이 책은 바로 이런 통찰들을 다루기 위한 것이다.

일체지향적 상태에서 비롯된 철학적이고 영적인 통찰들

일체지향적 의식 상태는 종종 철학적이거나 신비로운 내용을 수반한다. 우리는 심령적 죽음과 부활의 반복, 또는 다른 사람-자연-우주-신과의 합일을 겪을 수도 있다. 다른 생명체로서 살았었던 기억을 발견하거나, 강력한 원형적原型的(archetypal) 존재들을 만나거나, 무형의 존재와 소통하거나, 온갖 신화적 세계를 방문하게 될지도 모른다. 또한 의식이 시각 능력을 유지한 채로 몸 밖으로 빠져나와 색다른 관점과 위치에서 그 주변은 물론이고 멀리 떨어진 여러 장소의 상황까지 정확하게 관찰하는 체험도 이 다채로운 사례들에 포함된다.

일체지향적 체험은 고대인과 원주민들의 다양한 기법, 소위 '신성한 기법'들을 통해 유도되기도 한다. 이런 과정에서는 북 두

드리기, 지껄이기, 종이나 공(징) 소리, 노래, 반복적인 율동, 호흡의 변화, 특수한 의식 유도법 등 여러 방식이 결합된다. 사회로부터의 철저한 고립과 감각 차단, 단식, 수면 박탈, 탈수로부터 심지어는 사혈, 지독한 설사와 변통便痛, 모진 고문 등의 혹독한 신체적 통제가 동원될 수도 있다. 환각식물이나 물질을 종교적으로 이용하는 방법도 매우 효과가 큰 신성한 기법들 중 하나다.

의식을 변화시키는 이런 기법들은 종교와 영성의 변천사에서 중요한 역할을 맡아왔다. 토착 문화의 샤머니즘과 성인식, 기타 의식儀式에서 가장 핵심적인 부분은 일체지향적 상태를 유도하는 일이다. 또한 의식의 변화는 지중해를 비롯한 전 세계 곳곳에서 고대에 행해졌던 죽음과 부활에 관련된 비밀 의식들의 핵심 요소이기도 하다. 세계 종교[7]에 속하는 다양한 신비주의 전통들도 모두 일체지향적 체험을 중요하게 여겼다. 이런 비교秘敎 전통들은 온갖 신성한 기법들, 즉 일체지향적 체험을 유도하는 특수 기법들을 발전시켜왔다. 다양한 방식의 요가, 명상과 집중법, 뜻이 모호한 노래, 이슬람 탁발승들의 회전춤, 금욕 수행, 헤지카즘[8] 또는 예수 기도[9] 등이 모두 여기에 포함된다.

현대에 와서는 의식을 변화시키는 기법들이 더욱 다양해졌다. 임상에서는 최면, 프라이멀 요법[10], 리버싱[11], 홀로트로픽 요법

---

7) 국경과 인종을 초월하여 전 세계인의 보편적인 믿음을 형성하고 있는 그리스도교, 불교, 이슬람교 등의 거대 종교.
8) hesychasm. 은둔과 무념을 강조하는 동방정교회의 신비주의.
9) Jesus prayer. 예수의 이름으로 기도하는 동방정교회의 관습.
10) primal therapy. 유아기의 고통을 재체험하는 요법.
11) rebirthing. 탄생을 재체험하는 요법.

등 체험 위주의 강력한 정신요법은 물론이고 환각식물에서 추출한 식물염기(알칼로이드) 또는 합성된 환각물질까지 이용하고 있다. 일체지향적 상태를 유도하는 대중적 실험법으로는 감각적 자극을 다양한 수준으로 감소시켜보는 감각 차단법과 뇌파의 변화에 따라 특정한 의식 상태가 되었음을 알려주는 바이오피드백biofeedback이 널리 활용된다. 이처럼 청각적, 시각적 자극이 뇌파를 이끌거나 유도하는 원리에 착안한 특수 전자장비들이 다수 개발되어 있다.

저마다의 깊이와 지속 시간을 가진 일체지향적 체험이 뚜렷한 원인 없이, 때로는 당사자들의 의지에 반하여 자연발생적으로 일어난다는 사실도 강조해둘 필요가 있다. 현대의 정신의학은 신비적·영적 상태와 정신병적 상태를 구분하지 않기 때문에, 일체지향적 체험을 겪는 사람들은 증상 억제를 위한 입원과 약물 치료가 필요한 정신병자로 진단받기 십상이다. 나와 내 아내 크리스티나는 이들 대부분이 실제로는 심령적 위기 혹은 영적인 비상사태라고 판단한다. 이런 체험들을 적절하게 받아들이고 숙련된 안내자의 도움을 받는다면, 이 위기는 오히려 정신신체적 치유, 영적 열림, 긍정적 성격으로의 변화, 의식의 진화로 마무리될 수 있다.

고대의 지혜와 현대의 과학

지금까지 살펴본 바와 같이, 일체지향적 체험은 수십 세기 동안 수많은 종교와 영성, 문화를 형성해온 다양한 기법들의 공통 분모이다. 일체지향적 체험은 우주와 존재의 영적 본질을 설명하는 우주론, 신화학, 철학, 종교 체계의 주된 원천이다. 또한 토착 부족들의 샤머니즘과 신성한 의식儀式으로부터 세계 종교에 이르기까지 폭넓게 펼쳐진 인류의 영성 생활을 이해하는 열쇠다. 하지만 무엇보다도 중요한 사실은, 그것이 우리의 창조성을 온전히 발현시키는 풍성하고 만족스러운 삶의 전략과 값을 헤아릴 수 없는 실용적 지침을 제공한다는 점이다. 이런 모든 부분을 생각해볼 때, 서양의 과학자들은 유물론적 편견에서 벗어나서 일체지향적 상태를 체계적 연구의 정식 주제로 삼아야만 한다.

나는 위에서 설명한 모든 종류의 일체지향적 의식 상태에 깊은 관심을 지녀왔고, 그 전에 나 스스로 여러 가지 중요한 체험을 한 바 있다. 하지만 앞서 말했듯, 내 연구의 대부분은 환각요법과 홀로트로픽 요법, 영적 비상사태라는 세 가지 범주 안에서 이루어졌다. 계기가 서로 다르긴 하지만, 이 세 가지 상황에서 관찰되는 사례들은 경험의 내용과 거기서 비롯된 영적, 철학적 통찰들이 매우 비슷하다.

나는 직업적으로 LSD, 실로시빈, 메스칼린, 디프로필-트립타민(DPT), 메틸렌-디옥시-암페타민(MDA) 등의 환각물질을 사용하여 4천 회 이상의 환각 세션을 직접 진행했고, 동료들이 진행한 2천 회 이상의 세션을 관찰했다. 그중 상당수의 세션에는 우울증, 신경증, 정신신체 장애, 알코올 중독, 마약 중독 등 감정과 심신의 부조화로 고통받는 다양한 증상의 정신과 환자들이 참가했었다.

말기가 대부분이었던 암 환자들도 꽤 많았다. 내 연구는 병에서 비롯된 환자들의 감정적 괴로움과 극심한 신체적 고통을 완화시킬 뿐만 아니라, 신비한 의식 상태를 접할 기회를 제공함으로써 죽음에 대한 공포를 줄이고 관점을 바꾸어 삶의 마지막을 변모시키기 위한 것이었다. 그 외에는 정신과의사, 심리학자, 회사원, 성직자, 예술가, 다양한 전공의 과학자들처럼 '정상적인 자원자들'이 있었는데, 이들이 환각 세션에 참여한 목적은 통찰과 깨달음을 얻기 위해서였다.

홀로트로픽 요법은 전문가 양성을 위한 장기적 훈련 프로그램과 일반인을 대상으로 한 실습 위주의 워크숍으로 나뉘어 진행되었다. 수십 년간 나와 내 아내 크리스티나는 직·간접적으로 3만 회 이상의 홀로트로픽 세션을 감독했고, 개인을 대상으로 했던 극히 예외적인 경우를 제외하고는 그 대부분이 집단 세션이었다. 환각제와 홀로트로픽 요법을 사용한 실험 이외에도, 나는 뚜렷한 원인 없이 발생한 심령적 위기를 겪는 많은 사람들을 연구할 수 있었다. 물론 이런 연구는 특정한 계획 아래 체계적으로 진행되었다기보다는, 내 개인적·직업적 생활의 일부로서 자연스럽게 이루어졌다.

이 책에는 내가 의식 연구 분야에서 40여 년 이상 축적해온 자료들이 담겨 있다. 나는 그중에서도 존재론적, 우주론적 의문과 관계 있는 체험들과 관찰 자료들에 초점을 맞췄다. 놀라운 사실은, 서양 산업문명의 이데올로기를 극단적으로 드러내는 '우주와 인간의 본질에 대한 유물론적 이해'를 대체할 만한 일관된 논리와 포괄성을 지닌 대안이 일체지향적 상태를 기술한 자료들 속에서 발견된다는 사실이다.

일체지향적 상태를 경험하고 그것을 잘 통합한 사람들은 '객관적 세계'에 대한 기이하고 망상적인, 흐트러지고 왜곡된 세계관을 발전시키지 않는다. 그들은 지고한 우주 지성이 창조하고 스스로 그 속에 스며 들어 있는 이 삼라만상의 웅장한 광경, 그 다양한 단면들을 발견해낸다. 그리고 결국 그들의 정신과 의식은 '혼魂으로서의 우주'(ensouled cosmos)와 동일해진다. 이런 통찰들은 인류 역사 상 서로 독립적인 지역에서 반복적으로 등장해온 세계관(궁극의 철학)과 놀랄 만큼 비슷하다. 일체지향적 의식 상태로부터 얻은 통찰로써 일상적 물질세계의 경험을 보완할 기회를 가졌던 사람들은 이런 보편적 세계관을 저마다의 다양한 그릇 속에 담아 공유해왔다.

다양한 형태의 일체지향적 체험을 겪었지만 과학기술 사회 속에 사는 탓에 그것을 자신의 문화 속에서 소화시키지 못했던 수백만의 서양인들은 이러한 소식을 반겨야 한다. 그들은 스스로 자기가 제정신인지 고민해야 했고, 주변 사람들은 물론이고 도움을 받기 위해 혹은 본인의 의지와는 무관하게 만나게 된 정신건강 전문가들에게도 정신상태를 의심받아야 했다. 일체지향적 상태에 대한 연구는 그들의 누명을 벗기고 현대 정신의학의 맹점을 폭로한다. 그리고 인간과 우주의 본질에 대한 관점을 근본적으로 수정하는 작업이 절실히 필요함을 보여준다.

현대 과학의 많은 분야에서 일어난 혁명적 발전들이 유물론적 세계관이라는 케케묵은 저주를 걷어내는 동안, 우리는 인간과 자연과 우주에 대한 새롭고 포괄적인 그림을 보기 시작했다. 존재에 대한 이 대안적 접근이 과학과 영성을 통합하고, 고대 지혜의 진수를 현재의 과학기술 사회 속에 자리 잡게 하리라는 믿음은 점점 더 확실해지고 있다. 당장 지금만 하더라도, 우리는 혁명적 과학 이론들을 엉성하게 조합해놓은 모호한 모자이크가 아니라 그보다 훨씬 더 정교한 밑그림을 갖고 있다. 어빈 라즐로Ervin Laszlo는 이미 현대 과학의 각종 분야에서 등장한 매우 중요한 이론들을 훌륭하게 통합하여 제시했다. 또한 켄 윌버Ken Wilber는 이런 통합적 세계관에 필요한 철학적 근거를 담은 비범한 학제적學濟的(interdisciplinary) 기반을 구축했다.

의심할 여지 없이, 이 새로운 우주관의 완성은 과학시대 이전 세계관으로의 단순한 회귀가 아니라 과거와 현재의 장점이 창조적이고 수준 높게 통합되었음을 뜻하게 될 것이다. 현대 과학의 성취를 모두 보전하면서도 동시에 서양 문명이 잃어버린 영적 가치를 다시 회복시키는 세계관은 우리의 개인적, 사회적 삶에 모두 깊은 영향을 미칠 것이다. 나는 이 책에서 살펴볼 일체지향적 상태에 대한 관찰과 경험들이 지금 산고産苦를 거치며 태어나고 있는 '현실과 인간의 본성에 대한 새롭고 흥미로운 전망'의 중요한 일부분이 되리라고 굳게 믿고 있다.

02

우주, 의식, 영

우리가 진보하여
우리 자신과 사물 속의 영혼에 눈을 뜬다면
식물, 금속, 원자, 전기, 그 외 물질계의 모든 것 속에
의식이 있음을 깨달을 것이다.

— 스리 오로빈도Sri Aurobindo

대부분의 사람들과는 달리 내게는
'갈라놓는 벽(dividing walls)'이 투명하게 보인다.

— 카를 구스타프 융C. G. Jung

유물론적 과학의 세계관

서양 과학에 따르면, 우주는 스스로 창조된 물리적 입자들의 광대하고 복잡한 집합체다. 우주라는 무대에서 보면, 생명과 의식과 지성은 최근에 와서 우연히 생겨난 비중 없는 조연에 불과하다. 존재의 이 세 가지 측면은 이른바 수십억 년 동안 진화해온 거대한 물질우주 속에서 무시해도 될 만큼 작은 부분에서 출현한 것이다. 생명은 원자와 무기성 분자들을 모아 유기합성물로 변화시킨 원시 바다 속의 무작위적인 화학작용에서 비롯되었다. 그 후에 유기물은 자기 보호, 복제, 세포 조직화 능력을 획득하며 진화해갔다. 단세포 유기체는 다세포 생명체로 더욱 커졌고, 마침내 지구는 호모 사피엔스Homo Sapiens를 비롯한 온갖 종이 서식하는 곳이 되었다.

앞에서 말했듯, 의식은 중추신경계에서 복잡하게 전개된 생리학적 변화와 진화의 마지막 단계에서 등장했다. 즉, 의식이 두뇌의 산물로서 두개골 속에 갇혀 있다는 것이다. 그렇다면 의식과 지성은 인간 이상의 고차원적 동물들에게만 가능한 작용이어야 한다. 의식과 지성이 생물학적 기관 없이는 기능할 수도 존재할 수도 없다면, 그 속의 내용물 또한 우리가 태어난 후에 감각 기관을 통해 받아들인 외부 세계의 정보들로만 제한되어야 마땅할 것이다.

서양 과학자들은 근본적으로 영국 경험주의 학파의 옛 격언을 신뢰한다. "지성 안에 있는 모든 것은 이미 감각 기관을 거친 것이다." 18세기에 존 로크John Locke에 의해 처음 천명된 이런 관점은 오감을 벗어난 초감각적 지각(텔레파시, 투시, 먼 곳의 상황을 정확하게 인식하는 유체이탈 체험 등)을 원천적으로 부정한다.

이러한 감각적 자극의 성질과 범위는 외부 환경의 물리적 특성이나 감각 기관의 생리학적 속성에 의해 더욱 제한된다. 예컨대 우리는 견고한 벽 뒤편에 있는 물체를 관찰할 수 없다. 수평선 너머로 사라진 배와 달 뒷면의 모습도 볼 수 없다. 외부에서 발생한 음파들 중에서는 우리의 귀에 일정 강도 이상으로 전달되는 소리만 듣는다. 만약 우리가 샌프란시스코에 있다면, 텔레비전이나 전화와 같은 현대 기술의 발명품 없이는 뉴욕에 있는 친구의 행동을 보고 들을 수 없다.

고정관념을 깨는 현대의 의식 연구

비일상적인 의식 체험은 인간 정신의 잠재력과 지각의 한계에 대한 편협한 관념에 정면으로 배치된다. 우리가 비일상적 의식 상태에서 체험할 수 있는 것들은 유물론적 과학자들이 그동안 주입해온 프로이트Freud의 개인 무의식(the individual unconscious)이나 태어난 이후부터 쌓여온 기억들의 한계를 훌쩍 넘어선다. 일체지향적 체험은 미국의 저술가·철학자였던 앨런 와츠Alan Watts가 익살맞게 표현한 '살가죽에 싸인 에고(the skin-encapsulated ego)[1]'의 저 너머까지 이른다. 이런 체험들은 서양의 심리학자와 정신과의사들이 아직 손도 대지 못한 광대한 정신 영역 속으로 우리를 데려다놓는다. 일체지향적 상태에서 일어날 수 있는 모든 현상을 기술하고 분

---

1) 이 책에서는 '몸-에고(body-ego)'라는 용어도 같은 뜻으로 쓰인다.

류하기 위해서, 나는 인간 정신에 대한 고정관념을 확장시키는 체험들의 새로운 지도를 그려왔다. 여기서는 이 새 지도의 중요한 특징만을 간략하게 소개할 것이다. 더욱 자세한 설명은 내 전작들을 참고하기 바란다.

나는 일체지향적 상태에서 발생하는 모든 경험을 다루기 위해 인간 정신에 대한 서양의 관념에다 커다란 두 개의 영역을 추가시켜야만 했다. 하나는 출생 시에 생겨난 정신적 외상 — 격노, 절망, 생존의 위협, 숨 막힘, 신체 여러 부위의 극심한 통증 등 — 과 관련된 격렬한 감정과 감각의 저장고다. 여기에는 탄생과 죽음, 성性과 폭력이라는 주제와 맞닿아 있는 다양한 상징들이 포함된다. 나는 인간 정신의 이런 측면들이 생물학적 출생과 관련이 있으며 '주산기周産期(perinatal)'[2]에서 기인한다고 본다. (그리스어 peri는 가까운 곳을 뜻하고 라틴어 natalis는 출산과 관련되었음을 뜻한다). 이 문제는 뒤에서 탄생, 성, 죽음이라는 영적 차원을 다룰 때 다시 논의될 것이다.

내 지도에 새롭게 그려진 또 하나의 영역은 초개아적超個我的(transpersonal)[3] 영역으로서 신체와 자아의 일상적, 개인적 한계를 초월한 체험들이 여기에 포함된다. 초개아적 체험 속에서 개인의 정체성은 외부 세계의 요소들과 존재의 다른 차원에 이르기까지 엄청나게 확장된다. 예컨대 다른 사람, 동물, 식물, 자연, 그 외 우주

---

2) 신생아 분만의 전후, 구체적으로는 임신 29주째부터 생후 1주까지의 기간을 뜻한다.
3) 초개아 심리학(transpersonal psychology)에 따르면, 인간의 성장은 자아의 확립과 실현에서 끝나는 것이 아니라 이웃과 공동체, 인류와 생태계, 더 나아가서는 우주와의 일체감과 동질성을 확립하는 단계로 이어진다. 그리고 인간의 의식은 본질적으로 자아 초월의 단계로까지 성장할 가능성을 갖추고 있으며, 적절한 방법의 실천을 통해 이러한 성장은 촉진될 수 있다.

의 여러 측면들과의 뚜렷한 동질감은 초개아적 체험의 중요한 일부분이다.

초개아적 체험은 스위스의 정신과 의사 C. G. 융이 사용한 집단 무의식(the collective unconscious)이라는 개념으로 일부분 설명될 수 있다. 원형原形적, 민족적, 집단적 기억들의 광대한 저장고 속에는 인류의 역사적, 문화적 유산들이 온전히 보관되어 있다. 융은 이런 원형들이 인간의 정신 작용은 물론이고 세계 곳곳에서 벌어지는 사건들까지 결정한다고 말했다. 또한 이런 원형들은 신화적 존재들로 채워진 상상의 세계를 창조하게끔 하는 원동력이기도 하다. 일체지향적 상태에서는 이런 집단 무의식의 내용들을 직접 체험할 수 있다.

주산기 체험과 초개아적 체험을 주의 깊게 연구해보면, 한 인간의 내적 정신과 외부 우주와의 경계가 그다지 뚜렷하지 않으며 쉽게 초월된다는 사실이 드러난다. 우리들 각자가 궁극적으로는 모든 존재의 총합과 동등하다는 명백한 증거도 발견된다. 일상적 상태에서는 객관적으로 지각되는 사물들이 일체지향적 상태에서는 주관적인 양상으로 체험된다. 우리는 시공간 속에 두루 존재하는 물질계의 모든 요소뿐만 아니라, 집단 무의식의 신화적 영역이나 원형적 존재와 같은 이異차원 세계의 다양한 측면들을 체험하게 된다.

일체지향적 상태에서는 생물학적 탄생의 모든 단계, 즉 태내의 기억부터 더 나아가서는 수정란에 해당하는 세포 수준의 기억까지 놀랄 만큼 상세하게 체험할 수 있다. 초개아적 체험은 가깝거나 먼 조상들이 겪었던 사건들을 보여주거나, 민족적·집단적 무의식 속으로 우리를 데리고 간다. 전생처럼 보이는 사건들, 심지어는 인류의 시조 격인 동물로서 살았던 흔적들을 접할 수도 있다. 다른 사람, 집단, 동물, 식물, 심지어는 무생물적 작용이나 사물과 완전히 동화된 상태를 깨어서 체험하기도 한다. 우리는 이런 체험들을 통해 현생의 평범한 방식으로는 획득할 수 없는 자료들, 즉 우주의 다양한 측면에 대한 완전히 새롭고 정확한 정보들을 얻는다.

일상적 지각으로는 접근할 수 없는 깊은 차원을 체험하는 동안, 우주와 존재의 본질에 대한 우리의 관념은 극적인 변화를 일으킨다. 이때 생겨나는 가장 근본적이고 철학적인 통찰은, 이 우주가 그저 물질 입자들의 기계적 상호작용이 만들어낸 자연발생물이 아니라는 사실이다. 우리는 우주의 역사가 곧 진화하는 물질의 역사라는 유물론의 기본 가정을 받아들일 수 없게 된다. 도저히 부정할 수 없는 방식으로 우주의 신비롭고 신성한 차원을 직접 체험해보았기 때문이다.

혼魂으로서의 우주

강렬한 초개아적 체험은 일반적으로 우리의 세계관을 확장하여 원주민 부족들과 고대 문명들이 지녔던 우주관의 여러 요소들을 수용하게끔 한다. 이러한 확장은 체험자의 지성과 교육 배경, 직업과는 전혀 관계가 없다. 깨어 있는 의식으로 동물, 식물, 심지어는 무생물적 대상과 동화되는 생생한 체험은 이 우주를 혼을 가진 존재로 바라봤던 물활론적物活論的(animistic) 문명들을 더 잘 이해하도록 도와준다. 물활론에 따르면 동물뿐만 아니라 나무, 강, 산, 해,

달, 별도 모두 의식을 가진 존재들이다.

아래의 체험담은 일체지향적 의식 상태에서 무생물을 신성한 존재로 체험하는 일이 어떻게 일어나는지를 보여주고 있다. 존이라는 지적이고 교양 있는 한 미국인이 시에라 네바다 산맥의 높은 곳에서 친구와 야영을 하다가 평소의 정체성을 잃어버리고 화강암질의 산과 강력한 일체감을 체험했던 이야기다.

나는 산 아래로 폭포가 되어 떨어지는 맑은 시냇물에 발을 담근 채 넓적한 화강암 바위에 앉아 쉬고 있었다. 나는 햇볕을 쬐면서 그 빛을 온몸으로 받아들였다. 긴장이 풀릴수록 상상해보지 못한 깊은 평화가 찾아왔다. 시간은 서서히 느려지다가 결국 멈춰버린 듯했다. 영원永遠의 손길이 느껴졌다.

나는 점점 경계에 대한 감각을 잃고 이 화강암질의 산과 하나가 되었다. 내 안의 모든 소란과 지껄임은 가라앉아 절대적 침묵으로 대체되었다. 나는 어딘가에 도달한 느낌을 받았다. 나는 모든 욕망과 요구가 충족되고 모든 질문이 답을 얻는 궁극적 휴식의 상태에 있었다. 나는 문득 이 심오하고 깊이를 잴 수 없는 평화가 화강암의 성질과 관계있다는 사실을 깨달았다. 믿기 어렵지만, 나는 내가 화강암의 의식이 된 것처럼 느꼈다.

이집트인들이 화강암을 조각하여 신상神像을 만들고 힌두인들이 히말라야를 누워 있는 시바의 모습으로 여긴 까닭이 절로 이해가 되었다. 화강암은 그들이 경배했던 흔들림 없는 의식 상태를 뜻하기 때문이다. 자연적 풍화로 화강암 표면이 깨지는 데는 수천만 년이 걸린다. 그 긴 시간 동안, 활동하는 생물들의 세계는 무수한 변화를 겪는다. 종種들이 생겨나고 유지되다가 멸종한다. 왕조가 세워지고 통치하다가 교체된다. 수천 세대에 걸쳐 인간들은 저마다의 어리석은 각본을 연기한다. 하지만 화강암질의 산은 그 어떤 일에도 꿈쩍하거나 손상되지 않고, 마치 신처럼 엄숙한 목격자로서 그 자리에 서 있는다.

신과 악마의 세계

일체지향적 상태는 이 우주에 신화적 존재들이 살고 있으며 즐거워하거나 노여워하는 온갖 신들이 이 세상을 지배한다고 믿는 문명의 세계관에 대한 깊은 통찰을 제공해준다. 일체지향적 상태에서 우리는 신, 악마, 전설적 영웅, 초인적 존재, 수호령의 세계를 직접 체험하는 통로를 발견하게 된다. 우리는 신화적 세계, 상상 속의 풍경, 저승을 방문하기도 한다. 이런 체험 속 이미지들은 집단 무의식에서 기인할 수도 있고, 인류의 역사 속에서 특정 문명에 속하는 신화적 존재나 주제를 드러낼 수도 있다. 깊은 내적 체험을 통해, 우리는 산업혁명 이전 사회의 우주상宇宙像들이 무지한 '마법적 사고'[4]와 미신에서 비롯된 것이 아니라 또 다른 차원에 대한 직접 체험에 토대하고 있음을 알게 된다.

다른 초개아적 체험들과 마찬가지로, 이런 체험들도 다양한 원형계와 원형적 존재들에 대한 새롭고 정확한 정보를 제공한다는

---

4) magical thinking. 전염병이 신의 분노 때문이라거나, 자기가 응원하는 팀은 꼭 진다거나 하는 식으로 인과관계를 자의적으로 잘못 해석하는 사고방식 또는 믿음.

점에서 그 진실성을 인정받을 수 있다. 여기서 얻어지는 정보들의 수준과 범위는 우리가 지금까지 신화적으로 알고 있던 지식을 훨씬 뛰어넘곤 한다. 이런 관찰을 통해서 C. G. 융은 지그문트 프로이트가 제시한 개인 무의식 이외에도 인류의 문화유산 전체와 연결된 집단 무의식이 인간에게 내재되어 있다는 가설을 세우게 된 것이다.

이쯤에서 나는 일체지향적 상태에 대한 연구를 하다가 접했었던 가장 흥미로운 사례를 소개하고자 한다. 이것은 죽음에 대한 병적 공포(thanatophobia)와 우울증 때문에 내게 치료를 받았던 오토의 이야기다. 오토는 환각 세션 중에 생생한 심령적 죽음과 재탄생을 잇달아 체험하게 되었다. 그는 그 체험의 절정에서 무시무시한 돼지 여신이 지키고 있는 저승의 불길한 입구를 보았다. 그리고 그 즉시 어떤 기하학적 도형을 그려야 한다는 강한 충동에 사로잡혔다.

평소에 나는 세션인 내담자들에게 등을 기대고 누운 자세에서 눈을 감고 체험에 집중하도록 요구하는데, 그는 눈을 뜨고는 몸을 일으켜 종이 몇 장과 필기구를 가져다 달라고 다급하게 부탁했다. 그러고는 복잡하고 추상적인 모양을 그려대더니, 다 그리자마자 불만과 절망으로 가득 차서 그 난해한 그림들을 가차 없이 구기고 찢어버렸다. 그는 그것을 '제대로 그릴 수 없었기' 때문에, 자신의 그림에 만족하지 못하고 몹시 좌절했다. 나는 그에게 무엇을 그리려던 것인지 물었지만, 그는 내게 설명해주지 못했다. 단지 어떤 기하학적 모양을 그려야 한다는 억누를 수 없는 충동을 느꼈고, 그 모양을 올바로 그려내는 일이 자신의 세션에 꼭 필요한 조건처럼 여겨졌다고 말할 뿐이었다.

오토는 이 세션에서 지극히 감정적인 무언가를 느꼈고, 그것을 이해하는 일은 무척 중요해 보였다. 그 당시에 나는 프로이트 정신분석학의 영향에서 벗어나지 못한 상태였으므로, 자유연상법을 사용하여 이 기이한 행동의 무의식적 동기를 규명하고자 최선을 다했다. 하지만 많은 노력에도 불구하고 별다른 성과가 없었다. 나는 도무지 그의 행동을 설명할 수 없었다. 결국 우리의 세션은 다른 주제로 넘어갔고, 나는 이 문제를 더 이상 고민하지 않기로 했다. 그리고 이 일은 오랫동안 완전한 수수께끼로 남아 있었다.

그런데 내가 미국으로 이주해서 볼티모어에서 지내던 시기에, 한 친구가 내 연구에 관심을 보일 거라며 신화학자 조셉 캠벨을 소개해주었다. 몇 번의 만남 후에 우리는 좋은 친구가 되었고, 그는 내게 다방면으로 매우 중요한 사람이 되었다. 조셉 캠벨은 많은 사람들에게 20세기의, 혹은 인류 역사상 가장 위대한 신화학자로 인정받는다. 그만큼 그의 지성은 탁월했고 신화에 대한 그의 지식은 백과사전이나 다름없었다. 그는 내 연구에 큰 관심을 보였고 비일상적 의식 상태가 신화와도 깊은 관련이 있다고 생각했다. 나는 연구 중에 접했지만 이해하기가 어려웠던 원형적 체험들을 그에게 털어놓았고, 우리는 수십 년간 멋진 토론을 자주 벌였다. 그대부분의 경우에 조셉은 큰 어려움 없이 내가 말한 상징들이 어떤 문화 속에서 등장하는지를 확인해주었다.

한번은 앞서 소개했던 오토의 세션이 떠올라 그에게 말해주었다. "멋지군." 조셉은 망설임 없이 대답했다. "그건 우주모^母의 죽음의 어둠, 뉴기니 말레쿨란^{Malekulan} 부족의 게걸스런 어머니 여신이 분명해." 이어서 그는 죽음의 여행에서 이 여신을 만난다는 말레쿨란 부족의 신앙을 말해주었다. 이 여신은 여성의 몸에다 돼지의 얼굴을 한 섬뜩한 외모를 갖고 있다. 말레쿨란의 전통에 따르면, 그녀는 저승으로 들어가는 입구에 앉아 복잡하게 얽힌 신성한 미궁을 지킨다.

말레쿨란 부족은 돼지를 길러 제물로 바치는 정교한 종교 의식儀式을 갖고 있다. 이 복잡한 의식은 일차적으로는 실제 어머니에 대한 의존성을 극복하고, 궁극적으로는 게걸스러운 어머니 여신까지도 극복하기 위한 절차다. 말레쿨란 부족은 특히 미궁을 그리는 연습에 엄청난 시간을 소비하는데, 그것이 저승으로의 여행에서 성공하는 필수 조건이라고 믿기 때문이다. 조셉 캠벨의 폭넓은 지식은 내가 연구 중에 맞닥뜨렸던 수수께끼의 중요한 부분을 해결해주었다. 물론 세션 중의 환자가 왜 하필 그 시점에서 말레쿨란의 여신을 만나야 했는지는 조셉도 대답해줄 수 없는 문제였다. 그러나 사후 세계에 익숙해지는 작업이 죽음에 대한 병적 공포를 주요 증상으로 겪고 있는 환자에게 좋은 효과를 가져다주었음은 틀림없는 사실이다.

C. G. 융과 보편적 원형

일체지향적 상태에서 우리의 정신은 신화적 존재들이 거주하는 영역은 물론이고 그들의 신전에까지 도달해간다. 융에 따르면, 신화는 집단 무의식의 특징인 태초의 보편적 패턴이 형상화한 것이다. 원형적 존재들은 서로 다른 두 범주 중 하나에 속한다. 첫 번째 범주에는 우주의 다양한 역할과 기능을 상징하는 존재들이 속해 있는데, 이들은 지복에 차 있거나 노기등등하다. 위대한 어머니 여신, 잔인한 어머니 여신, 늙은 현자, 영원한 젊은이, 연인, 죽음의 신, 트릭스터[5] 등이 대표적이다. 또한 융은 남성들이 '아니마Anima' 라고 불리는 여성 원리의 일반화된 표현을 무의식 속에 숨기고 있다고 말했다. 그와는 반대로 여성의 무의식 속에 있는 남성 원리의 일반화된 표현은 '아니무스Animus'이다. '그림자(Shadow)'는 융 학파에서 성격의 파괴적 측면, 어둡고 무의식적 표현을 뜻하는 말이다.

일체지향적 상태에서는 이 모든 원리가 홀로그램처럼 응결된 무수한 입체상 속에서 저마다의 특징을 생생하게 드러낸다. 원형들의 세계와 직접 마주했던 나 자신의 체험을 그 예로 소개해보겠다.

세션이 끝나가던 중에, 나는 시공간을 넘어선 어딘가에서 엄청나게 눈부신 무대를 보았다. 그 무대에는 세계의 모든 역사를 표현한 듯 보이는 난해한 문양들로 장식된 커튼이 달려 있었다. 나는 인류의 역사를 결정해온 힘들이 등장하는 우주극宇宙劇 공연장을 방문하고 있다는 사실을 직관적으로 알아차렸다. 나는 신비한 형상들이 무대에 오르고, 활동하고, 천천히 사라져가는 장대한 행렬을 목격하기 시작했다.

나는 지금 이것이 우주의 원리와 원형이 인간의 형상으로 나타난 모습이며, 그들이 복잡한 상호작용을 통해 현상계라는 환영, 곧 힌두교도들이 릴라lila라고 부르는 신의 유희를 펼쳐내고 있음을 깨달았다. 그들은 여러 인물과 여러 역할, 심지어는 여러 배경까지

---

5) Trickster. 주술과 장난으로 질서를 문란하게 하는 초자연적 존재

함축하고 있는 변화무쌍한 존재였다. 내가 지켜보고 있는 동안, 그들은 극도로 복잡하게 중첩된 홀로그램처럼 끊임없이 변신했다. 그들은 하나이면서 동시에 여럿으로 존재했다. 그들은 각자 다양한 차원과 목적을 지니고 있었지만, 나는 어느 한 가지에도 집중할 수가 없었다. 그 각각의 존재들이 동시다발적으로 저마다의 역할을 수행하면서 우주의 모든 원리를 나타내는 듯했다.

환영계를 표상화하는 마법적이고 영묘한 형상의 마야Maya, 영원한 여성성을 상징하는 아니마Anima, 전쟁과 공격성의 전형인 전사(Warrior), 모든 성性적 사건와 연애사를 상징하는 연인(Lovers), 왕족의 상징인 통치자(Ruler) 또는 황제(Emperor), 은거하는 수도자(Hermit), 익살맞고 종잡을 수 없는 트릭스터Trickster, 이외에도 수많은 존재가 거기에 있었다. 마치 이 신성한 우주극 속에서 자신의 화려한 연기가 칭찬받기를 바라는 듯이, 그들은 무대를 거쳐 갈 때마다 나를 향해 인사했다.

이어서, 두 번째 범주의 원형적 존재들은 특정한 문화와 지리적 장소와 시대에 속하는 온갖 신과 악마를 나타낸다. 예컨대 우리는 위대한 어머니 여신의 일반화되고 보편적인 상像 대신 성모 마리아, 힌두의 여신 락쉬미Lakshmi와 파르바티Parvati, 이집트의 이시스Isis, 그리스의 헤라Hera 등 특정 문화권의 구체적 존재들을 체험할 수 있다. 잔인한 어머니 여신을 상징하는 예로는 앞서 나왔던 말레쿨란 부족의 돼지 여신 이외에도 인도의 칼리Kali, 마야 문명의 뱀머리 코아틀리쿠에Coatlicue, 이집트의 사자머리 세크메트Sekhmet 등이 있다. 중요한 사실은 이 존재들이 민족과 문화를 뛰어넘어 등장한다는 점이다. 우리는 이전에 전혀 들어본 바 없는 신화 속의 존재들도 얼마든지 만날 수 있다.

나는 누군가에게 죽임을 당하거나 스스로 희생을 택한 후에 다시 살아나는 (여러 문화의) 신격들과의 만남 또는 동화 체험을 대단히 자주 관찰할 수 있었다. 특히 죽음과 부활을 나타내는 이런 존재들은 내적 탐사가 주산기에 도달하여 심령적 재탄생을 겪고 있는 사람들 앞에 불현듯 나타나는 경우가 많다. 예컨대 십자가에 못 박힌 예수를 보거나 그의 고뇌를 직접 체험하는 것이다. 지난 수십 세기 동안 그리스도교는 서양 문화에서 중요한 역할을 해왔기 때문에, 서양인들이 이런 체험을 하는 것은 나름 자연스러워 보인다.

하지만 나는 일본과 인도에서 열린 홀로트로픽 요법 세션에서도 예수와의 강력한 동일시 체험을 많이 목격했다. 불교, 신도神道, 힌두교 등의 배경을 갖고 있는 사람들도 같은 체험을 했던 것이다. 이와는 반대로 앵글로색슨, 슬라브, 유대 민족에 속하는 많은 사람들이 환각 세션 또는 홀로트로픽 세션 중에 시바Shiva와 붓다, 이집트의 부활한 신 오시리스Osiris, 수메르의 이난나Inanna 여신, 그리스의 페르세포네Persephone와 디오니소스Dionysus와 아티스Attis와 아도니스Adonis 등과 동화되곤 한다. 때로는 아즈텍의 죽음과 부활의 신이며 마야 경전 〈뽀뽈 부Popol Vuh〉에서 위대한 쌍둥이 또는 깃털 달린 뱀으로 불리는 케찰코아틀Quetzalcoatl과 동화되기도 하는데, 이는 서양에 거의 알려지지 않은 신화 속 존재이기 때문에 더욱 큰 놀라움을 준다.

이런 원형적 존재들과의 만남은 매우 인상적이며, 때로는 환자가 그 신화에 대해 알고 있던 지식을 뛰어넘어 민족적, 문화적, 교육적 배경과는 무관하게 새롭고 상세한 정보를 제공하기도 한다. 그리고 체험에 등장하는 신들의 특징에 따라서, 무아의 황홀경부터 꼼짝 못할 정도의 실존적 공포에 이르는 갖가지 강렬한 감정들이 일어난다. 원형적 존재들은 높은 차원에서 물질계의 사건을 결정하는 특별한 힘과 권한을 지니고 있으므로, 사람들은 대부분 그 존재들을 외경과 존경의 눈으로 바라보게 된다. 요컨대 이런 체험을 한 사람들은 신과 악마의 존재를 믿었던 산업혁명 이전 문화들의 관점을 순순히 받아들인다.

하지만 원형적 존재를 만났다고 해서 그것만이 만물의 지고한 원리라고 믿거나, 자신이 궁극적 이해를 성취했다고 주장하는 사람은 하나도 없다. 그들은 자신이 만났던 신들조차 더욱 초월적인 힘에 의한 피조물이라고 생각한다. 이런 통찰은 "신들은 초월성 앞에서 투명해져야만 한다"는 조셉 캠벨의 사상과 일치한다. 신들은 신성한 근원에 이르는 연결고리로서 기능할 뿐, 그 과정에 혼란을 일으켜서는 안 된다. 따라서 내적 탐구와 영적 수행을 체계적으로 해나갈 때는, 특정한 신을 절대성으로 통하는 창문이 아니라 궁극적 우주의 힘 그 자체라고 믿어 '불투명하게' 만들어버리는 함정에 빠지지 않는 것이 중요하다.

어떤 원형적 존재를 창조의 궁극적 근원이라고 오해하는 데서 생겨난 맹신, 그 불미스럽고 위험한 실수는 종교와 문화의 역사 전반으로 퍼져 나간다. 맹신은 같은 믿음을 공유하는 사람들을 하나로 뭉쳐주지만, 신성의 또 다른 표현을 믿는 사람들을 적으로 만든다. 그들은 다른 집단을 개종시키거나, 심지어는 정복해서 죽이려 들지도 모른다. 진정한 종교는 이와는 달리 보편적이고 포괄적이고 모든 것을 포용한다. 진정한 종교라면 특정 문화에 속하는 원형적 존재들을 초월하여 만물의 궁극적 근원에 초점을 맞춰야 한다. 요컨대 종교계에서는 이 우주의 지고한 원리를 가장 중요한 문제로 다루어야 한다. 다음 장에서 우리는 이 문제에 대한 일체지향적 상태의 통찰들을 살펴볼 것이다.

03

우주의 창조 원리

오, 땅 없는 공空,
하늘 없는 공이여,
오, 모호하고 목적 없는 공간이여,
영원함과 무한함이여,
세계가 되어라, 펼쳐져라!

— 타히티의 창조 설화

소리 없고, 만질 수 없고, 형체가 없고, 소멸하지 않는,
또한 맛 없고, 불변하며, 냄새가 없는,
시작도 끝도 없고, 왕보다 존귀하며, 굳건한—
이러한 무언가를 깨달은 자는 죽음의 어귀에서 자유롭도다.

— 〈까따 우파니샤드Katha Upanishad〉

절대의식

영적인 차원을 직접 체험하고 나면, 지고한 창조적 지성의 개입 없이 우주와 생명과 의식이 생겨났다는 생각은 모순되고 어리석고 무지해 보인다. 그러나 앞서 살펴본 혼적魂的 자연의 체험, 원형적 존재들과의 만남은 우리의 영적 갈망을 완전히 해소해주지 못한다. 그래서 나는 인간 정신의 극한에 다다랐다고 여겨지는 의식 상태를 겪은 사람들의 사례를 연구해왔다. 대체 어떤 체험들이 우주의 지고한 원리와 만났다는 느낌을 선사해주는지 밝히기 위해서였다.

일반적으로, 영적 열망을 완전히 충족시켜주는 절대성을 체험한 사람들은 구체적 형상을 띤 이미지들을 보지 않았다. 신비로운 철학적 탐구의 끝에 이르렀다고 느꼈을 때, 그 지고의 원리에 대한 그들의 묘사는 매우 추상적이며 놀랍도록 서로 비슷했다. 궁극적 계시를 받았다는 사람들이 보고한 경험적 특징들이 상당 부분 일치했던 것이다. 그들의 보고에 따르면 지고함을 체험할 때는 분석적인 마음의 한계, 이성의 분별, 일상적 논리의 제한을 완전히 초월하게 된다.

이런 체험은 우리가 당연하게 여기는 일상적 세계, 즉 3차원 공간과 직선적 시간 속에 한정되지 않는다. 오히려 그 불가분의 혼융체는 상상할 수 있는 모든 대극對極을 담고 있고, 모든 이원성을 초월해 있다. 그들은 한결같이 절대성을 상상조차 할 수 없이 밝은 빛의 근원에 비유했지만, 그것이 물질계에서 우리가 보는 빛들과는 분명히 다르다는 사실도 강조했다. 빛으로만 묘사한다면, 절대성이 무한한 지성과 창조력을 지닌 광대하고 심원한 의식장場이라는 등의 몇 가지 중요한 특성들을 완전히 놓치게 되기 때문이다.

　지고한 우주 원리는 두 가지 다른 방식으로 체험될 수 있다. 하나는 개인적 경계가 모두 녹아내리거나 사라지면서 신성한 근원에 통합되고, 마침내 분리될 수 없는 하나가 되는 경우다. 다른 하나는 여전히 독립적 정체성을 유지한 채로 외부의 '무섭고도 놀라운 신비(mysterium tremendum)'를 경악 속에서 목격하는 관찰자 역할을 맡게 되는 경우다. 그들은 마치 애인을 만난 사람들처럼 황홀경을 느끼기도 한다. 모든 영적 문헌은 이 두 가지 유형의 신성 체험에 대한 묘사들로 가득 차 있다.

　수피들은 "불꽃을 향해 날아가 그것과 하나된 부나비처럼, 우리는 신성에 합일한다"고 말한다. 인도의 성자이자 선지자인 스리 라마나 마하르쉬Sri Ramana Maharshi는 자신의 시에서 "수영을 하고자 바다에 뛰어들었다가 완전히 용해된 소금인형"이라고 묘사한다. 이와는 달리, 스페인의 신비가인 아빌라의 성녀 데레사Teresa of Avila와 페르시아 최고의 시인인 루미Rumi는 신을 연인에 빗대어 표현한다. 바크타Bhaktas, 즉 헌신의 요가를 수행하는 인도인들도 신성과 분리된 관계를 유지하려는 태도를 취한다. 바크타들은 우주라는 바다에서 자신의 정체성을 잃어버린 라마나 마하르쉬의 소금인형이 되기를 원치 않는다. 인도의 또 다른 성자이자 신비가인 스리 라마크리슈나Sri Ramakrishna는 단호하게 말한 바 있다. "나는 설탕을 맛보기를 원하지, 설탕이 되기를 원하지는 않는다."

　지고한 원리를 체험했던 사람들은 그것이 신과의 만남이었다는 사실을 의심하지 않는다. 그러나 그들 중 상당수는 '신[1]'이라는 단어가 주류 종교와 문화에 의해 왜곡되고 진부해지고 불신받게 되었기 때문에, 자신들의 깊은 체험을 전달하기에는 적절한 단어가 되지 못한다고 여긴다. 신성 체험을 묘사할 때 자주 쓰이는 절대의식이나 우주심宇宙心(Universal Mind) 등의 단어들도 그 무한함과 엄청난 충격을 전달하기에는 턱없이 부족해 보인다. 어떤 이들은 침묵이야말로 절대적 체험에 대한 가장 올바른 반응이라고 여긴다. 그들에게는 "아는 사람은 말하지 않으며, 말하는 사람은 알지 못한다"는 경구야말로 명백한 진리다.

일체지향적 상태에서는 지고한 원리를 직접 체험할 수 있지만, 어떤 시도로도 그것을 설명하거나 묘사하기는 어렵다. 우리가 그저 일상의 일들을 전달하기 위해 사용하는 언어는 그다지 유용하지가 않다. 신성을 체험한 사람들은 그것이 말로 전달될 수 없다는 사실에 동의하는 듯 보인다. 안타깝게도 우리의 언어 구조와 단어들은 지고한 본질과 차원을 묘사하기에, 특히 아직 체험이 없는 사람들에게 전달하기에 적당한 도구가 아니다.

이런 한계점을 감안하면서, 세션 중에 궁극적 현실로 여겨지는 체험을 했던 서른일곱 살의 정신과의사 로버트가 직접 기술한 이야기를 읽어보기 바란다.

이 체험은 매우 극적이고 갑작스럽게 시작되었다. 나는 일상의 현실을 단숨에 부수고 녹여버리는 엄청난 위력의 우주적 벼락을 맞

---

1) 여기서부터 나오는 신이라는 표현은 주로 단일신(God)을 뜻한다. 앞선 장에서는 다신교의 개별적 신(deity)들을 뜻하는 단어가 자주 쓰였다.

앞다. 나를 둘러싼 세계에 대한 감각이 완전히 마비되었다. 마치 마술처럼 세상이 사라져버렸다. 나의 일상, 삶, 이름 따위는 의식 저편에 어렴풋하게 남아 있을 뿐이었다. 로버트……, 캘리포니아……, 미국……, 지구……. 나는 현실 속의 나 자신을 기억해내려고 애를 썼지만 전혀 떠오르지가 않았다. 또한 이전의 체험들에서는 무척 뚜렷했었던 신과 악마, 신화적 세계 등의 원형적 이미지들도 나타나지 않았다.

그때 내가 느낀 유일한 현실은, 완전히 추상적인 형상 속에서 모든 존재를 다 포함한 듯 조화롭게 소용돌이치는 엄청난 에너지 덩어리뿐이었다. 그것은 무수한 태양이 모여 내는 빛 같았지만, 내가 일상에서 보아온 그 어떤 빛과도 비교될 수 없었다. 그것은 모든 극성極性을 초월한 순수 의식과 지성, 창조의 에너지처럼 보였다. 무한하면서도 유한했고, 신성하면서도 흉포했고, 무서우면서도 황홀했고,…… 그 전부이면서 또한 그 이상이었다. 나는 내가 목격한 것에 대해 어떤 개념도, 분별도 가질 수 없었다. 나는 그 힘 앞에서 분리된 정체성을 유지할 수 없었다. 평소의 내 정체성은 부서져 녹아버렸고, 나는 원천과 하나가 되었다. 시간조차도 모든 의미를 잃어버렸다.

되돌아보면, 나는 그때 《티베트 사자의 서》[2)]에서 죽음의 순간에 나타난다고 언급된 첫 번째 선명한 빛(다르마카야Dharmakaya)을 체험했던 것이 틀림없다.

---

2) The Tibetan Book of the Dead(Bardo Thodol). 깨달음을 얻지 못한 채로 이승을 떠난 영혼을 해탈의 길로 인도하기 위해서 사자死者에게 49일 동안 들려주는 티베트의 경전.

로버트가 절대성을 목격한 시간은 정확히 20분 정도였지만, 그 시간 내내 그에게는 시간이 존재하지 않았다. 체험 중에 그는 주위 환경과 전혀 접촉하지 않았고 대화조차 나눌 수 없었다. 그러고는 천천히, 조금씩 현실로 돌아오기 시작했는데 그 과정은 이렇게 기록되어 있다.

　　영원처럼 보이던 것이 사라지고 나서, 구체적인 이미지와 개념들이 흐릿하게나마 형상을 갖추기 시작했다. 여러 나라와 큰 대륙들이 뭉쳐져 있는 어떤 분명한 실체, 즉 지구와 비슷한 무언가를 느끼기 시작했지만 아직 내게는 너무나 아득하고 현실감이 없었다. 그것은 점차 미국과 캘리포니아의 모습으로 구체화되었다. 마침내 나는 평소의 내 정체성과 연결되었고, 일상의 덧없는 이미지들을 다시 체험하기 시작했다. 처음에는 현실과의 연결이 몹시 흐릿했다. 지금 내가 죽어가면서 티베트 문헌에 현생과 내생의 중간 단계라고 묘사되어 있는 바르도Bardo를 체험하고 있다는 생각이 잠깐 들기도 했다.

　　나는 현실감을 되찾으면서 내가 죽어가는 중이 아니었다는 사실을 깨달았다. 나는 내 앞에 나타났던 것에 대해 외경심과 황홀함을 느끼며 긴 의자에 누워 있었다. 그 상태를 유지한 채로, 나는 수 세기 동안 세계 곳곳에서 일어났던 많은 극적인 상황들을 체험했다. 그것들은 마치 나의 전생처럼 여겨졌는데, 위험하고 고통스러운 장면들이 대부분이었다. 마치 그 상황들 속에서 정말로 내 몸이 다치고 죽어가는 것처럼 근육들이 떨리고 씰룩거렸다. 그러나 그 카르마의 역사가 내 몸에 대한 작용을 끝냈을 때, 나는 그 장면들로부터 완전히 해방되어 깊은 행복을 느꼈다.

그 후로 오랫동안 나는 명상을 할 때마다 어렵지 않게 평화롭고 고요한 상태에 들 수 있었다. 나는 이 체험이 내 인생에 지속적인 영향을 미치리라고 확신한다. 이런 유의 체험을 하고도 그것에 깊이 감동받거나 크게 변하지 않는 사람은 없을 것이다.

충만한 공空

절대의식과의 만남이나 합일이 궁극적 현실 또는 우주의 지고한 원리를 체험하는 유일한 길은 아니다. 궁극적 해답을 찾는 사람들을 만족시키는 듯 보이는 이 두 번째 체험 유형은, 놀랍게도 그 안에 아무런 내용이 없다. 신비주의 문헌에서 공空(the Void)이라 불리는 우주적 텅 빔(Emptiness)과 무無(Nothingness)와의 합일 체험이 바로 그것이다. 우리는 비일상적 상태에서 겪은 텅 빈 체험이 모두 공은 아니라는 사실에 주의해야 한다. 사람들은 감흥, 주도권, 목적 따위가 사라진 불쾌한 기분을 묘사할 때도 이 단어를 사용하곤 한다. 하지만 공이라고 불릴 수 있으려면, 그 상태는 매우 특정한 조건들을 충족시켜야만 한다.

공을 체험할 때, 우리는 그것이 우주의 조화와 균형에 선행하는 태초의 텅 빔이라고 느낀다. 우리는 순수한 의식이 되어 이 절대적 무에 눈을 뜬다. 그러나 모순적이게도 공의 본질적 충만함을 느끼기도 한다. 공은 우주적 진공인 동시에 가득 찬 상태로서, 그 안에 모든 것이 들어 있는 듯 보인다. 공에는 어떤 구체적인 형상도 담겨 있지 않지만 모든 존재의 잠재적 형상이 포함되어 있다. 우리는 이런 식으로 있음과 없음, 존재와 비존재라는 평범한 이분법을 초월할 수 있다. 그러나 말로는 이 모순된 답의 진실성을 전달하기 어렵고, 오직 체험을 통한 이해만이 가능하다.

공은 시간과 공간이라는 일반적 한계를 초월한다. 공은 빛과 어둠, 선과 악, 멈춤과 움직임, 소우주와 대우주, 고통과 환희, 단수單數와 복수複數, 있음과 없음, 존재와 비존재 등의 모든 이분법과 극성 너머에서 불변한다. 현상계에 작용하는 원리들이 이러한 태초의 텅 빔과 무로부터 하강했다고 보아, 공을 상위우주(Supracosmic) 또는 초우주(Metacosmic)라는 이름으로 부르는 사람들도 있다. 이렇듯 모든 존재를 배태한 형이상학적 진공 상태는 모든 존재의 요람, 즉 우주의 궁극적 근원으로 보인다. 그러므로 사실상 현상계의 창조는 이미 존재하고 있던 가능성의 발현이자 구체화라고 할 수 있다.

우리는 체험을 통해 공이 만물의 근원이자 모든 피조물이 잠재된 무엇이라고 느낀다. 그 바깥에는 아무것도 존재하지 않기 때문에, 공을 다른 말로는 '우주의 총합'이라고 표현할 수도 있다. 일상적 관념과 논리대로라면 이런 표현은 명백한 모순이다. 본질적으로 현상계는 특정한 형상들로 이루어져 있기 때문에, '텅 빔'이 현상계를 빠짐없이 포함한다는 말은 이치에 맞지 않는다. 상식적으로 창조주와 피조물은 달라야만 한다. 하지만 예외적으로 공은 이런 모순들을 뛰어넘는다.

아래의 사례는 수십 년간 체계적으로 영적 탐구를 해온 종교철학자 크리스토퍼 바흐Christopher Bache가 우주적 공을 체험한 이야기다.

불현듯 엄청난 공이 이 세계 안에서 입을 벌렸다. 시각적으로 말하자면 그것은 시야가 휘어져 보이는 형태를 취했다. 마치 보이지 않는 거대한 깔때기가 내 눈앞에 끼워진 것처럼, 모든 사물이 장면의 가장자리를 향해 구부러지고 있었다. 아무것도 찢어지거나 붕괴되지 않았지만, 모든 것이 늘어지고 정지하면서 그 배후를 드러냈다. 마치 신이 갑자기 숨을 멈추는 바람에 온 우주도 그대로 움직임을 멈춘 듯했다. 우주는 있는 그대로 영원히 얼어붙었다. 그것은 하품을 하느라 크게 벌린 존재계의 입이었다.

이것을 처음 맞닥뜨렸을 때, 그 느낌은 실제로도, 비유적으로도 내 숨을 멎게 했다. 나는 멈춰버린 움직임이 다시 회복되기를 기다렸다. 하지만 움직임은 회복되지 않았다. 내 의식은 온전히 깨어 있었지만 또한 완전히 멈춰 있었다. 그리고 이 멈춤은 하염없이 이어졌다. 믿기 어려울 만큼 오랜 시간이었다. 그 속에 빠져 있는 동안, 나는 그것이 모든 존재가 나오는 근원임을 깨달았다. 그것은 모든 움직임이 흘러나오는 살아 있는 고요였다. 내가 깨어 있는 의식으로 체험한 (현상계의 근원이자 외부인) 그 내용 없음은 동양의 철학자들이 말한 수냐타Sunyata(空性)가 틀림없었다. 마침내 움직임이 서서히 회복되고 형상들이 응결되자, 공이 지나간 자리에 타타타tatata(如如)의 묘한 느낌이 일어났다. 공에서 막 돌아온 나는, 존재에 대한 '있는 그대로'의 경험의 가장자리를 건드리고 있었다.

절대의식과 공에 대한 체험은 차이가 뚜렷하고 논리적·개념적으로도 양립할 수 없는 듯 보이지만, 양쪽을 두루 체험한 사람들은 때에 따라 이 두 상태가 본질적으로 동일하며 서로 전환되기도 한다는 통찰을 얻었다. 이들은 우주의 창조 의식이 공으로부터 출현하거나, 거꾸로 공으로 돌아가 사라지는 것을 목격했다고 말한다. 또한 절대성의 두 측면을 한 번에 체험하는 사람들도 있는데, 그들은 우주 의식과 합일함과 동시에 그것의 본질적 공성을 발견한다.

공을 창조의 근원으로 체험하는 일은 물질계가 근본적으로 텅 비었다는 인식과도 관련이 있다. 매우 중요한 영적 문헌이자 대승불교 경전인 〈반야심경〉의 핵심 주제는 일상에서 공을 발견하는 것이다. 〈반야심경〉에서 관세음보살은 붓다의 제자 사리풋다에게 말한다. "형상의 본질은 공이며, 공의 본질은 형상이다. 형상은 공과 다르지 않으며, 공은 형상과 다르지 않다.······ 감정, 지각, 정신구조, 의식도 이와 같다."

재미있는 사실은, '꽉 찬 진공', '충만한 텅 빔'이라는 개념들이 현대 물리학 속에도 존재한다는 점이다. 양자역학의 창시자 중 하나이며 반물질反物質의 아버지로 불리는 폴 디랙Paul Dirac은 이런 글을 남겼다. "모든 물질은 감지할 수 없는 모종의 기저로부터 발생한다.······ 물질이 창조될 때 이 기저에는 '구멍'이 남는데, 그것은 반물질로 보인다. 이 기저는 모든 공간을 균일하게 채우고 있으며 어떤 관찰로도 탐지되지 않기 때문에, 물질로서 정확히 규명되어 있지 않다. 그러나 이것은 무無의 색다른 물질 형태이며, 물질은 이것으로부터 생겨난다." 근래에 사망한 미국의 물리학자 하인즈 페이겔스Heinz Pagels는 더 직설적이다. "새로운 물리학의 관점은 '진공이야말로 물리학의 전부'라고 말한다. 존재했거나 존재할 모든 것은 이미 우주의 무無 속에 실재한다.······ 무는 모든 존재를 담고 있다."

소립자의 가속과 충돌을 관찰하는 실험을 하던 물리학자들이 '역동적 진공(dynamic vaccum)'으로 불리는 곳에서 새로운 아원자들이 창조되었다가 다시 그 모체母體 속으로 사라진다는 사실을 발견한 적도 있다. 하지만 영적 체험과 현대 물리학의 이런 부분적 유사성에 그리 큰 의미가 있는 것은 아니다. 우주의 창조는 물질적 기본입자의 기원에만 국한된 문제가 아니기 때문이다. 우주의 형상과 질서, 법칙과 목적 등이 어디서 비롯되었는가 하는 물리학 범위 밖의 주제들도 우주 창조의 중요한 측면들이다. 일체지향적 상태에서 경험되는 공은 단지 현상계의 원료일 뿐만 아니라, 창조의 모든 측면에 걸쳐 관여하고 있는 듯 보인다.

일상에서는 모든 일이 원인과 결과의 복잡한 사슬에 의해 일어난다. 엄격한 직선적 인과관계는 서양 전통과학의 필수불가결한 전제다. 모든 작용이 에너지 보존 법칙을 따른다는 점도 물질계의 근본적 특징 중 하나다. 즉, 에너지는 다른 형태로 변환될 뿐 창조되거나 소멸되지는 못한다. 이런 사고방식은 거시세계(macroworld) 속의 대부분의 사건들을 설명하는 데 적합해 보인다. 하지만 그것은 우리가 인과의 사슬을 따라 우주의 기원을 찾아 더듬어가는 동안 무너져버린다. 우주의 창조 과정에 적용시키기에는 문제가 만만찮은 것이다. 모든 것이 원인에 의해 결정된다면 최초의 원인, 원인들의 원인, 제1의 동력은 무엇일까? 에너지가 보존되어야 한다면, 태초의 에너지는 어디에서 왔을까? 즉, 물질과 공간과 시간은 대체 어디에서 온 걸까?

약 150억 년 전에 크기가 없는 하나의 '특이점'으로부터 물질과 시간과 공간이 동시에 생겨났다는 현대의 우주기원론, 즉 빅뱅

이론은 우주의 심원한 신비를 합리적으로 설명하지 못한다. 합리적이지 못한 설명에 설득당하는 사람은 아무도 없다. 하지만 이 문제에 대해 초월적 체험들이 제시하는 답은 그 성질과 차원이 전적으로 다르다. 기계론적 인과 법칙으로 물질 우주를 설명하려던 과학자들을 당황케 했던 모순들은 절대의식과 공의 상호 관계를 체험함으로써 초월된다. 일체지향적 상태는 이런 모순들에 대해 만족스러운 대답을 제공해준다. 하지만 그 대답들은 논리적이기보다는 경험적이며, 사실상 이성을 초월해 있다.

공과 절대의식을 오가는 체험 속에서는, 무언가가 무로부터 나오거나 무 속으로 흔적도 없이 사라지는 모습을 본다고 해서 평소처럼 혼란에 빠지지 않는다. 오히려 그것을 지극히 당연하고 자연스러운 과정으로 여긴다. 이런 통찰에는 "아하!" 하고 무릎을 치는 반응이나 갑자기 문제가 해결된 듯한 느낌이 뒤따른다. 절대의식과 공이 상호 변환하고 물질계가 절대의식의 표현으로 보이는 초월적 체험 속에서는, 이성이 풀지 못한 까다롭고 골치 아픈 문제들이 예상치 못한 방식으로 풀려버리는 것이다.

일체지향적 상태에서 우주의 근원을 체험한 사람들은 궁극의 철학과 매우 유사한 통찰을 얻는다. 나는 이미 우주적 공에 대한 〈반야심경〉의 묘사를 소개한 바 있다. 아래는 고대 중국의 현자인 노자의 〈도덕경〉 중 한 구절이다.

우주 이전에
형체 없고 완벽한 무엇이 있었다.
그것은 고요하고, 비어 있고,

유일하고, 불변하며,

무한하고, 영원히 존재한다.

그것은 우주의 어머니다.

더 나은 이름이 없기에,

나는 그것을 도道라 부른다.

도는 만물의 안과 밖,

그리고 속을 관통하여 흐르고,

만물의 기원으로 되돌아간다.

　　13세기 페르시아의 시인이자 신비가, 계시자였던 루미는 창조의 근원을 이렇게 묘사했다. "존재하지 않는 것은 존재하게 될 기대감으로 부글부글 뜨겁게 끓어오른다.…… 신성한 창조의 보고寶庫는 다름 아닌 현상화하는 비존재일진저." 유대의 신비 전통에는 이와 반대되는 두 구절이 있다. 13세기의 카발리스트 제로나의 아즈리엘Azriel of Gerona은 이렇게 말했다. "당신은 이런 물음에 맞닥뜨릴 수 있다. '신은 어떻게 무로부터 존재를 낳았는가? 존재와 무는 엄청나게 다르지 않은가?' 그 답은 이렇다. '존재는 무라는 없음 안에 있고, 무는 존재라는 있음 안에 있다.' 무는 존재이고, 존재는 곧 무다." 또한 14세기의 카발리스트 다비드 벤³⁾ 아브라함 헤라반 David Ben Abraham he-Lavan은 이렇게 말했다. "아인Ayin, 즉 무는 이 세상의 모든 존재보다 더욱 실재한다. 하지만 그것은 단순하기에, 세상의 모든 단순한 것보다 더욱 단순하기에 아인이라 불린다." 그리

---

3)　히브리 이름에서 'ben'은 누구의 아들임을 뜻한다. 즉, 직역하면 아브라함 헤라반의 아들 다비드라는 의미가 된다. 이 책에서는 문장 안에서 혼동을 피하기 위해 발음 그대로 이름을 표기했다.

스도교의 신비가 마이스터 에크하르트Meister Eckhart는 이런 말을 남겼다. "신은 무로써 온 세상을 채우니. 유有는 있을 곳이 없도다."

표현할 수 없는 것에 대한 표현

신비 체험에서 얻어지는 궁극적 현실에 대한 빛나는 통찰은 일상의 언어로 적절하게 묘사되기 어렵다. 노자는 이를 잘 알고 간단명료한 글을 남겼다. "말해질 수 있는 것은 영원한 도가 아니다. 이름 붙여질 수 있는 이름은 영원한 이름이 아니다." 모든 묘사와 정의는 물질계의 일상적 대상과 움직임을 표현하기 위해 고안된 단어들에 의존할 수밖에 없다. 그래서 일상의 언어는 일체지향적 상태에서 만나게 되는 다양한 체험과 통찰을 전달하기에 부족한 점이 많다. 우리의 체험이 우주의 궁극적 문제, 즉 공성空性과 절대의식, 창조 등에 초점을 맞추고 있는 경우에는 더욱 그렇다.

동양의 영적 철학에 친숙한 사람들은 자신의 영적 체험과 통찰을 묘사할 때 자주 동양의 단어를 빌려 쓰곤 한다. 높은 초월 상태를 뜻하는 사마디samadhi(신과의 합일), 수냐타Sunyata(공성), 쿤달리니kundalini(척추를 타고 올라오는 차크라의 에너지), 바르도bardo(사후의 중음계), 아나타anatta(무아), 사토리satori(견성), 니르바나nirvana(열반), 기ch'i(에너지), 도tao 같은 말들과, 이와는 반대로 일상을 뜻하는 삼사라samsara(윤회), 마야maya(환영), 아비댜avidya(무지) 등의 말들은 산스크리트어, 티베트어, 중국어, 또는 일본어에 속한다. 이런 단어들은 일체지향적 상태와 영적 차원에 대해 매우 수준이 높았던 문화권 속에서 발전해왔다. 서양의 언어와는 달리, 동양의 언어들은 신비 체험과 관련된 미묘한 차이까지 표현해낼 수 있는 대단히 정교한 단어들을 보유하고 있다. 하지만 이런 단어들을 온전히 이해하려면 결국 그에 상응하는 체험을 해보는 수밖에 없다.

부족함이 적진 않지만, 영적 체험의 본질을 표현하고 초월적 세계를 전달하는 데는 시詩도 나름대로 적당하고 적합한 도구로 보인다. 위대한 예지자와 영적 스승들이 형이상학적 통찰을 전하는 데 시를 활용한 이유는 그 때문이다. 내 연구 작업에 참여했던 사람들도 탁월한 여러 시인들의 구절을 떠올리거나 인용하곤 했다. 그들은 신비 체험을 겪기 전에는 미처 이해하지 못했던 예지적인 시들이 갑자기 새로운 의미로서 분명하고 뚜렷이 이해되었다고 내게 털어놓았다.

그중에서도 오마르 카이얌Omar Khayyam, 루미Rumi, 칼릴 지브란Kahlil Jibran과 같은 중동의 신비가들과 카비르Kabir, 미라바이Mira Bai 공주, 스리 오로빈도Sri Aurobindo와 같은 인도의 예지자들은 영적 탐구를 하는 사람들 사이에서 대단히 자주 언급된다. 여기서는 15세기 베나레스의 이슬람교도 직조공의 아들이자 인도의 성자였던 카비르의 시를 한 번 골라보았다. 120세까지 장수했던 그는 힌두와 이슬람 전통의 최고 경지에 머물면서 황홀한 시로써 자신의 영적 지혜를 노래했다. 아래의 시는 물의 자연적인 순환 과정과 창조 과정의 유사성을 노래하고 있다.(이 주제는 다음 장에서 다시 논의될 것이다.)

나는 물과

그 물결의

차이점을 생각하고 있어.

솟구치더라도, 물은 여전히 물이고,

낮아지더라도, 역시 물일 뿐이야.

어찌해야 그 둘을 갈라놓을 수 있는지 알려주오.

누군가 "물결"이라는 단어를 만들어냈다고 해서,

내가 그것을 물에서 분리시켜야 할까?

우리 안에는 숨겨진 신이 있어.

은하계의 모든 행성은

마치 구슬처럼 신의 손안에서 움직이지.

밝은 눈을 가진 이는

그 구슬들을 꿴 하나의 줄을 보게 될 거야.

　　서양에서도 윌리엄 블레이크William Blake, D.H. 로렌스Lawrence, 라이너 마리아 릴케Rainer Maria Rilke, 월트 휘트먼Walt Whitman, 윌리엄 버틀러 예이츠William Butler Yeats처럼 예지적 시인들을 쉽게 찾아볼 수 있다. 이들의 시구詩句들도 신비 체험을 겪은 사람들에게 자주 인용된다. 아래는 윌리엄 블레이크의 시 중에서 '내재하는 신성(immanent divine)'의 신비를 표현하고 있는 한 구절이다.

모래 한 알 속에 세상이,

야생화 한 송이 안에 천국이 보이며,

당신의 손바닥 안에 무한이,

한 시간 속에 영원이 있다.

내세

일체지향적 상태를 일으키는 영적 수행을 체계적으로 행하면, 몸-에고의 일상적 경계를 벗어나 다른 사람, 동물, 식물, 자연의 무생물적 측면, 심지어는 온갖 원형적 존재와 하나되는 체험을 할 수 있게 된다. 이때 우리는 물질 우주를 비롯한 모든 차원 간의 경계가 본질적으로 변덕스럽고 유동적이라는 사실을 발견한다. 이성이라는 한계와 논리라는 구속복을 벗어버림으로써, 우리는 분리를 일으키는 수많은 장애물을 돌파하고 의식을 상상할 수 없는 크기로 확장시켜서 마침내 만물의 초월적 근원과 합일되는 체험을 할 수 있다.

절대의식과의 합일은 우리들 각자가 모든 존재, 즉 우주적 네트워크 전체와 궁극적으로 동등하다는 사실을 깨우쳐 준다. 자기 안의 신성, 즉 우주적 근원과의 합일 체험은 진지한 내적 탐구 과정에서 얻어지는 가장 중요한 발견이다. 고대 인도의 문헌《우파니샤드Upanishads》중에서 널리 알려진 다음 구절은 바로 이것을 가리키고 있다. "탓 트왐 아시Tat tvam asi." 이 말을 그대로 번역하면 "너는 그것이다", 즉 "너는 신성한 본질이다"라는 의미다. 이는 '살가죽에 싸인 에고', 유형화된 개인 의식, 또는 '이름과 형상'이라는 우리의 일상적 정체성이 환영(namarupa)에 불과하며, 우리의 진정한 본질이 우주의 창조 에너지(Atman-Brahman)라는 사실을 알려준다.

개인과 신성의 합일에 관한 이런 깨달음은, 서로 다른 방식으로 표현될 수는 있지만 위대한 영적 전통들이 하나같이 핵심으로 여기는 궁극의 비밀이다. 나는 이미 앞에서 힌두의 아트만Atman(개인 의식)과 브라흐만Brahman(우주 의식)이 하나임을 밝혔다. 싯다 요가의 추종자들은 다음의 기본 교의를 다양한 표현으로 듣게 된다. "신은 당신 안에, 당신으로서 있다." 불교 문헌에서는 이런 글을 찾을 수 있다. "네 안을 보라. 네가 바로 부처이니라." 유교에서는 이렇게 말한다. "하늘과 땅과 사람이 한 몸이다."

예수 그리스도의 말씀 중에서도 같은 내용을 찾을 수 있다. "아버지, 당신과 저는 하나입니다." 그리고 동양정교회의 위대한 신학자인 성 그레고리오 팔라마스St. Gregory Palamas는 "하늘의 왕국, 아니 그보다는, 하늘의 왕께서는…… 우리 안에 계신다"고 단언했다. 마찬가지로 유대의 위대한 현자이자 카발리스트인 아브라함 벤 세뮤엘 아불라피아Avraham ben Shemu'el Abulafia는 "그와 우리는 하나"라고 가르쳤다. 마호메트4)에 따르면, "자신을 아는 자는 곧 그의 주를 아는 자"이다. 황홀경에 빠진 수피이자 '신비한 사랑의 순교자'로 알려진 시인 만수르 알 할라지Mansur al-Hallaj는 이렇게 표현했다. "나는 가슴의 눈으로써 주님을 보았다. 내가 물었다. '당신은 누구십니까?' 그분은 대답하셨다. '바로 너이니라.'" 알 할라지

---

4) Mohammed.(570~632). 실제로는 '무함마드'가 원어에 가까운 발음이다.

는 감옥에 갇혀 죽기 전에 이런 말을 남겼다. "아날 하크$^{Ana'l\ Haqq}$ — 나는 신이요, 절대 진리요, 참된 존재다."

신성의 창조물

이제 우리는 창조의 원리와 우주의 본질, 우리 자신의 본성에 대해 일체지향적 상태에서 얻어진 통찰들을 요약할 수 있게 되었다. 살펴본 대로, 이런 통찰들은 전 세계의 위대한 영적 전통들의 가르침을 되풀이하고 있다. 그에 따르면 우리가 일상적으로 경험하는 (3차원 공간과 직선적 시간과 엄밀한 인과관계가 특징인) 견고한 물질계는 독립적으로 존재할 수 없다. 물질계는 유물론적 과학의 설명처럼 단 하나뿐인 진짜 현실이라기보다는 절대의식의 창조물이다.

이런 통찰에 비추어 보면, 우리의 신체를 포함한 일상적 물질계는 잘못된 해석과 인식들이 복잡하게 얽혀 짜인 천과도 같다. 이 세계는 우주의 창조 원리가 장난스럽고 조금은 변덕스럽게 만들어 낸 작품이고, 무한한 정교함을 지닌 '가상현실'이며, 절대의식과 우주적 공에 의해 창조된 신성한 게임이다. 무수히 많은 개별적 존재와 요소들을 품고 있는 듯 보이는 우주는 본질적으로 엄청나게 크고 상상할 수 없이 복잡한 단 하나의 존재일 뿐이다.

이것은 일체지향적 상태에서 발견할 수 있는 우주의 모든 차원과 영역에서도 동일하게 참이다. 개인의 정신, 우주의 일부분, 창조 원리 그 자체 사이에는 어떤 경계도 없기 때문에 우리들 개개인은 궁극적으로 창조의 신성한 근원과 동일하다. 그러므로 한 개인이든 집단이든 간에, 우리는 우주라는 연극 속에서 극작가인 동시에 배우다. 우리는 본질적으로 우주의 창조 원리와 동일하기 때문에, 그 어떤 성질과 범위의 물질적 추구로도 우리의 열망을 잠재울 수는 없다. 오직 신성한 근원과의 신비한 합일 체험만이 그 깊숙한 갈망을 풀어줄 것이다.

04

창조의 과정

불꽃이 환하게 타오르며
수천 가지 모양의 불똥을 튀기듯이,
불멸하는 것으로부터 온갖 존재가 만들어지고
또한 사라지도다.

— 〈문다카 우파니샤드Mundaka Upanishad〉

무수한 매듭을 짓더라도
실은 여전히 한 가닥일 뿐.

— 루미Rumi

창조적 충동의 수수께끼

물질 수준의 현상계 전체가 절대의식이 창조한 가상현실이라는 인식은 우리를 흥미로운 몇 가지 의문으로 이끈다. 앞서 설명한 바와 같이, 우주의 창조 원리에 녹아들어 하나되는 일은 한 개인의 관점에서 볼 때 대단히 특별하고 바람직한 체험이다. 영적 전통들은 대부분 이 경지에 도달하는 것을 영적 탐구의 궁극적 목표로 여긴다. 하지만 실제로 우주심과의 합일에 도달한 사람들은 상황이 그보다 훨씬 복잡하다는 사실을 발견한다.

그들은 영적 여행의 목적지라고 여겼던 곳이 또한 창조의 근원지임을 알게 된다. 현상계가 창조되려면, 신성神性은 분화되지 않았던 본래의 단일한 상태를 스스로 포기해야만 한다. 절대의식과의 합일 체험이 인간의 눈에 얼마나 멋지게 비치는가를 감안한다면, 창조 원리가 스스로 자신의 하나됨을 대체하거나 적어도 보완하려 한다는 말은 꽤 이상하게 들린다. 절대의식으로 하여금 본래 상태를 포기하고 지금 우리가 사는 경험적 세계를 창조하도록 한 원동력이 무엇일까 하는 의문이 자연스레 생겨나는 것이다. 영적 여행을 하는 사람들이 그토록 벗어나고자 애쓰는 상태, 예컨대 분화, 고통, 경쟁, 불완전함, 일시성 등을 향하도록 신성을 충동질하는 것은 대체 무엇일까?

절대의식과의 합일에 도달한 구도자들은 종종 창조의 원동력에 대한 매혹적 통찰을 얻곤 한다. 이런 통찰들을 살펴보기 전에, 우리는 일체지향적 상태, 특히 초월적 의식 상태는 더더욱이나 언어적 묘사를 허용하지 않는다는 사실에 유념해야 한다. 우리는 그들의 이야기에서 흥미를 느끼거나 상상을 해보거나 영감을 얻을 수 있지만, 그렇다고 이성의 기준을 충족시킬 만한 논리적 설명을 기대해서는 안 된다. 창조의 '원인'이나 '동기'를 이해하려는 우리의 시도는 인간의 지적 능력이 지닌 한계 때문에 그다지 성공하지 못할 것이다. 매우 높은 형이상학적 차원, 즉 우주의 초월적 차원에서 작용하는 창조 원리를 분석하기에 이성은 적당한 도구가 아니다. 이런 문제들을 제대로 이해하려면 결국 각자가 직접 체험해보는 수밖에 없다.

신성과의 합일 체험을 설명하는 사람들은 언어의 한계를 극복하지도, 인간의 관점을 벗어나지도 못한다. 따라서 절대의식의 창조적 충동은 사랑, 열망, 고독 등 일상적 심리상태를 표현하는 평이한 단어들로 묘사되는 경우가 많다. 그들은 첫 글자를 대문자로 표시함으로써 우리의 일상 용어와 구분을 짓고 '한 옥타브 높은' 초월적인 느낌을 전달하고자 한다. 이런 표현법은 초월 상태에 빠져서 특별한 경험을 했던 정신과 환자들이 스스로 겪은 일을 묘사할 때 흔히 보이는 습관으로 알려져 있다.

일체지향적 상태 속에서 신성한 창조 원리가 경험적 세계를 낳는 '동기'를 알게 된 사람들의 보고에서는 몇 가지 흥미로운 모순이 눈에 띈다. 요컨대 어떤 체험에서는 절대의식이 지닌 환상적으로 풍부한 자원과 상상을 초월한 능력이 강조된다. 하지만 또 다른 체험에서는 절대의식이 창조를 통해서 본래 상태에 결여된 무언가를 추구하고 있음이 드러난다. 일상적 논리로 보면 이 두 가지 통찰은 서로 모순을 일으키는 듯 보인다. 그러나 일체지향적 상태에서는 이런 두 가지 관점이 아무런 문제 없이 공존한다.

신성한 코르누코피아[1]

창조적 충동은 상상할 수 없는 내적 풍요로움과 신성의 풍족함을 반영하는 본질적 힘으로 묘사되곤 한다. 스스로 주체하지 못할 만큼 광대하고 무한한 가능성이 흘러넘치는 창조적 근원은 그 잠재력을 숨김없이 표현해야만 한다. 절대의식의 이런 특성에 대한 체험은 지구의 에너지 원천이자 생명 원리인 태양의 핵융합 과정을 가까이서 바라보는 일에 비유되기도 한다. 이런 체험을 한 사람들은 태양이야말로 우리가 물질계에서 찾아볼 수 있는 신성의 가장 직접적 표현이라는 사실을 깨닫고, 일부 문화권에서 태양이 신으로 숭배되는 까닭을 납득한다.

하지만 우주적 태양(창조주 또는 창조 원리)과 천체로서의 태양 사이에는 분명한 차이가 있으므로, 그들은 그 유사성을 말뜻 그대로 해석해서는 안 된다는 점도 강조한다. 물질로서의 태양은 생명 과정에 필요한 에너지를 선사할 뿐이지만, 신성한 근원은 창조를 위한 로고스 ― 창조의 법칙, 형상, 목적 ― 까지도 마련한다. 그럼에도 우리의 일상 속에서는 태양에 대한 관찰이 그나마 일체지향적 상태에서 체험한 창조의 신성한 근원에 가장 가까운 묘사인 듯하다.

자신의 잠재력을 남김없이 탐험하고 표현해내고자 하는 우주심의 엄청난 욕망을 강조하는 묘사들도 있다. 이런 욕망은 구체적인 창조 활동을 통해 숨겨진 가능성을 모두 발현하고 외면화함으

---

1) cornucopia. 그리스 신화에서 어린 제우스 신에게 젖을 먹였다고 전해지는 염소의 뿔로서 풍요를 상징한다.

로써만 충족될 수 있다. 그러려면 먼저 주체와 객체의 양극화, 관찰자와 피관찰자의 양분화가 필요하다. 이런 통찰은 창조 과정 이전의 비존재(nonexistence) 상태를 "얼굴은 얼굴을 보지 않았다"라고 표현한 어느 카발라 문헌을 떠올리게 한다. 요컨대 창조의 원인은 "신이 신을 바라보고자 원했기" 때문이라는 것이다. 페르시아의 위대한 신비가 잘라루딘 루미도 "나는 숨겨진 보물이므로, 알려지기를 원한다.…… 나는 이 우주 전체를 창조했고, 만물이 품은 목적은 나 자신을 드러내기 위함이다"라는 글을 남긴 바 있다.

창조주의 장난기, 자기만족, 익살 등도 창조 과정에 대한 묘사에서 종종 강조되곤 한다. 이 우주와 존재계를 릴라lila 또는 신의 유희라고 말한 고대의 힌두 문헌들은 이런 특징들을 잘 설명하고 있다. 그에 따르면 창조는 하느님(브라흐만)이 스스로 자기 안에서 꾸며낸 무한히 복잡정교한 우주적 연극이자 게임이다. 그는 이 연극을 생각해낸 극작가이자 제작자이자 감독인 동시에 그 안에서 셀 수 없이 많은 역할을 연기하는 배우다. 이 게임은 무수한 차원과 수준에 걸쳐 상상할 수 없는 규모로 펼쳐지고 있다.

우리는 탐구와 연구에 일생을 바치는 과학자의 열정, 그 끝없는 호기심에서 비롯된 어마어마한 실험으로서 창조를 이해할 수도 있다. 물론 이 우주적 실험은 모든 과학자가 시도해볼 수 있는 실험의 총합보다도 한없이 더 복잡하다. 미시세계로부터 우주의 먼 영역에까지 이르는 현대 과학의 위대한 발견들도 결국은 우주라는 끝없는 수수께끼의 표면을 살짝 긁은 정도에 불과하다. 갈수록 정교해지는 과학의 방법론은 어디까지나 창조된 결과물의 성질과 내용만을 탐구할 뿐, 그 이면에서 실제로 창조를 일으키는 신비한 과정에 대해서는 아무것도 밝혀내지 못한다.

　비일상적 의식 상태에서는 신성(절대의식)이 창조의 과정에 얼마나 개입하는가 하는 문제가 반복적으로 제기된다. 이는 앨버트 아인슈타인이 고심했던 문제이기도 하다. 아인슈타인은 이렇게 말했다. "내가 정말로 관심을 갖는 것은, 창조의 과정에서 신에게 선택의 여지가 있었는가 하는 점이다." 이 문제에 대한 통찰은 하나의 결론으로 모아지지 않는다. 어떤 체험에서는, 이 우주에 대한 책임은 아주 하찮은 부분에 이르기까지 모두 절대의식에 있는 것처럼 보인다. 놀라움은 오직 우주극 속 배우들의 몫이다. 무지의 장막이 걷어 올려져 신성하고 용의주도한 계획이 드러날 때마다 우리는 깜짝 놀라지만, 절대의식은 이미 모든 것을 알고 있다.

　하지만 일체지향적 체험에서는 이와는 전혀 다른 시나리오가 발견되기도 한다. 어떤 사람들은 창조의 기본 조건들만 명확히 정해져 있을 뿐, 그 세부적 결과는 신성으로서도 예측할 수 없다는 사실을 깨닫는다. 이런 통찰에 따르면 창조 과정은 만화경이나 체스 게임과 비슷하다. 만화경을 발명한 사람은 특정하게 설치된 거울과 색색의 유리 조각들로 만들어진 통이 회전하면서 아름답고 역동적인 상들을 배열시킨다는 사실을 분명히 알고 있었다. 하지만 그로서도 이 장치를 사용하는 과정에서 일어날 수 있는 모든 배열과 조합을 예견할 수는 없었다.

　마찬가지로 체스의 발명자도 특정한 역할과 움직임을 부여받는 말들이 64개의 흑백 칸 위에서 전개해가는 게임의 가능성을 대략 알고 있었다. 하지만 진행 중인 체스가 최종적으로 이르게 될 특정한 상황, 그 무한한 가능성을 예상하는 일은 개발자의 관심사가 아니었다. 당연한 말이지만, 창조는 만화경이나 체스보다도 무한히 복잡하다. 절대의식에게 제아무리 뛰어난 지성이 있다 하더라도, 우주극이 절대의식의 손아귀를 벗어나 스스로 놀라운 광경을 펼쳐낸다는 상상은 제법 설득력이 있다.

이 문제는 우주극 속에서 우리에게 주어진 역할과도 깊은 관련이 있다. 만약 신이 집필한 우주의 대본 속에 시시콜콜한 부분까지 모두 적혀 있다면, 우리는 창조 활동에 실제로 참여할 만한 여지가 전혀 주어지지 않는 꼭두각시인 셈이 된다. 그렇다면 지금까지의 삶이 진짜가 아니었음을 깨우치고 우주와 나 자신의 본질을 올바로 인식하는 것만이 최선의 길이다. 하지만 신조차도 예측할 수 없는 일들이 벌어지고 있는 것이라면, 우리는 지금 지구가 처한 위기처럼 다양한 상황 속에서 실제로 중요한 역할을 담당할 수 있다. 즉, 신의 유희 안에서 절대의식의 소중한 동료이자 중요한 배역으로 기능하게 되는 것이다.

창조의 '동기'를 체험한 사람들은 창조 원리의 탐미적 속성을 강조하기도 한다. 우리는 우주와 자연에 내재된 아름다움을 볼 때, 그리고 인간의 손을 빌려 창조된 정교한 예술이나 건축물을 볼 때 깊이 감동받는다. 일체지향적 상태에서는 우주와 생명의 다양한 측면에서 아름다움을 발견해내는 능력이 더욱 높아진다. 윌리엄 블레이크의 표현을 빌리자면, "인식의 창문이 잘 닦였을 때는" 창조의 아름다움에 감탄하지 않을 도리가 없다. 이런 관점에서 보면, 우리가 사는 우주 속의 여러 차원과 현실들은 최고의 예술 작업이며, 지고한 예술가의 열정과 영감이 곧 우주를 창조해낸 원동력이다.

신성한 갈망

창조 과정에 대한 통찰에서는 위에서 설명한 것과는 전혀 다른, 서로 모순되는 듯 보이는 창조의 '동기'들이 드러나기도 한다. 앞선 동기들이 풍족함과 풍성함, 궁극적 자족, 창조 원리의 완전한 발현이었다면 그와 반대로 결핍과 필요, 욕구를 반영하는 동기들도 있다. 예컨대 우리는 절대의식이 완벽하고 광대한 존재 상태임에도 불구하고 홀로 외로움을 느낀다는 사실을 알아차릴 수 있다. 이 외로움은 일종의 신성한 갈망, 즉 협력과 소통과 분담에 대한 깊은 동경에서 나타난다. 사랑을 주고받고자 하는 창조 원리의 욕구가 창조 과정의 가장 큰 원동력이라는 것이다.

이와 유사한 통찰로서, 유형有形의 물질계를 경험하고자 하는 신성한 근원의 근본적 갈망이 창조를 일으키는 중요한 원동력이라는 설명이 있다. 영靈(Spirit)은 자신의 본질과 반대되고 대조되는 바를 경험해보고자 하는 깊은 열망을 갖고 있다는 것이다. 영은 태초에 갖지 못했던 모든 특성을 탐험하고, 존재치 못했던 모든 것이 되고자 한다. 영원하고 무한하며 끝없고 영묘한 절대의식은 덧없고 일시적이며 시공간에 제한된 구체적인 형상들(현상계)를 갈망한다. 정신과 물질의 이런 역동적인 관계는 아즈텍Aztec 신화 속에서 두 신성 간의 갈등 — 물질을 상징하는 테스카틀리포카Tezcatlipoca(연기 나는 거울)와 정신을 나타내는 케찰코아틀Quetzalcoatl(깃털 달린 뱀) — 으로 묘사되어 있다. 볼보니쿠스 코덱스Borbonicus Codex로 알려진 아즈텍의 휘장막 속에서는 케찰코아틀과 테스카틀리포카가 함께 우주적 춤을 추는 아름다운 그림을 볼 수 있다.

그림 1 ◆ 케찰코아틀과 테스카틀리포카

고대 멕시코의 전설들은 물질계와 정신계가 서로 상대방에게 필요한 것을 갖추고 있다고
말한다. 아즈텍 볼보니쿠스 코덱스의 이 그림을 보면, 정신과 물질 간의 팽팽한 밀고당김이
(바람과 호흡의 신인 에헤카틀Ehecatl의 모습으로 나타난) 케찰코아틀과 (연기 나는 거울인)
테스카틀리포카의 상보적인 우주적 춤으로 그려져 있다.

창조 과정에서 의식이 맡은 역할을 종교와 철학, 신학의 관점으로만 이해할 수 있는 것은 아니다. 현대의 물리학자들은 의도적인 관찰 활동이 실제로 그 사건이 일어날 확률을 높임으로써 물리적 현실의 창조에 개입한다고 주장한다. 물리학자 프레드 알란 울프Fred Alan Wolf는 상대론적 양자물리학이 주는 철학적·영적 시사점을 강의하면서 의식이 물질계의 창조에 미치는 결정적 역할에 대해 설명했다. 창조 과정의 메커니즘에 대해 고심한 끝에, 그는 물질을 경험하려는 의식과 정신의 집착이 물질계의 창조를 일으킨 근본 원인일 수 있다고 주장했다. 사실 인간의 모든 일상적 애착과 집착은 물질에 대한 정신의 이런 갈망에 그 뿌리를 두고 있는지도 모른다.

지루함도 창조의 또 다른 중요한 '동기'로서 종종 제시되곤 한다. 인간에게는 신성 체험이 대단히 광대하고 놀라운 일이겠지만, 신성으로서는 언제나 끝없이 이어지는 단조로운 상태뿐일 것이다. 그렇다면 창조란 변화, 활동, 움직임, 극적임, 놀라움을 향한 초월적 갈망을 충족시키려는 거대한 노력이라고 할 수 있다. 수많은 차원과 수준 속에서 무수히 존재하는 현상계는 절대의식의 모험과 신성한 여흥에 무한한 놀잇거리를 제공한다. 단적으로 말하면, 창조는 분화되지 않은 절대의식이 우주적 권태, 즉 단조로움을 극복하려고 벌이는 행위다. 중세의 카발라 문헌들도 신이 우주를 창조한 이유들 중 하나가 권태로움을 극복하기 위해서라고 설명한다.

다양한 현상계를 창조함으로써, 절대의식은 빈틈이 없는 '지금-여기'의 영원불멸성(Eternal)에서 탈출하여 편안하고 예측 가능한 경험(직선적 시간, 제한된 공간, 일시성)을 하게 된다. 죽음과 덧없음을 두려워하고 불멸과 초월을 꿈꾸는 인간들과는 정반대의 갈망을 지니고 있는 것이다. 체험으로써 이런 통찰을 얻은 사람들은 더 이상 자신의 의식이 소멸될까 봐 공포에 떨지 않는다. 의식의 손아귀에서 빠져나갈 길이 존재하지 않는다는 사실을 잘 알기 때문이다.

창조라는 우주의 실험실을 깊이 들여다본 운 좋은 사람들은 그 체험을 도저히 말로는 설명해낼 수 없다고 토로한다. 우리의 혼란과 모순과는 관계없이, 현상계를 창조해내는 거대한 충동 속에는 위에서 언급된 모든 요소가, 어쩌면 그 이상이 담겨 있는 듯 보인다. 분명한 사실은, 창조를 이해하고 설명하려는 모든 노력에도 불구하고 창조 원리와 창조 과정은 여전히 수수께끼로 남아 있다는 사실이다.

창조 과정의 역학

일체지향적 상태의 체험은 창조의 '이유'를 (창조는 '왜' 일어나는가) 드러낼 뿐만 아니라, 창조 과정의 특정한 변화와 작용들을 (창조는 '어떻게' 일어나는가) 설명하는 단서를 주기도 한다. 창조는 다양한 감각 자극을 일관된 체계로 엮어 가상현실을 만들어내는 '의식 기법'과도 비슷하다. 서로 다른 언어와 비유로서 표현되기는 하지만, 이런 통찰들은 현상계를 창조하는 상호보완적인 두 가지 과정을 공통적으로 이야기하고 있다.

분화되지 않은 태초의 절대의식을 쪼개어 점점 더 많은 수의 파생의식으로 만드는 활동이 그 첫 번째 과정이다. 우주심은 일련의 분할과 분열, 분화를 복잡하게 일으키면서 창조라는 게임을 시작한다. 그 결과로 특정한 형태의 의식과 자기 인식 기능을 지닌 독립체들이 무수히 존재하는 현상계가 생겨난다. 분화되지 않은 태초의 우주 의식장[註]이 분열하고 또 분열함으로써 현상계가 창조되는 것이다. 따라서 창조는 신성의 바깥에서 벌어진 일이 아니고 신성이 스스로 변신을 꾀하면서 이루어진 일이다.

　이렇게 분화되어 나온 의식체들은 점점 더 근원과의 연결성을 잃고 본성을 자각하지 못하게 되는데, 이러한 2차적 분할 또는 '우주적 장막'에 의한 고립이 창조의 두 번째 과정이다. 의식체들은 서로 완전히 단절되면서 자기만의 정체성을 발달시켜간다. 이 과정이 막바지에 이르면 무형의 불투과성 장막이 개별 의식체와 분화되기 이전의 절대의식층 사이를 가로막게 된다. 중요한 사실은 이런 분리감이 실제로는 완전한 주관적 환영에 불과하다는 점이다. 여전히 더 깊은 차원에서는 분화되지 않은 일체성이 만물의 배후에 깔려 있기 때문이다.

　'분할'과 '우주의 장막' 따위의 표현은 전체를 조각내고 그 개체들을 기계적으로 단절시킨다는 의미가 있기 때문에 창조 과정을 설명하기에 적합하지 않아 보인다. 이런 구체적 심상들은 창조의 과정보다는 석수나 목수처럼 여러 물체를 직접 다루는 일을 묘사하는 데 훨씬 잘 어울린다. 그래서 많은 사람들은 망각, 억압, 분리 등의 심리학 용어를 빌려 창조 과정을 묘사하기도 한다. 철학자 앨런 와츠가 표현한 '자신을 알지 못하게 하는 금기'는 바로 이 두 번째 창조 과정을 가리킨 것이다. 다양한 일체지향적 체험을 통해서, 우리는 인간뿐만 아니라 동물, 식물, 무생물계의 원소들, 무형의 존재, 원형적 존재들도 전부 절대의식에서 떨어져 나온 의식체임을 깨닫는다.

절대의식과 그 파생물 간의 관계는 유일무이하고 복잡하며, 평범한 사고방식과 논리로 이해되지 않는다. 전체인 동시에 일부분일 수는 없다, 전체는 부분들의 집합이므로 그 어떤 구성요소보다 커야 한다, 전체를 이해하려면 먼저 그 하위 성분들을 연구해야만 한다, 부분들은 전체라는 배경 속에서 특정한 위치와 규모를 차지하고 있어야 한다 ─ 최근까지는 이런 상식들이 서양 과학의 기본 가정이 되어왔다. 하지만 지극히 당연해 보이는 이런 일상적 한계가 우주의 게임 속에서는 전혀 적용되지 않는 것 같다.

분리된 의식체는 우주라는 직물 속에서 각자의 개성과 차별성을 나타내면서도 본질적 동질성을 유지한다. 즉, 의식들은 전체인 동시에 부분이라는 모순된 상태로 존재한다. 각각의 의식체에 대한 핵심 정보는 우주장 속에 두루 전파되어 있다. 역으로 말하면, 의식들은 언제라도 창조에 관련된 모든 정보에 접근할 수 있다. 특히 인간이라는 존재는 다양한 초개아적 체험을 통해 이런 관계를 직접 확인해볼 수 있다.

우리는 초개아적 체험 속에서 자기 자신을 피조물로서는 물론이고 창조의 원리 그 자체로 인식하기도 한다. 자신을 다른 사물 또는 다른 사람으로서 체험할 수도 있다. 이처럼 한 인간은 우주의 일부분인 동시에 창조의 장 그 자체이다. 이러한 상호연결성은 동물계와 식물계, 무생물계에도 변함없이 적용된다. 진화에 대한 연구와 양자물리학의 역설은 이런 사실을 확실하게 뒷받침해주고 있다.

이런 통찰은 고대 인도의 영적 체계, 특히 불교의 화엄華嚴 사상과 자이나교의 세계관을 떠올리게 한다. 자이나교의 우주론에 따르면, 현상계는 우주 작용의 다양한 단계와 양상 속에 사로잡힌 의식체들(jivas[2])이 무한히 복잡하게 뒤엉킨 곳이다. 의식체들의 본성은 물질계, 그중에서도 생물학적 작용에 연루되면서 혼탁해졌다. 자이나교도는 생명체뿐만 아니라 생명이 없는 개체나 작용도 전부 지바라고 여긴다. 이처럼 외적으로 분리된 상태에서도 각각의 지바는 여전히 다른 모든 지바와 연결되고 지바 전체에 대한 정보를 간직한다.

〈화엄경〉은 시적인 표현으로써 만물의 상호 연결성을 그려낸다. 그중에서도 《베다Veda》의 주신인 인드라Indra의 목걸이에 대한 이야기가 유명하다. "인드라의 궁전에는 / 진주로 장식된 그물이 있어 / 하나의 구슬을 보면 / 그 안에 다른 모든 구슬이 비친다. / 이와 같이 / 어떤 사물도 저 혼자가 아니며 / 제 안에 만물을 품을 뿐 아니라 / 실로 만물 그 자체다."

궤를 같이 하는 중국의 화엄종에도 같은 개념이 있다. 화엄은 우주를 전일적全一的(holistic)으로 보는 관점으로서 인간의 정신이 지금껏 도달하지 못한 가장 깊은 통찰을 담고 있다. 화엄 사상의 본질은 단 몇 마디로 표현되기도 한다. "일중일체 다중일 일즉일체 다즉일一中一切 多中一 一卽一切 多卽一." 우주의 상호 연결성에 대한 화엄종의 사상은 아래의 이야기에 아름답게 예시되어 있다.

복잡한 화엄 사상을 이해하는 데 어려움을 겪던 측천무후則天

---

2) 자이나교의 우주론에 따르면, 우주는 영혼(생명)이 있는 지바jiva와 영혼이 없는 아지바ajiva로 나뉜다. 지바와 아지바를 가르는 중요한 기준 중 하나는 '의식意識'의 유무이다. 지바는 영원성을 지니고 있지만 시시각각 변화하고 활동하는 반면, 아지바는 그러한 움직임이 펼쳐지는 원리 또는 토대(물질, 공간, 시간 등)가 된다.

武后(624~705)는 화엄종의 시조 중 한 분인 법장法藏 스님(643~712)에게 우주의 상호 연결성에 대한 간단하고 구체적인 예를 들어달라고 청했다. 선사는 벽면, 천장, 바닥까지 내부가 온통 거울로 뒤덮인 커다란 방으로 황후를 데려갔다. 선사는 방의 중앙에서 촛불을 하나 켜서 천장에 매달았다. 그 즉시 두 사람은 무한히 다른 크기로 무수한 빛을 내는 촛불들로 둘러싸였다. 이는 일즉일체一即一切의 관계를 설명하는 스님의 방법이었다.

그러고 나서 스님은 방 중앙에 다면多面으로 된 작은 수정 하나를 놓았다. 셀 수 없이 많은 촛불상을 포함한 주변의 모든 것이, 이제는 이 빛나는 보석의 작은 내부에 모여 반사되었다. 이처럼 스님은 궁극적 현실 속에서 무한히 작은 것이 무한히 큰 것을 품고, 무한히 큰 것이 무한히 작은 것을 품는 이치를 어려움 없이 실증해 보였다. 하지만 스님은 이것이 매우 부족하고 불완전한 예시에 불과하다고 말했다. 우주 속의 끝없는 다차원적 운동, 그리고 과거-현재-미래를 거침없이 관통하는 시간과 영원의 밀접한 상호 관련성을 이 단적인 예가 다 보여주지는 못하기 때문이다.

창조의 은유

일체지향적 상태에서 목격한 우주 창조의 원동력을 묘사하려는 사람들은 적절한 표현 수단을 찾지 못하는 경우가 많다. 그들은 어쩔 수 없이 일상적 상징과 은유에 의지해서 자신의 체험이 일부분이나마 전달되기를 기대한다. 물의 순환 과정을 통해 창조를 설명해보려는 나의 시도도 마찬가지다. 체험으로 얻은 우주론적 통찰을 설명하려는 사람들은 이처럼 자연현상을 자주 예로 들곤 한다.

창조 이전의 우주 의식은 분화되지 않은 무한한 장으로서 엄청난 창조력을 품고 있다. 그러다가 그 통일장에 하나의 요동이 일고, 이는 곧 장난스러운 상상과 다양한 형상의 등장으로 이어진다. 일시적이고 상대적인 분리를 통해 갓 생겨난 존재들은 아직 근원과의 접촉을 유지하고 있다. 물에 빗대자면, 분화되지 않은 절대의식은 상상할 수 없을 만큼 크고 깊고 고요한 대양大洋과도 같다. 그 대양의 수면에 이는 파도는 창조의 첫 단계를 묘사하기에 가장 적당한 이미지다.

어떤 시각에서 보면, 파도는 이미 분리된 개체로 보이거나 묘사될 수도 있다. 예컨대 크고 빠르고 푸른 어떤 파도, 또는 서핑을 하기에 위험하거나 적당한 어떤 파도에 대해서 우리는 이야기를 나눌 수 있다. 그러나 이런 상대적 차이에도 불구하고, 파도는 그저 대양의 온전한 한 부분일 뿐이다. 대양에서 파생된 파도는 장난스럽고 실체가 없으며 불완전하다. 갑자기 미풍이 불어오면 대양의 수면에 파도가 일지만, 바람이 잠잠해지면 파도는 대양으로서의 본래 정체성을 온전히 되찾는다.

이 첫 단계에서 새롭게 생겨난 형상들은 창조의 근원과 연결된 채로 본래의 정체성을 여전히 자각하고 있다. 파생물이 창조의 모체로부터 완전히 분리되고 차별화되지 않았기 때문에, 엄밀히 말하면 창조는 아직 시작되지 않았다. 진짜 창조 과정은 근원과의 연결이 끊기고 분리된 정체성이 확립되는 순간 시작된다. 처음에 이런 분리 상태는 눈 깜짝할 사이에 사라져버린다. 바람 속에서 혹은 해안가에서 부서지는 파도의 모습을 그 예로 들 수 있다. 하나의 물덩어리가 수천 개의 작은 물방울로 부서질 때, 이 물방울들은 공중에 떠 있는 동안에만 분리된 정체성과 독립성을 취한다. 이 짧은 순간이 지나가면, 물방울들은 모두 다시 떨어져 대양과 하나가 된다.

다음 단계에서는 훨씬 더 명확한 분리가 이루어지고, 떨어져 나온 의식체는 적지 않은 시간 동안 개별 정체성과 독립성을 취하게 된다. 분할, 우주적 장막, 우주적 분열과 망각이 생겨나는 순간이다. 일시적으로 근원과의 연결이 끊어지고 본래의 정체성이 망각되는 것이다. 밀물에 들어왔다가 썰물에 미처 빠지지 못하고 해안가 바위 웅덩이에 고인 물을 이 단계에 비유할 수 있다. 이런 현상은 대양의 물(母)과 웅덩이의 물(子) 사이에 장기간의 분리를 초래한다. 하지만 분리되었던 물은 다음번 밀물에 재통합을 이루면서 근원으로 돌아갈 것이다.

이런 개별화 과정이 더 오래 지속되면 완전히 그럴듯하며 영원히 유지될 것만 같은 분리 상황이 초래된다. 분열된 의식체는 근본적 변화를 겪은 후에 전적으로 달라진 새로운 정체성을 기정사실로 받아들인다. 이때 본래의 일체 상태는 흐릿하고 숨겨진 채로 유지된다. 이 단계는 대양의 일부가 증발해서 구름이 된 상태로 그려볼 수 있다. 구름이 되기 전에 그 물덩어리는 철저하게 변질되었다. 이제 이 새로운 존재는 독특한 구체적 형태와 자신만의 생명을 누리게 되었다. 게다가 그 속에서 꼴을 갖춘 작은 물방울들은 구름이라는 새로운 현상이 태어난 근원을 잊기까지 한다. 하지만 머지 않아 다시 비라는 형태로 응결하고 하강하여 대양과의 재통합 과정을 시작할 것이다.

창조의 마지막 단계에서는 더욱 완전한 분리가 이루어지고 근원과의 접촉은 거의 소멸된 듯 보인다. 근본적이고 전체적 변성이 일어나 본래의 정체성이 망각되는 것이다. 이 새로운 개체는 독특하고 복합적이며 매우 견고한 꼴을 갖춘다. 그와 동시에 여러 차례의 분열 과정이 전개되고, 피조물의 의식은 본래 통일체의 아주 미소微少한 부분만을 반영하게 된다. 이 단계에 알맞은 본보기는 태초에 대양에서 증발된 물이 구름 속에서 결정을 이뤄 눈송이로 떨어지는 모습이다. 눈송이는 대양이라는 물덩어리의 극히 작은 파편으로 존재하면서 나름의 독특하고 구체적인 형태와 구조를 갖는다. 눈송이들이 보여주는 매우 다채로운 형상들은 현상계의 특징, 즉 창조의 풍요로움을 잘 드러내주는 하나의 실례다. 눈송이는 근원과의 유사성이 매우 적기 때문에, 재통합을 이루려면 먼저 근본적 구조 변화를 거쳐 자신의 개체성을 소멸시켜야만 한다.

더 나아가 얼음에 대해서도 생각해볼 수 있다. 얼음은 본래의 형상(물)으로부터 너무나 달라지고 철저하게 변질된 상태이므로, 결빙 과정에 대한 사전 지식이 없다면 우리는 그것의 본질이 물이라는 사실을 인식하지 못할 것이다. 얼음은 물과는 정반대로 밀도가 높고 견고하고 딱딱한 고체다. 이처럼 눈송이가 물로서의 본성을 회복하기 위해서는 현 상태의 특징들을 모두 포기하고 완전한 절멸을 거쳐야 한다.

신비 문학 속에서는 이처럼 창조의 여러 단계를 물에 빗댄 상징들을 쉽게 찾아볼 수 있다. 루미는 신성의 작용에 대해 이렇게 말했다. "짝이나 친구가 없는, 단 하나로서의 대양이 있다. 그 안의 진주와 물고기는 파도와 다를 바가 없다. 영靈은 진실로, 그리고 언제나 하나다. 창조의 다양한 수준에서 서로 다르게 나타날 뿐. 얼음과 물과 수증기가 셋이 아니라 하나의 세 가지 형태이듯, 영은 하나지만 그 형상은 많다. 지고한 초월적 영역에서는 영도 극도로 순수하고 섬세한 존재로서 머문다. 하지만 우리가 덜 섬세한 층으로 하강하면, 영도 덜 섬세한 형상을 띤다."

창조의 마지막 단계가 극에 달할 때, 근원은 잊혀질 뿐만 아니라 그 존재마저 부정된다. 물의 순환 과정 속에서는 이런 상태에 대한 비유를 찾아내기 어렵다. 이에 대한 가장 적합한 본보기는 바로 무신론자다. 아래는 내 동료 중 하나가 일체지향적 상태 속에서 무신론자들이 겪는 딜레마에 대해 이야기한 내용이다.

무신론자는 우주적 유머의 궁극적 표현이다. 무신론자는 신성한 의식의 분열체이면서도, 불가능한 임무를 위해 자신의 덧없는 존재를 이 희비극적인 전투에다 바친다. 그는 자기 자신과 우주는 물질의 우연한 조합에 지나지 않으며 창조자 따위는 존재하지 않는다는 주장을 증명하려 든다. 무신론자는 자신이 신성한 태생임을 완전히 잊었고, 신의 존재도 믿지 않으며, 오히려 모든 신자信者를 맹렬히 비난한다. 스리 오로빈도는 무신론자를 가리켜 "자기 자신과 숨바꼭질 놀이를 하고 있는 신"이라고 말했다.

위에서 언급한 상징들 이외에도, 물의 순환주기 전체가 창조 과정의 특징을 설명하는 비유로 쓰이기도 한다. 날씨에 따라 복잡하고 아름답게 춤추는 바다의 물결은 그 자체로 온 세상을 상징한다. 그에 못지않게 바닷물이 증발하여 형성된 구름도 안팎으로 변화무쌍하게 활동한다. 또한 구름 속의 물은 응결되어 비와 우박, 눈의 형태로 땅에 떨어진다. 이것이 곧 재통합으로 가는 첫 발걸음이다. 눈과 우박이 녹고, 물방울들은 합쳐져 졸졸 흐르며 물길을 내고, 시내와 큰 강들을 만들어낸다. 수많은 합류를 거친 후에, 이 물은 대양에 도달하여 자신의 근원과 재통합된다.

대우주와 소우주: 위와 같이 아래도 그러하리

우리는 창조 과정을 설명해주는 또 다른 유용한 상징으로서 생물학, 특히 세포-조직-기관-유기체 간의 관계 또는 유기체-종種-생태계 간의 관계를 떠올려볼 수 있다. 이런 관계성은 어떻게 창조 과정 속에서 온갖 의식체들이 천부적·자연발생적 개성을 갖춤과 동시에 더 큰 전체, 궁극적으로는 온 우주라는 직물(fabric)의 일부분으로서 존재하는지를 설명해준다.

세포는 구조적으로는 분리된 존재이지만, 기능적으로는 조직과 기관의 필수 구성요소다. 마찬가지로 조직과 기관은 한층 더 복잡한 구조를 가진 독특한 형체이지만, 그와 동시에 한 유기체의 일부로서 중요한 역할을 담당한다. 수정란에는 이미 완전한 유기체가 포함되어 있고, 발생학적 성장은 그 내적 잠재력이 발현된 것이다. 즉, 참나무 한 그루는 하나의 도토리가 한껏 펼쳐진 결과라고 볼 수 있다.

우리는 이런 관계를 반대 방향, 즉 소우주 안에서도 찾아낼 수 있다. 세포는 세포기관들로, 세포기관은 분자들로, 분자들은 원

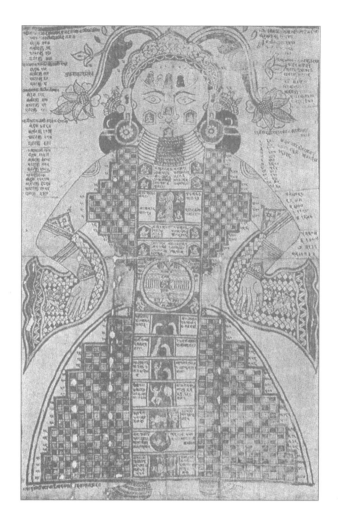

그림 2 ◆ 푸루샤카라 얀트라

법신法身 얀트라. 미시-거시적으로 본 우주의 전체상. 이 그림은 인도 라자스탄의 18세기
탄트라 작품으로, 엄청난 잠재력을 성취하여 우주 전체가 되어버린 인간을 묘사했다. 일곱
개의 상승층(lokas)은 천상의 체험을 나타내고, 중심층(bhurloka)은 지상의 체험을 나타내며,
하강층은 낮은 의식 상태를 나타낸다.

자들로 구성되어 있다. 원자가 파괴되면 아원자가 생겨나고, 아원자가 파괴되면 일반적으로 물질의 가장 작은 요소로 여겨지는 쿼크quark가 생겨난다. 위의 요소들 중에 어떤 것도, 그것이 속해 있는 시스템으로부터 독립적이고 분리된 존재가 아니다. 이것들은 더 큰 배경 속에서만, 궁극적으로는 우주의 일부분으로 존재할 때만 의미를 지닌다.

인체는 수정란(분화되지 않은 하나의 근원)이 고도로 특화된 다양한 세포들로 복잡하게 분열해가면서 성장한다. 그리하여 마침내 위계적 질서를 지닌 형태가 갖춰지지만, 그 속의 각 부분들은 부분인 동시에 하나의 온전한 전체로서 기능한다. 해부학의 한계를 뛰어넘을 만큼 복잡한 신경조직과 생화학적 조절 기능은 그 구성요소들로 하여금 모든 수준에서 기능적 통합을 이루도록 해준다. 게다가 각각의 세포 안에는 그 유기체에 대한 모든 유전 정보가 담긴 일군의 염색체가 들어 있다. 유전자 공학은 그리 오래되지 않은 과학 분야임에도 이미 단일세포의 핵을 이용해서 모체와 똑 닮은 모사품인 복제세포를 창조해낼 수 있다. 이처럼 몸 전체의 정보가 그 각각의 부분들 속에 온전히 들어 있다는 사실은 우주의 창조 과정을 아주 잘 드러내고 있다.

탄트라 과학의 관점에서 보면, 인간이라는 유기체와 우주의 관계는 단순히 상징적이거나 관념적인 것이 아니다. 고대 탄트라 문헌은 인체가 말뜻 그대로 대우주 전체를 반영하고 담고 있는 하나의 소우주라고 말한다. 따라서 자신의 몸과 정신을 철저하게 탐구한다면 현상계 전체에 대한 지식을 얻게 될 것이다. 이런 개념은 법신法身(Cosmic Person)을 그려놓은 푸루샤카라 얀트라Purushakara Yantra 속에

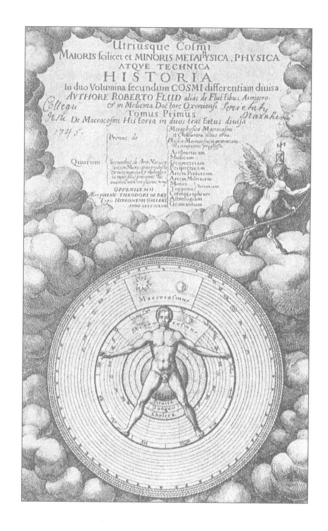

그림 3 ◆ 신비학의 우주인

17세기의 신비학 문헌인 로버트 플러드Robert Flud의 〈대우주의 역사(Utriusque cosmi historia)〉에 들어 있는 그림으로, 대우주를 반영한 소우주로서의 인간을 그렸다. 공전하는 행성을 나타내는 중심원들은 인체의 구조와 관련되어 있다. 그 아홉 행성들은 이성과 지성과 순수한 마음을 이용해서 우주인(Cosmic Man), 더 나아가 신의 경지에까지 이르는 한 인간의 능력을 뜻한다.

생생하게 나타나 있다. 이 그림을 보면 복부에는 우리가 사는 물질계가 있고, 윗몸과 머리 부위에는 여러 천상의 영역들이 있으며, 복부 아래와 다리 부위에는 하계下界가 있다.

붓다는 몸과 세상의 관계를 이렇게 표현했다. "내가 진실로 말하노니, 두 길밖에 안 되는 사람의 몸 안에 우주가 있으며, 우주는 그 안에서 생겨나고 멈춘다." 카발라에서는 신성이 발산되는 원형적 원리이자 단계인 열 개의 세피로트Sefirot[3]를 머리와 팔과 다리와 생식기를 가진 아담 카드몬Adam Kadmon(태초의 전인)의 신성한 몸으로 본다. 인간의 몸은 이 근본적 형상의 축소 모형이다. 영지주의, 신비학, 여러 비교秘教 전통들에서도 비슷한 상징들을 찾아볼 수 있다.

여러 비교秘教 전통들이 말하는 한 개인의 생체生體와 우주 간의 깊은 관계는 "위와 같이 아래도" 또는 "밖과 같이 안에서도" 등의 유명한 문구들로 표현되어왔다. 현대의 의식 연구에서 얻어진 결과들은 유물론적 과학관으로는 몹시 터무니없어 보이는 고대의 신비주의적 관념들을 새롭게 조명한다. 초개아 심리학의 연구에 따르면, 일체지향적 상태에서는 존재의 다른 차원에 해당하는 다양한 측면들은 물론이고 과거와 현재를 합한 물리적 현실의 거의 모든 측면과도 동화될 수 있다. 또한 우리들 각자의 정신 속에는 온 우주가 암호화되어 들어 있고, 우리는 체계적인 내적 탐구를 통해 그 암호를 풀어낼 수 있다.

모든 생명체는 더 큰 집단과 구조 속에서 일부분으로 기능하기 때문에, 우주의 위계 구조에 대한 논의는 개별 생명의 범위

---

3) 카발라의 생명나무를 이루는 신의 열 가지 속성

그림 4 ◆ 아담 카드몬

카발라 학자들이 태초의 전인前人으로 여기는 존재로서, 이 그림에서는 황도 12궁을
붙잡고 온 태양계를 몸에 두른 모습으로 그려졌다. 유대 신비주의자들은 열 가지 신성한
방출(세피로트)을 나타낸 아담 카드몬Adam Kadmon을 신성의 가장 완벽한 표현이자 발현으로
여긴다.

를 넘어설 수도 있다. 예컨대 동물들은 집단, 무리, 떼, 군집을 이루고 과^科와 종^種에 속한다. 한 인간은 어떤 가족, 가문, 종족, 문화, 국가, 성^性, 인종의 구성원이다. 인간을 포함한 모든 동식물은 저마다 지구라는 생물권 안에 구축된 다양한 생태계에 속해 있다. 이렇듯 복잡하고 역동적인 우주의 구조 속에서, 각각의 구성요소는 하나의 분리된 존재인 동시에 더 큰 전체의 일원이다. 이처럼 개별성(individuality)과 참여성(participation)은 더 확대된 배경 속에서 변증법적으로 통합되고 완전해진다.

부분과 전체

현대 과학이 발견해낸 '부분과 전체 간의 이 새로운 관계'는 영국의 작가이자 철학자인 아서 케슬러Arther Koestler에 의해 상세하게 탐구되고 묘사된 바 있다. 두 얼굴을 가진 로마 신의 이름을 딴 저서 〈야누스Janus〉에서, 케슬러는 우주 속의 만물은 전체인 동시에 부분이라는 사실을 반영하는 홀론holon이라는 신조어를 만들어 사용했다. 어근 'hol-'은 전체성과 완전성을 뜻하며(그리스어 holos는 전체를 뜻함), 접미사 '-on'은 소립자를 나타내는 단어들에 관습적으로 붙어 어떤 성분 또는 요소임을 나타낸다. 즉 홀론은 어떤 위계 속의 중간 수준에 자리한 야누스적 존재로서, '위에서' 보는지 '아래에서' 보는지에 따라 부분 또는 전체로서 묘사될 수 있다. 홀론이라는 개념은 최근에 이르러 켄 윌버에 의해 매우 정교하고 독창적인 수준으로 발전했다.

홀론들은 축적되어 더 큰 덩어리가 되기도 한다. 예컨대 세균이 모이면 배양균이 되고, 항성이 모이면 은하가 된다. 배양균과 은하는 같은 서열에 있는 홀론들이 모여 형성된 군락이다. 또한 홀론들은 더 높은 서열의 새로운 홀론을 창조해내기도 한다. 수소 원자와 산소 원자가 결합하면 물 분자가 되고, 고분자高分子들은 세포가 되고, 세포들은 구조를 이뤄 다세포 유기체가 된다. 이는 홀론들이 더 높은 서열을 향해 가는 실례다. 우리의 논점에서 중요한 사실은, 일체지향적 상태에서는 이 모든 개별적·사회적 홀론들이 각각 주체로서의 상태를 지닌다는 점이다. 이 상태가 우리로 하여금 일상적 의식 상태에서는 분리된 대상으로만 경험되는 존재의 모든 측면과 매우 실질적이고 확실하게 동화되는 체험을 할 수 있게 해준다.

우리는 그 대상이 개체든 전체든 관계없이 원자와 분자, 또는 신체의 특정 세포들과의 의식적 동화를 체험할 수 있다. 자기 자신을 마치 타인처럼 체험하는 일 이외에도, 우리는 모든 집단 ─ 이 세상의 모든 엄마, 모든 군인, 모든 그리스도교인 등 ─ 과 동화되는 체험을 할 수도 있다. 우리는 한 마리의 늑대 또는 늑대 무리를 떠올리고 관찰할 수 있다. 더 나아가서는 한 마리의 늑대, 늑대 무리의 집단 의식, 심지어 늑대라는 종 전체의 의식을 체험할 수도 있다.

일체지향적 상태를 체험한 사람들은 우주적 현상인 전체 생명의 생태계 의식, 혹은 지구 전체의 의식과 동화된 체험을 보고하기도 한다. 초개아적 상태에서는 다양한 차원과 수준에서 드러나는 우주의 모든 측면을 의식적으로 체험해볼 수 있다. 이 중요한 발견은 우주와 존재가 절대의식의 신성한 게임이라는 생각을 강하게 뒷받침해준다. 아래는 메릴랜드 정신의학 연구소의 전문가 대상 환각훈련 과정에서 기록된 캐슬린의 세션 기록 중 일부다. 그녀는 모든 생명이 서로를 향해 벌이는 생존 경쟁을 초개아적으로 체험하게 되었다. 이 체험은 캐슬린에게 모든 생명체에 대한 깊은 연민과 극적으로 성숙된 생태학적 자각을 가져다주었다.

나는 지상의 생명과 매우 깊게 연결된 듯했다. 처음에는 온갖 종種에 속한 동물들과 그저 번갈아가며 동화될 뿐이었지만, 체험은 점점 더 확장되었다. 나의 정체성은 공간 속에서 수평적으로 넓어져 모든 생명체를 포함했을 뿐만 아니라, 시간 속에서 수직적으로도 넓어졌다. 나는 다윈식 진화의 모든 갈래를 가진 나무가 되었다. 정말 믿기 어려운 이야기지만, 나는 나 자신을 생명의 총합으로서 체험했다.

나는 생명계의 경험과 그 기운의 우주적 성질을 감지했고, 생명을 특징짓는 그 끝없는 호기심과 실험, 그리고 다양한 차원에서 작용하고 있는 자기표현과 자기 보존의 충동을 느꼈다. 나는 우리가 과학기술을 발전시킨 이래로 생명체와 지구에 어떤 짓을 저질러왔는지를 깨달았다. 과학기술도 분명히 생명에서 뻗은 하나의 가지이므로, 나는 지상의 생명체가 미래에도 생존할 가능성에 커다란 의문을 품을 수밖에 없었다.

생명은 자생이 가능한 건강한 현상일까, 아니면 계획 단계부터 스스로 파괴될 치명적 결함을 내재한 지상의 악성 종양일까? 유기체 진화의 밑그림에는 처음부터 중대한 오류가 담겨 있는 것일까? 우주의 창조자들도 인간들처럼 실수를 하는 걸까? 예전에는 가져보지 못했던 몹시 무서운 생각들이었지만, 당시에는 정말 그럴듯하게 느껴졌다.

캐슬린은 창조 원리가 창조를 일으킬 때 결정적 오류를 범했고 창조 과정이 적절하게 통제되지 못했다는 생각이 정말로 옳은 건지 얼마간 고민했다. 그녀는 아마도 그것이 사실이어서, 신은 창조계를 보존하는 데 인간의 도움을 필요로 하는지도 모른다고 결론내렸다. 내가 앞서 설명했던 '만화경'과 '체스 게임' 창조론에 대입해보자면, 캐슬린은 생명 보존을 위한 전투에서 신의 적극적인 동료가 되기로 결심한 셈이다. 세션은 계속 이어졌다.

생명과 동화되면서 나는 자연과 인류에 작용하는 모든 파괴적 힘을 체험하고 탐험했으며, 지구를 더 살기 편하게 만들겠다고 몰아치는 현대 과학기술 속에서 그 힘이 더욱 강화되어 투사되는 광경을 보았다. 나는 현대전現代戰 무기의 무수한 희생자 전부였고, 강제수용소 안 가스실에서 죽어간 포로였고, 독성 폐수에 오염된 물고기였고, 제초제로 시든 초목이었고, 살충제를 뒤집어쓴 벌레였다. 그러는 와중에도 웃는 아기, 모래 위에서 노는 귀여운 아이, 갓 태어난 네발짐승, 정성껏 지어진 둥지에서 막 부화한 새, 맑고 투명한 바다 속을 누비는 영리한 돌고래와 고래, 아름다운 목초지와 숲 등의 감동적인 영상들이 중간중간 떠올랐다. 나는 생명에 대한 깊은 연민을 느꼈고, 생태학적 인식이 투철해졌으며, 지구의 생명을 보살피는 데 힘을 보태겠다고 굳게 결심했다.

17세기의 철학자이자 수학자인 라이프니츠Leibniz도 케슬러의 홀론 개념과 비슷한 착상을 발표한 바 있다. 그의 모나드론論에 따르면, 우주는 모나드monad라는 근본 요소들로 구성되어 있다. 모나드는 자이나교도들이 지바jivas라고 부르는 것과 매우 닮은 특성을 가진다. 자이나교도들의 세계관과 마찬가지로, 라이프니츠도 각각의 단일 모나드가 담고 있는 정보들로부터 온 우주에 대한 모든 지식을 추론할 수 있다고 생각했다.

흥미롭게도 라이프니츠는 홀로그램 광학(optical holography)이 발전하는 데 일조한 수학적 기법의 창시자이기도 했는데, 홀로그램 광학은 처음으로 상호 침투성이라는 개념에 탄탄한 과학적 근거를 마련해준 새로운 장場이다. 홀로그램 광학은 부분과 전체 사이에 존재할 수 있는 역설적 관계를 분명하게 실증해주는데, 각각의 부분들에서 전체에 대한 정보를 복구해내는 일이 가능하다는 사실도 그중 하나다. 절대의식도 홀로그램 광학이 부리는 마술과 동일한 원리를 이용해서 이 현상계를 창조해내는 것인지 모른다. 어쨌든 현재로서 홀로그램 모델은 초개아적 세계를 설명해주는 최적의 개념이다.

창조와 예술 세계

일체지향적 상태에서 우리는 삶과 존재, 세상이라는 요소로 꾸며지는 복잡다단한 우주극이 결국 의식의 환상적 모험일 뿐이라는 사실을 깨닫는다. 이런 개념은 고대 인도의 문헌들에서도 찾아볼 수 있다. 힌두 경전들은 우주의 신성한 게임을 릴라lila라고 부르고, 우리가 현실로 인식하는 물질계가 실은 마야maya라고 불리는 우주의 본질적 환영幻影이라고 말한다. 오늘날의 연극과 영화, 텔레비전도 그럴듯하게 만들어진 가짜 현실이다. 그래서 일체지향적 상태를 체험한 사람들은 창조 과정을 묘사하는 또 다른 은유적 예로서 이런 매체들과 관련된 예술 활동들을 자주 언급한다.

우주극 속에서 우리는 배우와 같은 역할을 맡고 있다. 훌륭한 배우들은 무대 위에서 연기를 하는 동안 본래의 정체성을 잊고 자신이 맡은 역에만 몰입한다. 극이 막바지에 이르면, 배우들은 자신이 진짜 오셀로[4], 잔 다르크, 오필리아[5], 베르주라크의 시라노[6]라고 믿기까지 한다. 하지만 막이 내리고 박수가 그치면 잘 보존되어 있던 본래의 정체성이 회복된다. 이보다는 정도가 약하지만, 멋진 영화나 연극의 관객들도 자신의 정체성을 잠깐 잊고 극의 등장인물에 동화될 수 있다. 이처럼 배우와 관객들은 공연이 끝난 후에 다시 돌아갈 평상시의 자기 모습을 가지고 있다. 일체지향적 상태를 체험한 사람들은 윤회의 과정에서도 비슷한 일이 벌어진다고 말한다. 우리는 새로운 삶이 시작될 때마다 새로운 개성과 역할을 부여받지만, 삶을 마친 후에는 더 근원적인 정체성을 되찾고 다음 생을 기다린다는 것이다.

이런 관점에서는 우리의 난해한 본성, 즉 결정론 대 자유 의지라는 문제를 설명해주는 극작가의 입장에 관심이 쏠리게 된다. 우주 속의 모든 경계는 궁극적으로 변덕스럽기 때문에, 우리들 각

---

4) 셰익스피어의 비극 〈오셀로〉의 주인공
5) 셰익스피어의 비극 〈햄릿〉의 여주인공
6) 프랑스의 극작가 에드몽 로스탕Edmond Rostand의 희곡 〈베르주라크의 시라노〉의 주인공

자는 고정된 정체성 없이 창조자인 동시에 피조물로서 존재한다. 우리에게 주어진 자유의 정도는 우리가 동화되어 있는 창조 과정의 수준과 양상에 따라 극적으로 변한다. 희곡 작가 또는 영화 각본가의 영향력과도 비슷하다. 작가의 상상 속에서 태어난 극 중의 모든 배역은 애초부터 단일한 창조적 마음(작가)의 다양한 측면일 뿐이었다. 개별 인물들을 주인공으로 세우는 것은 연극을 현실적이고 감동적으로 만들기 위한 수법에 불과하다.

따라서 작가는 자신이 쓴 희곡과 관련해서 이중적인 정체성을 지닐 수도 있다. 요컨대 작가는 글로써 매우 자유롭게 사건의 경과와 배역들을 창조하고 구체화하지만, 직접 자신이 쓴 극 속의 한 배역을 연기할 수도 있다. 마음만 먹었다면 윌리엄 셰익스피어가 햄릿 역을 맡거나 리하르트 바그너가 〈탄호이저Tannhauser〉의 한 소절을 노래하는 것도 충분히 가능한 일이었다. 만약 그랬다면 그들은 자신이 다른 배경과 수준에서 자유롭게 창조해냈던 바로 그 대본에 의해서 활동이 결정되고 제한되었을 것이다. 이처럼 우리도 신성한 연극 속에서 창조자와 행위자라는 이중적 역할을 맡는다. 우주극 속에서 맡은 역할을 사실적이고 멋지게 해내려면 우리의 진짜 정체성은 보류돼야만 한다. 즉, 우리는 잠시 저자의 태도를 버리고 대본에 충실해야 한다.

우리는 우주극 속에서 맡은 역할과 이중적 정체성을 신중하게 받아들일 필요가 있다. 지난 수십 년간, 이 문제는 뉴에이지 운동과 통속적인 영성가들 사이에서 잘못 이해되고 전파되어왔다. 일체지향적 상태에서 우리는 실제로 자신의 부모와 출생 환경을 선택하는 일이 가능하다고 믿어질 만큼 깊은 의식 수준에 도달하게 된다. 또한 영적인 존재로서 마음 내키는 대로 몸을 입고 내려가서 우주극에 참여하는 것이 너무나 당연하게 느껴지는 의식 상태도 경험할 수 있다. 신성 또는 창조 원리와 동화되는 강렬한 체험을 할 수도 있다. 이런 모든 체험은 매우 사실적이고 설득력 있게 펼쳐진다.

하지만 이런 통찰을 가지고 우리의 일상적 정체성이나 육신의 자아에 관해 결론을 내리는 것은 심각한 잘못이다. 우리는 결코 이런 육신을 입은 상태에서 그와 같은 결정을 내린 것이 아니다. '우리는 신이며 자신의 우주를 스스로 창조했다'는 식의 말을 육신을 가진 에고에게 적용시키려 들면 혼란과 오도가 일어난다. 나는 캘리포니아 빅써의 에살렌 연구소에서 열렸던 워크숍을 기억하는데, 그때 진행자는 참가자들에게 권위적인 태도로 위와 같은 발언을 했다. 그러자 정신지체아의 엄마였던 한 여성 참가자가 크게 화를 냈다. 워크숍 안내자의 말은 그녀가 이런 곤경을 일부러 택해서 지어냈다는 뜻이었다. 그렇다면 아이에게 닥친 불행은 전적으로 (일상적 자아로서의) 그녀 책임이 된다. 이런 논리는 전문용어로 '논리계형論理階型의 오류'[7]라고 불리는데, 서로 다른 수준의 의식 상태들을 심히 혼동하게 만든다.

---

7) error in logical typing. 어떤 크레타인이 "크레타인의 말은 모두 거짓이다"라고 했다면, 이 말은 참도 아니고 거짓도 아니게 된다. 논리학자들은 이 모순을 풀기 위해 여러 해설책을 내놓았는데, 그중에서도 영국의 철학자 버트런드 러셀은 계형이론을 제시했다. 즉, 이 명제를 'P'라고 한다면, 'P'와 'P는 참이다(또는 거짓이다)'라는 명제는 같은 차원에서 논의될 수 없다는 것이다. 예컨대 "크레타인의 말은 모두 거짓이다"라는 명제에는 화자 자신의 말이 포함되지 않지만, 후에 제3자가 이 명제가 참인지 거짓인지를 판단할 때는 그 명제 자체가 검증 대상에 포함되기 때문에 모순이 생겨난다. 따라서 각각의 명제마다 계층을 두어 분리하면 모순은 생겨나지 않는다.

원형적 세계와 존재들

일체지향적 상태에서 밝혀진 우주 창조의 역동성을 다시 한 번 살펴보자. 우주심이 다중적 분할과 분리, 망각을 복잡하게 조합시킴으로써 가상현실을 창조한다는 빈번한 통찰은 이미 논의된 바 있다. 절대의식은 본질과의 단절감과 분리감을 느끼는 무수한 개별 존재들 속으로 자신을 투사한다. 그리고 그 존재들은 끝없이 이어지는 역동적인 상호 작용을 통해 엄청나게 풍요로운 현상계를 낳는다. 우리의 친숙한 터전인 물질 세계는 이런 창조 활동 중에서도 가장 머나먼 변방에 지나지 않는 듯 보인다.

특히 흥미로운 부분은 우리의 일상적 현실과 분화되지 않은 절대의식 사이에 가로놓인 세계다. C. G. 융과 그의 후학들에 의해 광범위하게 연구되어온 신화적 세계 말이다. 그곳은 물질계와는 달리 일상적 감각으로 접근할 수 없고, 오직 일체지향적 상태에서만 체험할 수 있다. 융은 그곳을 집단 무의식의 원형적 세계라고 불렀다. 그곳에 거주하는 존재들은 비상한 힘과 신성하고 초월적인 영기靈氣를 지닌 듯 보인다. 그런 까닭에, 그들은 흔히 신으로 묘사되거나 인식된다.

신화적 세계에서 벌어지는 사건들은 분명히 어떤 시공간 속에 위치하지만, 물질적 수준의 시공간과는 다른 차원에서 벌어진다. 원형적 사건에는 물질적 사건의 특징인 지리적, 역사적 일관성이 결여되어 있다. 특정한 시공간적 좌표를 지닌 이 세상의 사건들과는 달리, 신화적 사건들은 시공간이라는 빈틈없는 직물 속에 자리를 잡지 못한다. 런던의 지리적 위치와 프랑스 혁명의 날짜를 밝혀내기는 쉽지만, 시바의 천국이 자리한 곳이나 그리스 올림포스의 신들과 타이탄이 전쟁을 벌인 시기를 밝혀내기는 불가능하다. 그래서 신화적 세계에서 유래된 이야기들은 대개 이렇게 시작한다. "옛날 옛적에, 아주 먼 나라에서……" 듣는 사람들로 하여금 그 사건이 친숙한 일상 현실 속의 특정 장소와 시기에 벌어졌다고 믿지 않게 하기 위해서다.

하지만 고정된 시공간적 좌표가 없다고 해서 원형적 세계가 존재론적으로 덜 실재한다는 뜻은 아니다. 신화적 존재를 만나거나 신화적 세계를 방문하는 일체지향적 체험들은, 모든 면에서 우리의 일상적 사건들과 마찬가지로 현실적이며 때로는 그 이상으로 구체적이다. 원형적 세계는 인간의 환상과 상상이 꾸며낸 허구가 아니다. 그곳은 매우 자율적이고 독립적으로 존재한다. 그와 동시에, 그곳의 사건들은 물질계와 인간의 삶에 큰 영향을 미치는 듯 보인다.

원형적 세계는 분명히 물질계에 비해 초좌표적超座標的이며, 우리의 일상을 좌우하고 꾸미고 특징짓는다. 일체지향적 상태에서 발견되는 이런 관계성은 융의 심리학에서 영향받은 저술가들이 숱하게 표현했던 개념들과 비슷하다. 그들은 무의식을 통해서 작용하는 신성한 원형적 원리로써 우리의 성격과 행동과 운명을 이해할 수 있으며, 나날의 인생극 속에서는 다양한 신화적 주제가 실연되고 있다고 주장했다.

아래는 42세의 인류학자 헬렌의 체험담으로, 일체지향적 상태에서 체험되는 원형적 세계와 거기서 비롯한 통찰들을 그리고 있다.

이어진 장면은 너무나 장엄하고 웅장했기에, 지금도 그 생각만 하면 깊은 외경심이 솟아난다. 얼핏 우리의 일상과도 공통점이 있는 어떤 세계의 광경이었지만, 그곳의 규모와 위력은 내 상상의 한계를 훨씬 뛰어넘었다. 빛나는 존재들이 근사한 옷을 걸친 인간 남녀의 형상으로 나타나 엄청난 힘을 내뿜었다. 고대 그리스인들의 묘사를 빌리자면, 신주神酒와 신찬神饌을 차려 잔치를 벌이는 올림포스 산의 신들처럼 보였다. 하지만 전에 내가 떠올려보았던 그 어떤 상상도 감히 이 체험과 비교할 수는 없다.

이 초인적 존재들은 우리의 사교생활과 비슷한 활동을 했는데, 그들이 서로 주고받는 것에는 엄청난 의미가 담겨 있는 듯했다. 나는 그곳에서 일어나는 일이 직접 우리의 일상과 물질계의 사건을 결정한다고 느꼈다. 이런 관계성을 설명하기에 적당한 장면이 하나 기억난다. 나는 어떤 신성한 존재의 손가락에서 우주적 다이아몬드로 보이는 광석이 박힌 반지를 보았다. 그 광석의 한 면에서 반사된 빛은 내 눈을 멀게 할 정도로 강렬했고, 나는 마치 원자폭탄이 폭발하듯이 그 빛이 물질 세계 속으로 투사해 들어간다는 사실을 깨달았다.

후에, 나는 이 체험과 관련해서 오래전에 보았던 한 영화를 떠올리게 되었다. 〈황금 양털〉(the Golden Fleece)이라는 제목이었는데, 이아손Iason과 아르고 호號 원정대의 모험이 주된 내용이다. 이 영화의 사건들은 두 가지 차원에서 펼쳐진다. 하나는 올림포스 신들이 사는 세계로서 신들은 관계, 애정, 갈등, 충돌, 협력 등의 사건들을 일으킨다. 그들은 저마다 이 우주에 영향을 미친다. 한편 이 영화의 주인공은 몇몇 신들에게는 총애를 받지만 다른 신들에게는 분노의 표적이 된다. 이때 신들의 감정에 따라 지구에서는 천재지변, 행운과 불행, 뜻깊은 인연 등의 사건들이 일어난다.

이런 체험과 통찰을 통해, 나는 그동안 과학자랍시고 원시문명의 우주관을 마법적 사고나 미신에 지나지 않는다고 무시했던 내 오만함이 부끄러워졌다. 나는 그것이 비일상적 의식 상태를 대하는 우리 사회의 고지식한 태도였음을 깨달았다. 일체지향적 상태에서 관찰한 내용을 진지한 연구 주제로 삼는다면, 우리의 유물론적 세계관은 철저하게 수정될 수밖에 없다. 우리는 원시문명에서 쓰였던 '신'과 '악마'라는 말을 '원형적 존재'와 같은 좀더 다듬어진 단어로 대체하게 될지도 모른다. 여하튼 한번이라도 원형적 차원에 친숙해지고 나면, 우리는 더 이상 그것의 존재나 우주 만물에 미치는 영향력을 부정하거나 무시하지 못할 것이다.

위의 이야기가 원형적 천계天界의 광경을 묘사하는 데 반해, 어둠의 온갖 창조물들이 거주하는 세계, 즉 여러 문화의 신화 속에서 지옥 또는 하계下界라고 불려온 곳을 방문했던 사람들도 있다. 아래의 이야기는 40세의 교사인 아널드의 구술에서 발췌한 내용으로 그런 체험들 중 하나다.

뒤이어 나는 지하 터널의 세계를 통과하여 전 세계 대도시의 하수 처리 시설처럼 보이는 곳에 이르렀다. 뉴욕, 파리, 런던, 도쿄……. 이 도시들이 유지되는 데 꼭 필요한 부분과 요소들, 즉 기반 시설을 속속들이 살펴보는 느낌이었다. 놀랍게도 나는 그곳에 하나의 온전한 세계가 있고, 그것은 보통 사람들의 눈에는 띄지 않으며 거의 인정받지 못한다는 사실을 알았다. 나는 어두운 미로 속으로 점점 더 깊이 내려갔고, 마침내 내가 들어선 세계가 더 이상 우리의 일상 현실에 속하지 않음을 깨달았다.

그곳은 마치 땅속의 가장 깊은 곳처럼 느껴졌지만, 실제로는 낯선 원형적 창조물들이 거주하는 신화적 세계였다. 나는 그곳이 우주가 올바르게 기능하고 존재하는 데 꼭 필요한 기반 시설이라고 생각했다. 도시의 지하 세계처럼, 그곳도 눈에 띄지 않으며 인정받지 못했다. 그곳에는 거대하고 흉측하고 기이한 모습의 지하 존재들이 있었다. 그들의 강력한 힘은 지각의 변화, 지진, 화산 폭발 등을 연상시켰다.

보답도 바라지 않고 묵묵히 우주의 엔진을 돌리며 어둠 속에서 살아가는 이 순박한 존재들에 대한 고마움이 마음 깊은 곳에서 절로 솟아났다. 그들은 분명히 나의 방문을 반가워했고, 내 무언의 감사를 기쁘게 받아주었다. 그들은 두려움의 대상이 되어 거부당하는 데 익숙한 듯했으며, 마치 어린아이처럼 애정과 관심을 열망했다.

이런 체험들이 나타내듯이, 친숙한 현상계의 바깥에는 다양한 차원의 세계들이 존재한다. 이런 체험들은 다양한 종류와 차원의 세계, 텔레비전에 비유하자면 다양한 '우주방송 채널'들을 보여주는 듯하다. 우리는 대개 물질계의 복잡성과 불가사의함에 정신이 팔려서 다른 차원의 세계가 존재할지도 모른다는 가능성을 받아들이지 않는다. 하지만 우주의 깊은 수수께끼 — 모든 것이 존재하며 어떤 종류의 세계든 체험할 수 있다는 사실 — 는 너무나 엄청나고 압도적이어서, 그 세계들 각각의 세세한 성질과 내용을 하찮은 것으로 만들어버린다.

넓은 관점에서 보면, 태평양의 아름다운 일몰과 그랜드 캐니
언의 풍경, 맨해튼 중심가의 전경은 시바의 천계나 이집트인의 하
계와 마찬가지로 경이롭다. 의식의 기법을 마음대로 부려서 경험
을 지어내는 초월적 원리의 존재를 받아들인다면, 그것이 다양한
차원의 세계를 창조해낼 수 있다는 사실은 별다른 문젯거리가 되
지 않는다. 영화나 드라마를 만드는 제작자가 기존의 기술을 그대
로 쓰면서 그저 이야기만 일상적 사건이 아닌 신화적 주제를 차용
하는 것과 다를 바가 없기 때문이다.

우주의 신비로운 게임

힌두 철학자들이 창조 과정을 릴라lila 또는 신성한 게임이라
고 표현했듯이, 우리는 과학기술에 의한 현대판 마술쇼인 영화에
빗대어 현상계의 본질에 대한 일체지향적 통찰을 설명해볼 수 있
다. 영화제작자들은 물질적 현실의 그럴듯한 복제판이자 감쪽같은
'가공판'을 창조하고자 한다. 그들은 그 목적을 위해 모든 방법을
동원한다. 보통의 관객들은 스크린 위의 장면들을 물질계의 실제
사건들처럼 쉽게 받아들인다. 어떤 관객들은 영화에서 너무 큰 충
격을 받아 마치 그것이 정말 현실인 것처럼 감정적으로 반응하기
도 한다. 관객들은 영화가 한 덩어리의 빛의 장(光場) 안에서 다양한
주파수의 전자파가 일으키는 유희일 뿐이라는 사실을 이성적으로
는 알지만 진짜처럼 느낀다.

일체지향적 상태에서, 우리는 놀랍게도 일상적 체험들에도 똑같은 설명을 적용될 수 있음을 깨닫는다. 견고한 객관 세계에서 벌어지는 일들은 파동의 유희일 뿐이며 본질적으로 텅 비어 있다. 물론 물질계는 오늘날의 영상기술이 전달하지 못하는 감촉과 냄새, 맛까지 포함한다는 측면에서 영화보다는 훨씬 풍부하고 완전한 체험을 제공한다. 유명한 공상과학소설인《멋진 신세계》(The Brave New World)에서, 올더스 헉슬리Aldous Huxley는 미래의 오락거리와 감각예술품(Feelies)이 현재의 단점을 극복하여 시각과 청각뿐 아니라 다른 감각 체험까지 일으키는 모습을 그려냈다. 실제로 최근의 가상현실 분야에서는 이미 특별히 고안한 장갑으로 전자적 시청각 체험에 촉감의 차원을 보태는 실험을 하고 있다.

앞서 '내재하는 신성'이 물질계를 우주의 창조 에너지가 펼치는 역동적인 놀이로 인식하는 체험에 대해 언급한 바 있다. 이런 체험은 또한 분리의 세계 배후에 편재하는 일체성을 드러낸다. 우리가 일상에서 마주하는 것들은 분리된 개인이나 견고한 사물이 아니라, 통일된 에너지장의 불가결한 측면들임을 알려준다. 꽉 막힌 현실주의자에게는 꽤 터무니없게 들리겠지만, 이 결론은 현대 물리학의 발견과도 완전히 들어맞는다. 현대 물리학은 견고한 물질로 보이는 것들이 본질적으로는 텅 비어 있다고 말한다. 즉, 고밀도의 물체들로 이루어진 이 세계에 대한 우리의 인식이 환영幻影(maya)에 불과하다는 힌두 현자들의 놀라운 주장을 20세기 과학이 뒷받침하는 셈이다.

물질계의 창조와 영화 제작 과정을 좀더 자세하게 비교해보자. 그저 스크린을 보기만 해서는 영화의 제작 공정을 이해하거나 영상 효과의 수수께끼를 풀어낼 수 없다. 영화에 등장하는 대상물들에는 독립된 실재성이나 개별적 의미가 없다. 영화는 몹시 복잡한 공정을 거친 결과물이며, 지금 우리의 관람 체험만으로는 그 중요한 단계들을 확인하기가 어렵다. 상영된 영화의 전모를 제대로 이해하려면, 그저 영화만을 관람하는 대신에 그 제작 공정을 체계적으로 철저히 분석해야 한다.

우선, 우리는 관심을 스크린에서 거두고 시야를 돌려 저 환영을 만들어내는 장치를 찾아내야 한다. 우리는 스크린 위에 영상을 투영하는 강렬한 광원光源이 그 본질적 장치임을 발견할 것이다. 더 자세히 살펴보면, 우리 눈앞에 드러날 색깔과 형태가 새겨진 셀룰로이드 띠가 움직이는 모습이 보인다. 이런 상황은 플라톤이 물질계의 허구성을 설명하고자 자신의 대화편 중 〈국가론〉에서 사용한 저 유명한 동굴의 비유와 놀랄 정도로 비슷하다.

그 대화에서 플라톤은 인간의 조건을 지하 동굴 안에 갇힌 한 무리의 사람들에 빗대어 설명한다. 그들은 오직 정면밖에 보지 못하는 채로 철저하게 감금되어 있다. 그들의 뒤에는 밝은 불빛이 있고, 불빛과 죄수들 사이에는 낮은 벽이 있으며, 놀이꾼들이 벽 위에서 인간과 동물 인형을 비롯한 온갖 기구를 움직인다. 죄수들은 앞쪽 벽에 비친 그림자를 보는 데만 정신이 팔려, 실제로 인식할 수 있는 전체 상황의 한 단면만 볼 수 있을 뿐이다. 그들은 그 쇼에 빠져서, 이 상황의 진짜 모습을 전혀 눈치채지 못한다.

플라톤의 비유처럼, 우리에게 친숙한 물질계의 사물들은 불빛에 의해 동굴 벽에 드리운 그림자에 해당하며 우리는 현실의 진짜 본질을 보지 못하는 상태에 있다. 또한 플라톤은 그 동굴의 죄수들이 뒤쪽에서 난 소리의 반향을 그림자들이 내는 소리로 믿는 다고 말한다. 이와 유사하게 영화를 예로 들면, 우리는 영상이 나 오는 곳을 알아낼 뿐만 아니라 소리가 나는 곳을 추적하여 자기磁氣 테이프를 발견할 수도 있다.

우리가 조사를 계속하며 영사 과정을 면밀히 조사한다면, 부 드럽고 매끄러운 움직임으로 인식되는 장면이 실은 단절되고 명멸 하는 영상이 빠르게 이어져서 만들어진다는 점을 발견할 것이다. 이것 역시 현실의 본질에 대한 비일상적 의식 상태의 통찰과 유사 하다. 나는 다양한 일체지향적 체험을 한 사람들로부터 이런 유의 보고를 반복적으로 들어왔다. 영적 전통들 속에서도 같은 통찰이 나타난다. 예컨대 티베트 불교에 따르면 현실은 철저하게 불연속 적이다. 현상계는 끊임없이 명멸하며, 순간순간마다 해체와 재생을 되풀이하고 있다. 마찬가지로 우리의 존재도 태어난 순간부터 죽 을 때까지 연속하는 것이 아니라, 매 순간 죽고 다시 태어난다. 알 프레드 노스 화이트헤드Alfred North Whitehead는 이와 같은 개념을 현대 과학에 근거하여 철학적으로 전개했다.

영화 체험의 본질을 파헤치는 우리의 다음 탐사는 우리를 아 예 영화관 밖으로 데려다놓을 것이다. 우리는 그 영화가 누군가에 게 떠오른 하나의 아이디어에서 비롯되었으며, 이야기를 대본으로 구체화시켜 생생하고 진짜 같은 체험으로 변형시키기 위해 영화 제 작의 모든 과정이 이루어졌음을 깨닫는다. 영화 속에 그려진 현실 에는 독립된 실재성이 없다. 좀더 넓은 관점에서 보지 않으면, 우리 는 그것을 완전하게 파악할 수 없다. 영화가 존재하는 궁극적 목적 은 특별한 종류의 체험을 제공하기 위함이다. 일체지향적 상태에서 얻어진 통찰에 따르면, 우리의 물질계 체험도 그와 다를 바가 없다.

원시적인 사람들, 예컨대 어린아이 또는 산업화 이전 문명의 원주민들은 현대의 과학기술을 접하지 못했기 때문에 정교하게 만들어진 영화를 현실로 착각할지도 모른다. 미래에는 홀로포닉 입체음향을 담은 홀로그램 영화, 홀로그램 텔레비전, 매우 진보된 '가상현실' 기술들을 현실과 구분해내기가 더욱 어려워질 것이다. 그러나 지금도 이 우주가 지고한 지성이 만들어낸 '가상현실'일지 모른다는 생각이 백 년 전, 아니 50년 전에 그랬을 만큼 생소하게 느껴지지는 않는다.

05

우주적 근원과의 재합일

자신의 근원에서 떨어져 나온 이는
합일 상태로 되돌아가기를 열망한다.

— 루미Rumi

이제 나는 돌아간다……
내 속한 곳인 전체에게로……
돌아간다는 것은 얼마나 기쁜 일인가……
그래, 이제 나는 내가 무엇인지 안다.
태초부터 무엇이었으며, 앞으로도 항상 무엇일지를……
나는 전체의 한 조각, 돌아가고파 노심초사하는,
그러면서도 살아서 행위와 창조와 지음과 베풂과 성장을 통해,
받은 것보다 더 많은 남김을 통해 자신을 표현하고자 하는,
그리고 무엇보다도 사랑의 선물을 전체에게 가져가고자 하는 한 조각……
하나인 전체와 이어진 부분들이라는 모순.
나는 전체를 안다…… 나는 전체다……
하나의 조각임에도 나는 전체다.

— 로버트 먼로Robert Monroe

의식의 퇴화와 진화

앞장에서 살펴본 대로, 분화되지 않은 절대의식에서부터 원형적 존재들이 넘쳐나는 신전을 지나 무수한 개체가 모여 이뤄진 물질계에 이르기까지, 창조의 과정은 여러 차원에 걸쳐 엄청나게 다양하게 펼쳐진 존재들을 낳는다. 이처럼 분리와 이탈이 누적되면서 진행되는 분할 과정은 우주 주기의 절반밖에 해당하지 않는다. 일체지향적 상태에서 얻어진 통찰들은 반대 방향으로의 또 다른 움직임, 즉 다수多數와 분리의 세계로부터 경계의 소멸과 더 큰 통합체로의 동화同化를 향하는 의식적 사건들로 이루어진 과정을 거듭거듭 보여준다.

간략하게 요약하자면, 나는 우주적 과정에서 하강하는 부분, 즉 창조(의식의 퇴화)라고 표현되는 양상을 '하일로트로픽hylotropic 또는 물질계 지향적'이라고 부른다.(그리스어로 hyle은 물질을, trepein은 방향성을 뜻한다.) 같은 식으로, 우주적 과정에서 상승하는 부분, 즉 분화되지 않은 본래의 통일체로 되돌아가는(의식의 진화) 양상을 '홀로트로픽holotropic 또는 일체지향적'이라고 부른다. 이미 설명했듯이, 후자에서 그리스어 holos는 전체를 의미하며 trepein은 무언가를 향한다는 뜻을 담고 있다.

이런 통찰들은 다양한 영적, 철학적 체계들이 묘사하고 논의해온 우주의 두 가지 움직임과 일치한다. 서양에서 신플라톤주의의 시조로 알려진 플로티노스Plotinus는 하일로트로픽 과정을 유출流出(Efflux)로, 홀로트로픽 움직임을 환류還流(Reflux)라고 불렀다. 신플라톤주의자들에 따르면, 다양한 위계를 갖춘 우주는 지고한 하나

(One)의 신성한 방출로부터 창조되었다. 그리고 최고의 지적, 영적 영역에 도달할 잠재력을 가진 인간은 세계 정신(World Soul)의 의식 차원까지 상승할 수 있다. 플로티노스의 이런 개념은 신플라톤주의 학파에서는 물론이고, 그리스도교 신비가들과 독일 관념론자들의 저술에서도 중심 사상으로서 작용했다. 하강과 상승에 관련된 개념들을 가장 포괄적으로 통합한 현대의 학자로는 켄 윌버를 꼽을 수 있다.

동양에서는, 인도의 신비가이자 철학자인 스리 오로빈도Sri Aurobindo의 저술에 이런 개념이 가장 명료하게 표현되어 있다. 오로빈도는 브라흐만Brahman(梵)이 '퇴화(involution)'라고 불리는 과정 속에서 물질계로서 현현한 후에 점차 '진화(evolution)' 과정 속에서 자신의 잠재된 힘을 펼친다고 설명했다. 퇴화란 자기를 제한하고 밀도를 높여가는 과정으로서, 우주 의식의 힘(Consciousness-Force)이 자신의 모습을 단계적으로 감추면서 존재의 차원들을 창조하여 이루어진다. 그 과정이 극에 달하면, 우주는 마치 의식이 없는 것 같은 물질계의 모양새를 띤다. 하지만 각각의 차원에서는 상위 차원에 속하는 의식의 힘이 모두 작용하는 법이므로, 의식이 없는 차원에는 본래 우주 의식의 힘이 접히고 숨겨진 상태로 빠짐없이 잠재해 있다.

이와는 반대로, 진화는 완전한 우주적 무의식에서부터 숨겨진 의식의 힘이 다시 나타나 발현되는 과정이다. 하지만 오로빈도가 말한 진화가 퇴화의 완전한 반대 개념은 아니라는 점도 강조되어야 한다. 그가 말하는 진화란 모든 창조물이 점차 정묘해지고 희박해지다가 마침내는 하나의 드러나지 않는 무엇으로 재통합되는 과정을 뜻하지 않는다. 그것은 의식의 더 높은 힘들이 서서히 드러나 이윽고 신성한 의식의 힘이 자신의 창조계 안에서 갈수록 더 크게 끝없이 현시하는 과정이다.

일체지향적 상태의 통찰에 따르면, 우주는 분리된 개체를 지어내는 무한한 가능성과 똑같은 정도의 풍부하고 빈틈없는 기회를 경계를 소멸시키는 과정에도 제공함으로써, 근원으로의 회귀를 매개한다. 이런 통합 체험들 덕분에 개별 의식체들은 소외감을 극복하고 자신이 분리되었다는 착각에서 벗어난다. 지금까지 절대적 경계로 여겨졌던 것들을 초월하여 점진적 통합을 이뤄갈수록 개체는 점점 더 크게 확장된다. 그리고 그 끝에서는 모든 경계가 소멸되고 절대의식과의 재통합이 일어난다. 이처럼 무수한 차원 속에서 다양한 모습으로 잇달아 일어나는 통합 과정은 우주적 춤의 완전한 한 주기를 완성한다.

다양한 통합 체험

통합 과정은 모든 존재 영역에 걸쳐 관찰되지만, 특히 인간이라는 존재에게는 더욱 다양하고 복합적으로 나타난다. 우리는 초개아적 체험을 통해서 통합 과정을 더욱 직접적이고 체계적으로 연구할 수 있다. 유감스럽게도 서양의 정신의학은 신비주의와 정신이상 간의 차이를 구별하지 않으며, 모든 신비 체험을 정신질환의 징후로 여기기 십상이다. 다른 사람-자연-우주-신과 동화되는 체험을 했다는 이유만으로 정신이상자로 진단받아 안정제를 투여받고 심지어는 충격요법까지 당한 사람들을 나는 직업상 많이 만나볼 수 있었다.

인본주의 심리학과 초개아 심리학이 자리를 잡는 데 결정적인 공헌을 한 미국의 심리학자 故 에이브러햄 매슬로우는 자연발생적인 통합 상태, 그가 붙인 표현에 따르면 '절정 체험(peak experiences)'을 겪은 수백 명의 사람들과 대담을 나눈 바 있다. 그는 신비 체험이 병리적 징후가 아니며 정신과 진단목록에도 포함되지 않는다고 강조했다. 심각한 감정적 문제를 전혀 겪지 않으며 심리학적 기준으로 '정상'에 해당하는 사람들에게도 신비 체험은 자주 일어난다. 오히려 이런 체험을 겪은 사람들은, 만약 주변의 지지를 받아 체험을 잘 내면화할 수만 있다면, 더 높은 능력과 창조성과 '자아실현'으로 이끌리는 아주 좋은 결과를 얻게 된다.

통합 체험(unitive experience)은 자연 또는 인간의 창조물에서 극치의 아름다움을 발견할 때 가장 빈번하게 일어난다. 별들로 가득한 하늘의 무한함, 거대한 산맥의 장엄함, 사막의 무시무시한 정적 등이 신비 체험을 일으키는 계기가 되는 것이다. 그랜드 캐니언, 거대 폭포, 유명한 석순 동굴 등 자연의 경이로움과 맞닥뜨린 사람들은 그 장엄함에 압도당하고 불가사의한 황홀경에 빠지곤 한다. 겉으로는 절대적 위력을 행사하면서 깊은 곳에서는 고결한 침묵을 지키는 바다도 절정 체험을 일으키는 중요한 원천으로 꼽을 만하다. 아름다운 일몰, 마법 같은 북극광北極光, 개기일식 등을 바라보는 일도 깊은 통합 체험을 일으킬 수 있다. 신비적 자각을 일깨우는 데 꼭 이렇게 큰 규모의 사건이 필요한 것만은 아니다. 때에 따라서는, 제 거미집을 뱅뱅 도는 거미 한 마리 또는 공중에서 날갯짓하는 채로 꽃의 꿀을 빨아먹는 벌새 한 마리처럼 사소한 광경들이 신비 체험의 계기로 작용하기도 한다.

　최고의 예술품을 체험하는 일도 같은 결과를 일으킬 수 있다. 창조적 작업에 깊이 몰두한 작곡가, 공연 중인 연주자, 그리고 관객석의 청중은 때때로 자신의 경계를 잃고 말뜻 그대로 음악과 하나가 된다. 그들은 그저 음악을 듣는다기보다는 실제로 음악이 된 듯한 느낌에 빠진다. 훌륭한 무용가들은 무대에서 더 이상 춤추는 사람과 춤이 구별되지 않는 경지에 도달한다. 유럽의 중세 성당, 이슬람의 모스크, 타지마할, 힌두교와 불교의 사원들도 그 불멸의 아름다움으로써 무수한 사람들에게 신비 상태를 경험하게끔 하는 수단으로 존재해왔다. 역사상의 모든 문명에서 전해오는 위대한 조각과 그림과 온갖 미술품들도 예민한 사람들에게 비슷한 영향을 미친다.

　통합 체험의 빈번한 원인이 되는 일상적인 상황들에도 관심을 기울일 필요가 있다. 우리는 그런 상황들을 신비적 자각과 잘 연계시키지 못하지만, 탁월한 운동선수들은 절정의 기량을 선보일 때면 마치 신비한 황홀경과 같은 상태에 빠진다고 말하는 경우가 많다.

　우리는 운동선수의 탁월한 활약을 특별한 신체적 재능, 정신적 강인함, 엄격한 자기관리, 혹독한 훈련 등이 맞물려 이뤄낸 결과로 여기기 쉽다. 하지만 세계 최고의 운동선수들은 자신의 능력을 전혀 다르게 설명하곤 한다. 그들은 자신의 비범한 성취가 기적적이고 초자연적인 능력을 발휘하게 하는 특별한 의식 상태에서 비롯된다고 생각한다. 개인적 경계가 소멸되어 주변 환경의 다양한 측면에 동화되는 듯한 감각은 그런 상태의 중요한 특징 중 하나다.

　운동경기에서 촉발되는 신비적 황홀경은 우리가 인간 능력의 한계라고 여기는 선을 뛰어넘도록 도와주는 듯 보인다. 나는 통합 상태와 관련된 비범한 능력을 목격한 적이 있다. 캘리포니아 빅써의 에살렌 연구소에서 불교와 서양심리학에 대한 한 달짜리 세미나를 진행할 때 일어났던 일이다. 손님으로 초대되었던 한국의 검도사범이 교육과정의 일부로서 특별한 시범을 보여주기로 했다. 그는 제자 중 한 명을 잔디 위에 눕혀 맨살의 배 위에 냅킨 한 장을 놓고는 큰 수박을 얹었다. 그러고는 검고 두꺼운 벨벳으로 만들어진 자루를 머리에 단단히 뒤집어쓰고 손에는 매우 날카로운 큰 검을 든 채로, 제자로부터 15피트(약 4.5미터) 정도 떨어져 서서 몇 분간 고요한 명상에 들었다.

갑자기 근처에 있던 개들이 일제히 짖어대기 시작했고, 검도사범은 무사다운 거친 기합을 토했다. 그는 누운 제자를 향해 한 바퀴 재주를 넘으며 다가가서는, 침착하고 힘차게 칼을 휘둘러 제자의 배 위에 놓인 수박을 두 동강 냈다. 냅킨에는 살짝 칼자국이 남았지만, 제자는 아무런 상처도 입지 않았다. 사람들은 경악하면서, 어떻게 이 믿기 어려운 묘기를 성공시킬 수 있었는지를 물었다. 우리는 분명히 그 검도사범에게 눈을 가리기 전의 주변 상황을 기억하고 시각화하는 능력이 있을 거라고 확신했다. 하지만 그는 웃으며 이렇게 대답했다. "아닙니다. 저는 명상을 하면서 모든 것이 하나가 되기를 기다립니다. 검사, 검, 잔디, 수박, 제자 ─ 그때가 되면 아무런 문제도 생기지 않습니다."

신비적 통합 체험은 세계적인 문학작품들 속에서도 아름답게 묘사되어왔다. 예컨대 유진 오닐Eugene O'Neill의 《밤으로의 긴 여로》(Long Day's Journey into Night)에서, 주인공 에드먼드는 바다와 연결되며 느꼈던 신비적 황홀경에 대해 말한다.

나는 후미를 바라보며 제1사장[1]에 누웠다. 아래에서는 거품이 부서지고, 우뚝 솟은 돛대에서는 달빛을 받은 돛들이 하얗게 빛나고 있었다. 그 순간 나는 그 아름답고 일렁이는 리듬에 취해 나 자신을 잃었다. 실은 내 삶을 잊었다. 나는 풀려났다! 나는 바다에 녹아들었고, 흰 돛과 튀는 물보라가 되었고, 아름다움과 일렁임이 되었고, 달빛과 배와 구름 낀 밤하늘이 되었다. 과거와 미래의 속박을 벗어난 평화와 일체감과 엄청난 환희 속에서, 나의 삶 아니 인간의 삶보다 더 대단한 무엇 속에서 나는 생명 그 자체로 머물렀다! 원한다면, 그것을 신이라고 불러도 좋겠다.

그 후에도 여러 차례에 걸쳐서, 이를테면 먼 곳까지 헤엄쳐 가거나 해변에 홀로 누워 있을 때 나는 똑같은 체험을 했다. 나는 태양, 뜨거운 모래, 바위에 붙어 물결에 따라 흔들리는 푸른 해초가 되었다. 그것은 성자의 황홀경과 같았다. 보이지 않는 손이 사물을 가린 장막을 치워버린 듯했다. 잠깐 동안 당신은 비밀을 본다. 그리고 비밀을 보는 그것이 바로 비밀이다. 그때 그 순간에 의미가 있다!

죽음, 성性, 탄생의 통합적 힘

통합 체험은 긍정적 감정이 충만한 상황에서 가장 잘 일어나지만, 개인적으로 몹시 불행하고 걱정되고 비관적인 처지에 있을 때 일어나기도 한다. 이런 경우에 자아의식은 용해되고 초월되기보

---

1) bowsprit. 뱃머리 앞쪽으로 튀어나온 기움 돛대.

다는 분쇄되고 압도당한다. 이런 일은 강렬한 감정적, 신체적 고통 속에서 극심하거나 만성적인 스트레스를 겪을 때, 또는 몸의 보존 이나 생존에 심각한 위협을 겪을 때 일어난다. 중대한 삶의 위기 때 문에 자살 직전에 내몰린 심각한 우울증 환자들은 불현듯 영적으로 깊이 열리며 고통을 초월하는 체험을 겪곤 한다. 사고와 부상, 중병 과 수술로 인한 임사체험 동안 신비한 체험을 하는 사람들도 많다.

육신에 얽매인 삶을 마감하는 사건, 즉 죽음은 필연적으로 초 개아적 영역과 맞닿아 있는 접점이다. 죽음으로 이끌거나 죽음과 관련 있거나 죽음에 뒤따르는 사건들은 종종 영적 열림의 계기로 작용한다. 불치병으로 고통받거나, 친한 친구나 친지처럼 깊이 교 류하던 이가 죽어가는 모습을 목격하는 일은 죽음과 덧없음이라는 문제를 부각시키면서 신비적 자각을 일깨운다. 티베트 불교의 금 강승 수행자들이 죽어가는 사람들과 함께 상당한 시간을 보내야만 하는 것은 바로 그 때문이다. 힌두교에도 공동묘지와 화장터 등에 서 시체와 가까이 접촉하는 명상을 하게 하는 탄트라 전통이 있다.

중세의 그리스도교 수도사들은 자신이 죽고 그 몸이 썩어서 먼지로 화할 때까지의 모든 과정을 상상하는 명상을 해야 했다. 이 런 수행에서는 "죽음을 기억하라", "먼지에서 먼지로", "현재는 불확 실하지만 죽음은 확실하다", "이리하여 이 세상의 영광을 맛보리라" 는 식의 표어들이 쓰였다. 현대 서양인들의 관점으로 보면, 이런 수 행은 죽음에 대한 지독한 병적 탐닉일 것이다. 하지만 죽음에 깊숙 이 빠져드는 체험들은 신비적 상태를 초래할 수 있다. 죽음을 피할 수 없는 우리의 덧없는 운명으로 마음속 깊이 받아들임으로써, 우 리는 오히려 초월적이며 불멸하는 우리의 본성을 발견하게 된다.

고대의 여러 〈사자死者의 서〉들은 생물학적으로 죽어가는 순간에 겪게 되는 강렬한 영적 체험들을 상세하게 묘사하고 있다. 죽음(death)과 죽어감(dying)을 연구하는 과학 분야인 사망학(thanatology)은 이런 기록들에 중요한 사실이 많이 담겨 있다고 말한다. 최근의 연구에 따르면, 임사체험을 한 사람들 중에 거의 3분의 1에 가까운 수가 일생의 축약된 회고, 터널의 통과, 원형적 존재들과의 만남, 초월적 현실과의 접촉, 신성한 빛이 비치는 광경 등을 포함하는 강렬한 환영 상태를 겪는다. '진성眞性 유체이탈 체험2)'이 대부분 여기에 포함되는데, 이때 몸을 떠난 의식은 가깝거나 먼 여러 장소에서 벌어지는 일들을 또렷하게 인식한다. 이런 상황에서 살아남은 사람들은 대부분 영적으로 활짝 깨어나고, 성격이 바뀌고, 삶의 가치를 근본적으로 다시 인식하게 된다. 지금 케네스 링Kenneth Ring이라는 학자는 선천적 시각장애인들이 임사체험 중에 몸을 빠져나가서 주변 환경을 살펴볼 수 있는지를 검증하는 굉장히 흥미로운 연구를 진행하고 있다.

인류의 생식기능과 관련된 상황들도 통합 체험을 일으키는 중요한 계기로 작용한다. 남녀를 불문하고, 수많은 사람들이 성교 중에 깊은 신비적 상태를 체험했다고 보고한다. 강렬한 성적 체험은 고대 인도의 요가 문헌에서 '쿤달리니 각성' 또는 '뱀의 힘'이라고 묘사한 상태까지 일으키기도 한다. 요기들은 쿤달리니가 우주의 창조 에너지이자 여성적 힘이라고 보았다. 쿤달리니는 정묘

---

2) veridical OOBEs(Out of Body Experiences). 유체이탈 상태에서 체험한 내용이 실제 당사자 신체의 감각 기관으로는 파악할 수 없는 상황 정보들과 정확히 일치함으로써, 도저히 뇌가 일으킨 환각 또는 거짓으로 꾸며낸 이야기로 볼 수 없는 경우를 뜻한다.

체精妙體(subtle body)의 천골 부위에 잠들어 있다가, 명상 수행이나 스승의 권능 또는 그 외의 계기로 인해 활성화된다. 이때 영적 에너지와 성적 충동 간의 밀접한 관계는 쿤달리니 요가와 탄트라 수행의 근간이 된다.

여성의 경우에는 모성母性과 관련된 상황들도 통합 체험의 계기가 된다. 여성은 아이를 잉태하고 돌보고 낳음으로써 우주의 창조 과정에 직접 참여할 수 있다. 그 과정이 순조롭게 이뤄질 때, 출산은 신성하고 의식적인 체험을 유발한다. 임신하고 출산하고 양육하는 동안, 산모는 태아 또는 유아와의 신비한 교감에서 한 발 더 나아가 이 세상 전체와 교감하기도 한다. 우리는 이 책의 뒷부분에서 탄생-성-죽음의 삼중 구조와 신비주의 간의 관계를 다시 살펴볼 것이다.

강력한 향정신성 기법들도 통합 체험을 일으키는 또 다른 중요한 계기로 꼽아볼 만하다. 일체지향적 체험은 인류의 영성과 풍습에 결정적인 영향을 미쳤고, 사람들은 많은 세월 동안 그것을 야기하는 방법을 발전시키고자 애써왔다. 샤머니즘의 통과의례로부터 현대의 임상 요법들과 의식 연구에 이르기까지, 서로 다른 시대와 문화 속에서 사용되어온 다양한 '신성한 기법'들과 죽음과 부활의 비밀, 영적 수행들의 양상들은 이미 1장에서 간략하게 소개된 바 있다.

내재하면서 초월하는 신성

자연발생적으로 일어났든 고대와 현대의 향정신성 기법에 의해 촉발되었든 간에, 일체지향적 상태에서는 육신을 가진 자아의 개별적 경계를 다양한 방식으로써 초월하는 일이 가능해진다. 다른 사람, 집단, 동물, 식물, 심지어는 자연과 우주의 무생물적 요소가 되어보는 기회가 제공되는 것이다. 이때 시간은 장애가 되지 않는 듯 보이며, 우리는 마치 지금 일어나는 일처럼 과거와 미래의 사건들에 접근할 수 있다.

이런 체험들의 통찰에 따르면, 시공간 속 우주는 의식적 사건들의 통일망統一網이고 물질계의 경계들은 본질적으로 실체가 없다. 이 우주는 물질적 현실일 뿐만 아니라, 우주 지성의 에너지 또는 우주심의 피조물이다. 우리는 '내재하는 신성'(신은 곧 자연이다[3]), 즉 현상계 안에서 또는 현상계 그 자체로서 현현하는 신을 체험할 수 있다. 또한 우리들 개개인이 창조의 망 전체, 그리고 그 속의 모든 부분과 본질적으로 동등하다는 사실도 발견한다.

이런 초개아적 체험들이 일상적 물질계의 본질에 대한 우리의 이해를 극적으로 바꾸어놓는 동안, 평소에는 전혀 인식되지 않던 존재의 차원들이 함께 드러난다. 무형의 존재, 다양한 신과 악마, 신화적 세계, 초인적 존재, 신성한 창조 원리 등이 여기에 속한다. 한편 우리는 '내재하는 신성'과 반대되는 '초월적인 신성'에 대해서도 논해볼 수 있는데, 초개아적 체험 속에서 만나게 되는 존재와 세계

---

3) dues sive natura. "신은 곧 자연"이라는 스피노자의 표현으로, 무한한 자연 속에서 신을 찾으려 한다면 신은 전체로서의 자연 그 자체일 수밖에 없다는 의미를 담고 있다.

들은 우리의 일상 현실과는 다른 영역과 차원에 속하기 때문이다.

이처럼 우주의 창조는 물질계뿐만 아니라 수많은 차원과 수준 속에서 진행된다. 그렇기 때문에 우리의 통합 체험은 물질 세계를 벗어나 다른 세계로까지 확장될 수 있다. 요컨대 원형계에 속하는 존재들을 보고 만날 뿐만 아니라 그들에게 완전히 동화되기도 한다. 또한 내적 탐구가 극에 달하면, 창조 원리 그 자체와 마주하여 그것과의 근본적인 동질성을 깨닫기도 한다.

내재하는 신성을 체험한 사람들은 그렇지 못한 사람들과는 달리, 분리된 사물로만 이루어진 듯 보이는 나날의 물질적 현실에서 배후의 통일성과 신성한 본질을 발견한다. 물질계 안의 모든 경계에는 실체가 없고, 우리들 개개인의 본질이 시공간의 전체 장場 그리고 우주의 창조 원리 그 자체와 동일하다는 사실을 깨닫는 것이다. 그렇다고 친숙한 일상 세계에 대한 새로운 관점만을 얻게 되는 것은 아니다. 초월적 신성 체험들은 평소에는 보이지 않는 '초현상적' 차원의 존재를 일깨워주고, 특히 C. G. 융이 원형이라고 불렀던 원시 우주의 존재와 패턴들을 풍부히 보여준다.

앞에서 살펴봤듯이, 평소에 지각되지 않는다고 해서 원형계가 우리의 물질계와 완전히 별개로 존재하는 것은 아니다. 원형계는 물질계와 엮이면서 물질계의 창조에 결정적인 역할을 한다. 원형계는 우리의 일상적 사건들을 짓고 만드는 상위 차원으로서 작용한다. 즉, 우주 의식의 분화되지 않은 통일장과 물질계를 연결하는 교량으로 볼 수 있다. 따라서 초월적인 신성 체험은 또 다른 '우주방송 채널'을 관람하는 일 이상의 의미를 지닌다. 물질계의 창조 과정에 대한 통찰, 즉 프라하에서 만난 한 내담자의 표현에 따르면

'우주의 부엌을 힐끗 들여다볼 기회'를 얻게 되는 것이기 때문이다.

이처럼 우주는 잠시 대본의 역할을 벗어나 현실의 공성을 깨닫고 근원과의 재통합 가능성을 발견할 기회를 우리에게 수없이 제공한다. 우리는 일체지향적 상태를 통해, 일반 정신과의사들과는 정반대의 시각으로 통합 체험을 이해할 수 있다. 통합 체험은 뇌의 이상으로 빚어진 물질 세계에 대한 왜곡된 인식이 아니라, 현실의 본질에 대한 심오한 통찰을 제공해준다. 또한 분화되지 않은 우주심과 물질계의 사건들 사이에는 중간 단계에 속하는 세계가 존재하고 있음을 보여준다. 즉 우리는 개인적 경계를 초월하여 전일적全一的 정체성으로 확장됨으로써, 영적 자각으로 가는 여행에서 중요한 이정표를 얻을 수 있다.

시공간의 수수께끼

우주 현상을 하일로트로픽(물질지향적) 체험과 홀로트로픽(일체지향적) 체험이 뒤얽힌 직물에 빗댄 논의를 마무리하기에 앞서, 창조의 중요한 측면인 시간과 공간에 대해서도 살펴볼 필요가 있다. 우리는 분화되지 않은 통일체로부터 다수로 향하는 창조 과정이 당연히 특정한 시간과 공간 속에서 펼쳐졌다고 상상하기 쉽다. 하지만 창조 과정의 핵심적인 단계는 우리가 알고 있는 시공간 너머의 어딘가에서 일어난다. 이미 알다시피 우주의 창조 원리는 시공간을 포함한 모든 분별과 극성을 초월하기 때문이다.

우리가 일상적으로 접하는 모든 대상은 명확하고 한정된 시공간적 좌표를 가진다. 직선적 시간과 3차원적 공간은 매우 그럴듯하고 확실한 체험을 제공한다. 그래서 우리는 시공간이야말로 절대적이고 필연적인 요소라고 믿어버린다. 하지만 일체지향적 체험 속에서는 이 두 가지 차원에 대한 일반적 인식과 관념을 대체할 유력한 대안들이 다수 발견된다. 우리는 일체지향적 상태에서 현재뿐만 아니라 과거와 미래까지 체험할 수 있다. 일련의 사건들은 순환하는 듯 보이기도 하고, 나선형 궤도를 따라 일어나기도 하고, 실제로 뒤로 역행하기도 한다. 시간이 완전하게 멈춰지거나 초월되기도 한다. 우주 창조가 일어나는 차원에서는 과거와 현재와 미래가 꼬리를 물고 이어지는 것이 아니라 함께 공존하므로, 결론적으로 모든 창조 과정은 동시에 일어나는 셈이다.

일체지향적 상태에서는 공간에 대한 관념과 체험도 변화된다. 장난처럼 창조되는 무수하고 다양한 차원의 공간들 속에서는, 그 어떤 곳도 다른 곳보다 더 객관적이거나 현실적 공간으로 보이지 않는다. 소우주에서 대우주로의 전환이 직선적으로 일어나야할 이유도 없다. 큰 것과 작은 것이 변덕스럽게, 제멋대로, 자유롭게 뒤바뀐다. 하나의 세포에 동화되는 체험이 저절로 은하계 전체와의 동화로 바뀌기도 하고, 그 반대의 상황도 일어난다. 소우주와 대우주가 한 사람의 경험적 공간 속에 동시에 존재할 수도 있다. 결과적으로, 우리가 일상적 상태에서 겪는 '유한 대 무한'이라는 곤혹스런 모순은 극복되어 사라져버린다.

일체지향적 상태에서 겪는 시공간 체험의 복잡성을 설명하기 위해서, 나는 내적 탐구를 해온 지난 40여 년간의 체험 중에서도 가장 특별했던 의식의 모험담을 들려주고자 한다. 아래는 내가

1967년에 미국으로 이주해서 메릴랜드 정신과 연구소에서 일하던 시절, 정해진 복용량의 최대치를 투여받은 환각 세션 중에 겪은 체험 내용이다.

세션의 후반부 즈음에, 나는 내 마음이 매우 독특한 상태에 있음을 깨달았다. 존재의 신비에 대한 외경심이 섞인 순수함, 고요함, 희열이 느껴졌다. 나는 이 체험이 초기 그리스도교인들이 겪었던 상태와 비슷하다고 생각했다. 그곳은 기적이 허락되고 용인되며, 심지어 당연한 듯 여겨지는 세계였다. 나는 시공간이라는 문제에 대해 숙고했고, 직선적 시간과 3차원 공간이 현실의 절대적·필연적 차원이라고 믿어왔던 지금까지의 신념은 점점 허물어져 갔다.

영적 세계 안에는 어떤 한계도 없으며, 오히려 시공간은 정신의 변덕스런 피조물처럼 느껴졌다. 시공간적 한계에 묶일 필요 없이 완전히 자유롭게 시공연속체(4차원) 속을 여행할 수 있다는 생각이 들었다. 나는 이 강하고 압도적인 확신에 힘입어서 직접 실험을 해보기로 했다. 수천 마일 떨어져 있는 프라하의 부모님 댁으로 이동할 수 있는지를 시도해보기로 마음먹은 것이다.

나는 방향을 정하고 거리를 가늠한 후에, 지금 목적지를 향해 날아가고 있는 것처럼 상상했다. 곧 엄청난 속도로 공간을 이동하는 듯한 느낌을 받았지만, 실망스럽게도 나는 여전히 같은 자리에 있었다. 공간 이동이 가능하리라는 확신이 워낙 컸기 때문에, 나는 왜 이 시도가 성공하지 못했는지를 이해할 수 없었다. 그때 문득, 내가 아직도 낡은 시공간 개념의 영향력에서 벗어나지 못했음을 깨달았다. 나는 방향과 거리에 대해서 곰곰이 생각해보았고, 점점 해결의 실마리를 발견하기 시작했다. 지금 이곳이 바로 그 목적지라고 믿어버리는 것이 올바른 방법이라는 생각이 떠올랐다. 나는 되뇌었다. "여기는 볼티모어가 아니다, 여기는 프라하다. 지금 나는 프라하의 부모님 댁에 와 있다."

그러자 기묘하고 이상야릇한 감각이 느껴졌다. 전자회로, 브라운관, 전선, 저항, 콘덴서 등이 가득한 낯선 공간이 보였다. 나는 잠깐 어리둥절해하다가, 지금 내 의식이 부모님 아파트의 어떤 방 구석에 놓인 텔레비전 수상기 속에 갇혀 있음을 알아차렸다. 나는 머리를 굴려서 스피커를 귀처럼, 브라운관을 눈처럼 이용해보려고 애썼다. 하지만 이런 상황이야말로 내가 아직도 기존의 시공간 개념 속에 갇혀 있음을 적나라하게 드러내는 상징적 증거임을 깨닫고 웃을 수밖에 없었다.

내가 텔레비전 속에 갇힌 것은, 당시에 먼 곳을 체험하는 도구로서 떠올릴 수 있는 대상이 그것뿐이었기 때문이다. 텔레비전 신호는 전자기파의 속도만큼 빠르게 전송될 수 있다. 하지만 내 의식이 모든 한계를, 심지어 광속까지도 초월할 수 있음을 깨닫고 굳게 믿자마자 체험은 순식간에 변해버렸다. 텔레비전의 안과 밖이 뒤집혔고, 나는 어느새 프라하의 부모님 아파트 안을 걷고 있었다.

약물의 효과가 전혀 느껴지지 않을 만큼, 이때의 체험은 내 인생의 다른 상황들만큼이나 생생했다. 침실의 문은 반쯤 열려 있었고, 나는 그리로 들어가서 침대에 누운 부모님의 모습을 보고 숨소리를 들었다. 나는 창가로 걸어가서 길모퉁이의 시계를 보았다. 내 몸이 있는 볼티모어와는 여섯 시간의 차이가 났다. 그 시각은 두 장소의 실제 시차와 정확히 일치했지만, 나는 그것을 명백한 증거로 믿지 않았다. 이미 시차를 알고 있던 내 마음이 얼마든지 이런 체험을 꾸며낼 수도 있기 때문이다.

나는 방의 구석에 놓인 소파에 누워서 이 체험을 되돌아보았다. 그것은 내가 미국으로 오기 전에 마지막으로 환각 세션을 했던 소파였다. 나는 연구원 자격으로 미국을 방문하려고 허가를 신청했었는데, 체코 정부는 그것을 기각했다. 그래서 내가 프라하에서 마지막으로 세션을 가졌을 당시는 이에 대한 항소 결과를 기다리고 있던 때였다.

갑자기 엄청난 불안감이 엄습해왔다. 낯설고 비정상적이면서도 그럴싸한 생각이 번쩍하고 떠올랐다. 어쩌면 나는 아직도 체코슬로바키아를 떠나지 못한 채 프라하에 있으며, 지금 환각 세션에서 깨어나고 있는지도 모른다. 만약 항소가 받아들여지고, 미국으로 떠나고, 볼티모어 연구팀에 합류하고, 거기서 세션에 참여했던 모든 일이 그저 나의 강렬한 소망이 만들어낸 한낱 상상 속 여행이라면……. 나는 심술궂게 맴도는 시공간의 올가미에 붙잡혀서, 내 시공간적 좌표가 어디인지를 도무지 판단할 수 없었다.

오랫동안, 나는 똑같이 그럴듯한 두 가지 현실 사이에 걸려 있는 느낌을 받았다. 볼티모어에서의 세션 중에 프라하로의 아스트랄 투사를 체험하고 있는지, 아니면 프라하에서의 세션 중에 미국을 방문하는 상상으로부터 깨어나고 있는지를 확신할 수가 없었다. 나는 나비가 되었던 꿈에서 깨어나서는 지금 자신이 나비인데 사람이 된 꿈을 꾸는 것이 아닌지 한참 고민했던 중국의 철학자 장자를 떠올릴 수밖에 없었다.

의미심장한 우연과 동시성

일체지향적 상태는 시공간에 대한 우리의 관념에도 깊은 영향을 미칠 수 있다. 일체지향적 체험은 직접적인 인과관계로 설명되지 않는 예상 밖의 의미심장한 우연으로 이어지는 경우가 많다. 유물론적 과학에 따르면 우주 속의 모든 사건은 인과의 법칙을 따라야만 한다. 인과적 설명에 부합하지 않는 우연들은 모든 변인을 파악할 수 없을 만큼 복잡한 현상이기에 이상하게 보일 뿐이다. 이런 '숨겨진 변수들' 탓에, 결과 예측은 언제나 구체적이지 못하고 다만 통계학적인 수준에서만 가능하다. 하지만 종종 그런 통계적 가능성마저 뛰어넘는 일들이 벌어짐으로써, 유물론적 해석은 타당성을 의심받게 된다.

한 친구는 최근에 가족 사이에서 생긴 놀라운 우연을 내게 말해주었다. 그의 아내와 처제는 서로 다른 도시에 살고 있는데, 어느 날 밤에는 침실에 박쥐 한 마리가 나타나는 바람에 둘 다 동시에 잠을 깨게 되었다. 그 둘은 평생 한 번 있을까 말까 한 상황에 완전히 똑같은 반응을 보였다. 깊은 밤중이었지만 곧바로 아버지에게 전화를 걸어서 이 희한한 일을 이야기했던 것이다. 모두가 잘 아는 바와 같이, 통계적 확률을 무시한 상황들은 상상보다 훨씬 더 자주 일어난다. 나는 수십 년 동안 살아오면서 믿기 어려운 우연들을 수없이 겪어왔다. 그중에서도 중요하고 의미심장했던 한 가지 사건을 소개하고자 한다.

구소련이 체코슬로바키아로 쳐들어온 1968년, 나는 미국 볼티모어의 존스홉킨스 대학에서 수학 중이었다. 전쟁이 일어나자

체코 당국은 당장 귀국하라는 전갈을 보냈지만, 나는 이를 어기고 미국에 남기로 했다. 그 때문에 나는 20여 년 동안이나 모국을 방문하지 못했다. 체코슬로바키아의 친구나 동료들과 직접 연락을 주고받을 수도 없었다. 법을 어기고 미국에 체류 중인 친구의 연락이 그들에게는 정치적 위협이 될지도 몰랐기 때문이다. 그런데 동유럽이 독립을 이룬 후에, 내가 회장으로 있었던 국제 초개아 협회(ITA, International Transpersonal Association)는 다음번 회의를 체코슬로바키아에서 열기로 결정했다. 그래서 나는 모임을 열 만한 장소를 물색하기 위해 먼저 프라하로 떠났다.

나는 프라하 공항에 도착해서 어머니의 집까지 택시를 타고 갔다. 어머니는 나와 함께 시간을 보내며 회포를 푼 후에 볼일이 있다며 이웃집에 가셨고, 나는 혼자 아파트에 남게 되었다. 나는 안락의자에 앉아 커피를 마시면서 해야 할 일을 정리했다. 오랫동안 떠나 있었던 탓에 연락할 만한 곳도 없고, 모든 것이 낯설고, 어디에서부터 시작해야 할지 알 수 없었다. 10여 분 동안 곰곰이 생각해보았지만 뾰족한 수가 떠오르지 않았다. 그때 갑자기 커다란 초인종 소리가 울려 내 생각의 흐름을 끊어버렸다. 문밖에는 옛 친구이자 후배 정신과의사였던 토머스가 서 있었다. 나는 미국으로 떠나기 전에, 그와 함께 환각 세션을 통해 비일상적 상태를 함께 연구했었다. 그는 내가 프라하에 왔다는 소식을 듣자마자 나를 만나러 왔던 것이다.

놀랍게도 그는 자신이 막 아파트를 나서려는 순간에 전화가 걸려왔다고 했다. 전화를 건 사람은 인공지능 분야의 걸출한 연구자이자 체코 대통령 바츨라프 하벨Václav Havel의 형제인 이반 하벨

Ivan Havel이었다. 이반과 토머스는 동창생이자 가까운 친구 사이였다. 이반 하벨은 공산당 치하에서 새로운 패러다임과 초개아적 심리학을 연구하는 지하 모임을 이끌어온 진보적 과학자 집단의 우두머리였다.

구 소련의 반反체재 과학자이자 내 친구인 바실리 말리모프Vasily Malimov의 강연에서 내 연구를 접했던 이반 하벨은, 토머스와 내가 친구라는 사실을 알고는 토머스를 통해 나와 연락을 취하려고 했던 것이다. 이처럼 잇따른 인연들 덕분에, 나는 겨우 10분 만에 ITA 회의에 필요한 모든 지원 — 우리의 주제에 깊은 관심을 보이는 공신력 있는 전문가 집단에다가 영적으로 매우 고양된 정치 지도자까지 — 을 구할 수 있었다. 결국 ITA 회의는 1993년에 바츨라프 하벨의 후원 아래서 매우 성공적으로 치러졌다.

가장 널리 알려진 기막힌 우연의 일례로는 천문학자 플라마리옹Flammarion이 이야기한 것을 융이 인용한 '데샹 씨와 특별한 자두 푸딩 이야기'를 꼽을 수 있다. 데샹 씨는 어렸을 때 퐁기뷔 씨에게서 이 귀한 푸딩을 한 조각 얻어먹었다. 그리고 10년 후에 프랑스를 여행할 때까지, 이 진미를 어디에서도 맛볼 수 없었다. 데샹 씨는 프랑스의 한 레스토랑 메뉴판에서 10년 만에 이 푸딩의 이름을 발견하고 종업원에게 주문했다. 하지만 그 푸딩의 마지막 한 조각을 방금 누군가가 주문한 후였는데, 그것은 바로 같은 순간에 같은 레스토랑에 있었던 퐁기뷔 씨였다. 그리고 몇십 년 후에, 데샹 씨는 이 푸딩이 특별히 준비되는 파티에 초대받는다. 데샹 씨는 그 푸딩을 먹으면서 이번 상황에는 퐁기뷔 씨가 빠졌다는 생각을 했다. 그런데 그 순간에 문이 열리며 한 노인이 몹시 당황한 표정으로 걸어 들어왔다. 그는 원래 가려던 곳의 주소를 잘못 알았던 탓에 실수로 이 파티장에 발을 들여놓게 된 퐁기뷔 씨였다.

　이런 범상치 않은 우연들은 유물론적 과학에 근거한 세계관에 부합하지 않는다. 오히려 우주 지성의 장난스런 창조물이자, 뭔가 깊은 의미가 담겨 있는 사건이라고 생각하는 편이 더 그럴듯해 보인다. 여기에 익살스런 요소들까지 가미되어 있다면 이런 믿음은 더욱 확실해진다. 아래는 달에 착륙한 최초의 인간이자 미국의 우주비행사인 닐 암스트롱Neil Amstrong이 실제로 겪은 일화이다. 천문학적으로 일어날 가능성이 없는 매우 기막히면서도 재미있는 사건이라는 점에서, 이 이야기는 역사상 가장 독특한 '우연' 중 하나로 널리 알려졌다.

　달 착륙선에서 내려 달 표면에 첫발을 내딛기 전에, 닐 암스트롱은 유명한 말을 남겼다. "나에게는 작은 발걸음이지만, 인류에게는 커다란 도약이다." 그런데 그가 달 표면에서 다시 달착륙선으로 오를 때 중얼거린 말은 별로 알려지지 않았다. "골스키 씨에게 행운이 있기를." 지구로 귀환하고 나서 호기심 많은 기자들이 이 말의 의미를 캐물었지만, 암스트롱은 아무 답변도 하지 않았다. 소련의 우주비행사에게 보내는 말로 생각한 사람들도 있었지만, 실제로 그런 이름의 비행사를 찾을 수는 없었다. 기자들의 노력이 수포로 돌아가면서 이 사건은 서서히 잊혀졌다.

　그런데 작년에 플로리다에서 열린 파티에서, 누군가 그 이야기를 다시 꺼냈다. 이미 골스키 씨 부부가 사망한 후였으므로, 닐 암스트롱은 자유롭게 그 말의 숨은 뜻을 밝힐 수 있었다. 암스트롱이 어렸을 때, 골스키 씨 부부는 그의 옆집에 살았다. 어느 날 암스트롱은 뒷마당에서 친구와 공놀이를 하고 있었다. 그런데 공이 골스키 씨의 정원으로 굴러갔고, 암스트롱은 그 집의 침실 창 아래로 공을 찾으러 가야 했다. 암스트롱이 공을 주워들었을 때, 골스키 씨 아내의 외침이 들렸다. "오럴 섹스라고요? 오럴 섹스를 원해요? 옆집 애가 달 위를 걷는 날이 오면 그때 내가 해주지요!"

이런 유의 우연은 그 자체로도 아주 재미있지만, C. G. 융의 연구는 이 흥미로운 현상들에다 새로운 차원을 덧붙였다. 위에서 소개된 일화들은 물질계 안에서 받아들이기 어려운 사건들이 연속적으로 벌어진 사례라고 할 수 있다. 융은 현실의 다양한 사건들이 꿈과 환영 같은 정신내적(intrapsychic) 체험과 의미심장하게 연결되는 놀라운 우연을 수없이 조사하고 설명했다. 그리고 이런 유의 우연을 일컫는 '동시성(synchronicity)'이라는 단어를 만들어냈다.

융은 유명한 저서인 《동시성: 비인과적 인연의 원리》(Synchro-nicity: An Acausal Connecting Principle)에서 '동시성'을 "찰나의 주관적 상태를 공통으로 의미심장하게 지향하는 듯 보이는 (하나 이상의) 외적 사건과 정신 상태의 동시 발생"이라고 정의했다. 이런 유의 상황들은 우리의 정신이 물질계와 장난스러운 상호작용을 할 수 있음을 나타낸다. 이런 가능성은 객관적 세계와 주관적 세계 사이의 경계를 흐려놓는다.

융이 목격한 수많은 동시성 사례들 중에서도 특히 유명한 이야기가 하나 있다. 융이 한 내담자를 치료하는 중에 일어난 일이다. 이 환자는 초개아적 차원에 근거한 치료법을 심하게 거부했다. 그리고 이 특별한 일이 벌어지기 전까지 환자의 증세는 조금도 호전되지 않았다. 어느 날 그녀는 황금풍뎅이를 갖게 되는 꿈을 꾸었다.

이 꿈을 분석하다가, 융은 무언가가 창문을 두드리는 소리를 들었다. 무슨 소리인지 확인하러 간 융은 반짝이는 장미딱정벌레 한 마리가 창틀을 넘어 들어오려고 애쓰는 모습을 보았다. 그것은 그 지역에서 볼 수 있는 곤충 가운데 황금풍뎅이와 가장 유사한 희귀종이었다. 융도 난생처음 겪는 일이었다. 융은 창문을 열고 딱정벌레를 들여와서는 내담자에게 보여주었다. 이 놀라운 동시성은 환자에게 큰 충격을 주었고, 치료의 중요한 전환점이 되었다.

동시성과 내적 탐구

명상, 환각 세션, 심리요법, 자연발생적 심령적 위기 등을 통해 일체지향적 상태를 체험한 사람들은 특히 동시적 사건들을 자주 접하게 된다. 초개아적이고 궁극적인 체험들도 매우 놀라운 우연과 함께 일어나곤 한다. 예컨대 내적 탐구를 하다가 에고를 소멸시키는 체험에 다가갈 때는, 삶 속에서도 위험한 상황이나 사건들이 잇따라 일어나는 경우가 많다. 우리 자신이 일으킨 사건들뿐만 아니라, 다른 사람이나 외부의 독립적 요인에 의해 발생한 사건들도 마찬가지다. 그리고 내적 탐구에서 마침내 에고의 소멸을 이루고 재탄생을 겪고 나면, 이런 상황들은 순식간에 마법처럼 해결되어버린다. 마치 우리가 내면의 심리학적 죽음과 신체적 손상 중에 하나를 택해야 할 입장에 놓였던 것처럼 말이다.

동물령이 수호자로서 등장하는 강렬한 샤먼적 체험을 겪을 때는, 그 동물이 상식적 확률을 무시하는 빈도로 자주, 그리고 다양한 형태로 삶 속에서 불쑥 불쑥 등장하기도 한다. 우리에게 엿새짜리 교육을 받았던 한 심리학자는 홀로트로픽 호흡 중에 올빼미에게 권능의 동물이자 영적 수호자 역할을 부여하는 강렬한 샤먼적 체험을 하게 되었다. 바로 그날, 그녀는 숲속을 산책하다가 올빼미의 흔적을 주워왔다. 그리고 교육과정을 끝마치고 집으로 돌아가던 중에는 길가에서 상처 입은 새 한 마리를 발견했다. 그녀는 차를 멈추고 가까이 다가갔다. 날개가 부러진 큰 올빼미였다. 그녀가 들어올려 차에 데리고 타는데도 올빼미는 전혀 저항하지 않았다. 그녀는 그 새가 다시 날아서 자연으로 돌아갈 수 있을 때까지 정성껏 보살폈다.

내면에서 아니무스, 아니마, 현자, 잔인한 어머니 등의 원형적 존재들을 자주 만나는 시기에는, 이런 존재의 상징물들이 물리적 형태를 띠고 삶 속에서 자주 나타난다. 또한 초개아적 체험 속에서 떠오른 영감과 계획들은 놀라운 동시성이 발생하면서 아주 순조롭게 달성되는 경우가 많다. ITA 회의와 관련한 프라하에서의 내 체험이 그 전형적인 사례다.

일체지향적 체험을 포함한 내적 탐구를 체계적으로 수행하고 있는 사람들은 머지않아 매우 의미심장한 동시성을 맞이하게 될 가능성이 많다. 소소한 우연이 들쑥날쑥하게 일어날 수도 있지만, 꼬리를 물고 이어지는 우연의 홍수 속에 휩쓸려버릴 수도 있다. 그 내용에 따라 우리는 고양되기도 하고, 억압당하거나 두려움에 빠지기도 한다. 어쨌든 간에, 우연이 강력해지고 잦아질수록 우리의 일상은 점점 더 흔들리게 된다.

전통적인 정신의학은 정신병적 오해와 진정한 동시성을 구분하지 않는다. 유물론적 세계관은 엄격한 결정론을 따르며 '의미심장한 우연'의 가능성을 부정하기 때문에, 내담자의 이야기 속에서 드러나는 기이한 동시성은 곧장 관계망상이나 심각한 정신병 증세로 취급당한다. 하지만 직접 겪어본 사람들은 통계적 확률을 초월하는 동시성의 존재를 의심하거나 부정하지 않는다.

의식 연구와 현대 과학

융은 동시성 현상이 전통 과학의 사고와 양립할 수 없음을 잘 알고 있었다. 자연의 기본 법칙인 인과관계에 대한 뿌리 깊은 믿음 탓에, 융은 수십 년을 주저한 끝에야 그 틀에 들어맞지 않는 관찰 내용을 출간했다. 본인과 다른 사람들에 의해 수백 건의 확실한 동시성 사례가 수집되어 충분히 공개할 만하다는 절대적 확신이 들 때까지, 이 주제에 대한 연구의 발표를 미룬 것이다.

동시성 현상과 씨름하면서, 융은 상대론적 양자물리학의 발전이 제공하는 새로운 세계관에 깊은 흥미를 느꼈다. 융은 양자물리학의 선구자 중 하나인 볼프강 파울리Wolfgang Pauli와 자주 교류하면서 그 분야의 혁명적인 개념들에 친숙해졌다. 융은 자신의 관찰 내용이 최근의 현실상現實像 위에서 훨씬 더 온당하고 그럴듯하게 보인다는 사실을 발견했다. 앨버트 아인슈타인도 동시성 개념이 물리학의 새로운 관점과 꼭 들어맞는다는 이유로 융을 방문하고 격려하면서 융의 개념 정립에 부수적인 도움을 주었다.

초개아적 체험을 하지 못한 사람들, 특히 시공간의 본질이 변덕스럽고 모호하다는 통찰을 도저히 신뢰할 수 없는 사람들은 20

세기의 현대 물리학이 제공하는 멋진 대안적 세계관을 살펴볼 필요가 있다. 터무니없고 불합리해 보이는 일체지향적 상태의 통찰들조차도, 현대 물리학의 대표 학자들이 제시한 소우주와 대우주에 대한 대담한 추론들에 비하면 오히려 소박하게 느껴지기 때문이다. 하지만 양자물리학자, 천문학자, 우주학자들의 과격한 세계관과 이론들은 언제든 수학적 오차로 인해 폐기될 수 있음에도 진지한 논의의 대상이 되지만, 같은 개념이 초개아 심리학의 의식 연구에서 제기되면 비난과 조롱의 대상이 되기 일쑤다.

가장 유력한 우주발생 이론에 따르면, 약 150억 년 전에는 시간과 공간이 존재하지 않는 어떤 상태가 있었다. 그리고 크기가 없는 한 점, 즉 특이점으로부터 상상할 수 없는 정도의 엄청난 폭발(빅뱅)로 이 우주가 생겨났고, 그때 물질과 함께 시간과 공간이 창조되었다. 거꾸로, 수십억 년 후부터는 이 우주가 다시 쪼그라들어 시간과 공간도 존재하기를 멈출지 모른다. 우주에서는 이미 이런 과정이 진행되고 있는데, 죽어가는 거대 항성이 급속도로 수축하고 사라지면서 만들어내는 '블랙홀' 현상이 바로 그 예다. 블랙홀 속에서는, 특히 물리학자들이 '사건 지평선(event horizon)'이라 이름붙인 뚜렷한 경계선 너머에서는, 더 이상 우리가 알고 있는 시간과 공간, 물질의 법칙이 존재하지 않는다.

과학 사상이 유래없이 비약적으로 발전하던 20세기 초에, 앨버트 아인슈타인은 뉴턴의 3차원 공간과 직선적 시간 개념을 4차원적 시공 연속체로 대체했다. 아인슈타인의 우주론에 따르면 우리는 공간을 여행하듯이 시공도 여행할 수 있다. 아인슈타인은 시간이 동체動體의 속도에 비례하여 느려지다가 광속에 도달하면 아예 흐르지 않는다는 유명한 방정식을 제시했다. 그렇다면 빛보다 빠른 동체 안에서는 시간이 실제로 역행할 것이다. 캘리포니아의 물리학자 리처드 파인만Richard Feynman도 시간에 순행하는 입자와 시간에 역행하는 반反입자가 동일하다는 발견으로 노벨상을 받았다.

　이론 물리학자 존 휠러John Wheeler, 휴 에버렛Hugh Everett, 닐 그레이엄Neil Graham은 우주는 매 순간 무한한 수의 우주로 갈라진다는 '다중 우주 가설'로 유명해졌다. 캘리포니아 공과대학의 이론 물리학 교수인 킵 쏜Kip S. Thorn은 자신의 베스트셀러 저서를 통해, 미래의 사람들이 '웜홀'을 이용한 순간이동으로 수십 광년 떨어진 곳은 물론이고 과거로까지 여행을 다닐 가능성을 진지하게 논의했다. 아인슈타인의 오랜 동료였던 데이비드 봄David Bohm에 따르면, 우리가 알고 있는 우주는 존재의 단 한 가지 측면, 즉 '전개되고 펼쳐진 상태(unfolded order)'일 뿐이다. 우주를 낳는 모체는 '응축된 상태(implicate order)', 즉 시간과 공간이 접혀 있는 층으로서 거의 숨겨져 있다.

　내가 잠깐 샛길로 새서 현대 물리학을 이야기한 까닭은, 학구적인 정신의학자와 심리학자들이 인간 정신과 의식에 대해 갖는 편협한 시각보다는 오히려 이 분야의 연구들이 훨씬 창조적이고 그럴듯한 세계관을 제공해주기 때문이다. 뿌리 깊은 선입견들을 극복하면서 물질 세계를 설명해내는 물리학자들의 성과는 우리에게도 확실한 귀감이 되어준다. 현대 물리학의 놀랄 만한 추론들은 현대 의식 연구의 비범하고 흥미로운 발견들에도 마음을 열고 접근하도록 도와줄 것이다.

우주의 춤

이제 우리는 존재를 절대의식의 환상적 모험 — 끝없는 우주의 춤사위, 흥미진진한 게임, 신성한 연극 — 으로 묘사하는 일체지향적 상태의 통찰들을 개괄해볼 수 있다. 창조 원리는 자신으로부터(자신 안에서) 무한한 개별 상과 의식의 분체들을 낳고, 또 그것들은 다양한 수준의 상대적 자율성과 독립성을 띤다. 각각의 개체들은 고유한 경험, 곧 의식적 실험의 기회를 제공한다. 창조 원리는 탐험가와 과학자, 예술가의 열정으로써, 개체들을 끝없이 변화·결합시키며 상상할 수 있는 모든 경험을 시도해본다.

이 신성한 게임 속에서, 절대의식은 자신의 내적 풍요와 무한한 창조성을 표현할 방법을 찾아낸다. 창조 과정을 통해 절대의식은 상상할 수 있는 모든 수준에 걸쳐 무수한 배역, 만남, 복잡한 사건과 모험들을 체험한다. 이 신성한 연극은 은하, 태양, 행성, 달에서부터 식물, 동물, 인간을 거쳐 입자, 원자, 분자 속에서도 펼쳐진다. 마찬가지로, 일상적 의식 상태로는 지각할 수 없는 존재의 다른 차원과 원형적 세계 속에서도 또 다른 연극들이 전개되고 있다.

절대의식은 창조, 유지, 파괴의 끝없는 순환 속에서 초월적 상태의 지루함과 단조로움을 극복한다. 본래 상태의 일시적인 부인否認과 상실, 그리고 그것을 되찾아 가져오는 에피소드가 교차하면서 반복된다. 고통과 고난, 절망의 시간 후에는 지복과 황홀경의 에피소드가 이어진다. 분화되지 않은 태초의 의식은 일시적으로 소실되었다가 회복될 때 더욱 흥분되고 놀랍고 생생하고 새롭게 체험된다. 고통은 황홀경에 새로운 차원을 보태고, 어둠은 빛을 더 소중하게 만들고, 깨달음의 수준은 이전의 무지에 정비례한다. 돌아왔다가 곧 다시 떠나는 매번의 여행을 통해서, 우주심은 다양한 역할을 연기하면서 풍부한 경험을 쌓는다. 내면에 잠재되어 있는 것들을 더 많이 구체화해갈수록, 우주심은 자신에 대한 앎의 깊이를 더해간다.

이런 관점에 따르면, 우주심은 창조의 모든 측면을 객관적 대상으로 관찰할 수도 있고 주관적 상태로 체험할 수도 있다. 즉 우주심은 인간의 모든 인식과 감정, 사고와 감각뿐만 아니라 다원식의 진화도進化圖에 속한 모든 생명체의 의식 상태를 탐험할 수 있다. 예컨대 세포의 의식 수준으로 내려간다면, 간세포나 뇌 속 뉴런의 활동은 물론이고 정자가 경주할 때의 흥분이나 난자와 수정하여 임신을 이루는 체험도 얼마든지 가능하다.

동물계의 한계를 벗어나 식물계까지 확장된 절대의식은 거대한 세쿼이아sequoia(삼나무의 일종) 나무가 되거나, 식충 식물이 되어 파리를 잡아먹거나, 잎으로 광합성을 하거나, 씨앗에서 발아하는 체험을 할 수도 있다. 마찬가지로 원자의 결합으로부터 지진과 원자 폭탄의 폭발을 거쳐 준성準星[4]이나 맥동성脈動星[5]에 이르는 무생물계의 온갖 현상들도 더욱 흥미로운 체험을 가능케 한다. 이런 경험적 가능성들은, 조건만 충족된다면 우리 모두에게 열려 있다. 우리의 정신은 본질적으로 절대의식과 동일하기 때문이다.

우주심의 관점에서는 현실 속에 존재하는 양극성이 남김없이

---

4) 퀘이사quasar로도 불리며, 우주에서 가장 강렬한 빛과 전파를 내뿜는 천체로서 아직 그 실체가 자세히 밝혀지지 않았으나 우주 초창기의 천체라는 가설이 유력하다.
5) 펄서pulsar로도 불리며, 일정 주기로 펄스 형태의 전파를 방출하는 천체.

초월된다. 영혼과 물질, 고정과 운동, 선과 악, 남과 여, 아름다움과
추함, 고통과 환희 등의 범주가 이에 해당한다. 결론을 말하자면 주
체와 객체, 관찰자와 관찰 대상, 체험자와 체험 내용, 창조자와 창
조 간에는 절대적인 차이가 없다. 우주극의 모든 역할은 궁극적으
로 단 하나의 배우, 즉 절대의식이 분한 것이다. 고대 인도의 우파
니샤드가 말하듯이, 이것이야말로 가장 중요한 단 하나의 진리다.
현대에 와서는, 베트남의 틱낫한 스님이 지은 〈진정한 이름으로 날
불러주오〉라는 시에 이 진리가 아름답고 섬세하게 표현되어 있다.

내일이면 나 떠나리라
말하지 말라
오늘도 난 여전히 오고 있으니

깊은 눈으로 바라보라
나는 시시각각 오고 있나니
봄 나뭇가지 꽃눈이 되어,
갓 지은 둥지 속 지저귐을 배우는
날개 연약한 작은 새가 되어,
꽃봉오리 속 애벌레가 되어,
바위 속에 몸을 숨긴 보석이 되어

나는 아직도 오고 있나니
웃고 또 울려고,
두려워하고 또 희망을 품으려고

내 심장의 박동은 곧
뭇 생명의 탄생과 죽음

나는 나뭇잎 뒤
고치옷 입는 애벌레
또한 나는 봄 오면 때맞춰
애벌레 잡으러 오는 새

나는 맑은 웅덩이
한가로이 헤엄치는 개구리
또한 나는 소리 없이 다가와
그를 삼키는 뱀

나는 대나무처럼
말라가는 우간다의 아이
또한 나는 우간다에
살인무기를 파는 거래상

나는 조각배에 몸 맡기고
고국을 탈출하다
해적에게 강간당하고
바다에 몸 던진 열두 살 소녀
또한 나는 아직
남의 마음 헤아리고

사랑하는 가슴 지니지 못한 해적

나는 막강한 힘을
주무르는 보안부장
또한 나는 강제노동 수용소에서
서서히 죽어가며
피로써 국민의 빚을 갚는 정치범

내 기쁨은 봄과 같아서
그 온기가 생명 가는
모든 길에 꽃 피게 하고
내 고통은 눈물의 강처럼 흘러
오대양 가득 채우나니

진정한 이름으로 날 불러주오
내 모든 울음과 웃음
한꺼번에 들을 수 있도록
내 고통과 기쁨
하나임을 알 수 있도록

진정한 이름으로 날 불러주오
내 잠 깨어 가슴의 문,
자비의 문 열어놓을 수 있도록.

06

선과 악

그릇됨 없는 옳음을,
혼란 없는 질서를 원하는 이는
하늘과 땅의 이치를 이해하지 못한다.
만물이 어떻게 짝을 이루는지 알지 못한다.

— 장자莊子

자기 탐사의 윤리적 문제

　다양한 형태와 수준의 일체지향적 상태 속에서는 윤리의 문제가 중요한 논점으로서 거듭 등장한다. 내적 체험이 개인사個人史를 중심으로 흘러갈 때는, 어린 시절부터 지금까지의 인생을 도덕적 관점에서 평가하려는 강한 욕구가 생겨난다. 이런 판단은 자아상과 자존감에 직접적인 영향을 미친다. 지난 생애를 되돌아보면서 자신의 성격과 행동이 나-가족-사회의 도덕적 기준에서 벗어나지는 않았는지 따져보고자 하는 욕구는 상상 외로 끈질길 수도 있다. 이때 판단의 기준은 대개 상대적이고 특수하며, 개인-가족-문화적 성향에 필연적으로 귀속된다. 즉, 우리는 기본적으로 외부에서 강요받은 가치의 관점에서 자신의 행동을 판단한다.

　일상적 기준 대신 보편 법칙과 우주 질서를 준거로 삼는 자기 판단 방식도 있다. 이런 유의 체험은 다양한 일체지향적 상태 중에서도 특히 임사 상태에서 삶을 회상하게 되었을 때 자주 발생한다. 죽음의 위기를 넘긴 사람들은 빛의 존재를 만나 자신의 삶을 냉정한 잣대 위에 올려놓는 체험을 했다고 보고하는 경우가 많다. 이처럼 스스로 도덕적 평가를 내리려는 인간의 강력한 성향은 여러 문화의 종말론적 신화 속에서 신의 심판 장면으로 나타나기도 한다.

　내적 탐구가 깊어질수록, 우리는 미처 알지 못했던 충동들과 까다로운 감정들 — C. G. 융이 '그림자'라고 불렀던 무의식의 어둡고 파괴적인 측면들 — 을 발견하게 된다. 이런 체험은 몹시 두

렵고 불안할 수도 있다. 우리 안의 어두운 요소는 삶의 고통스러운 측면, 특히 유소년기의 정신의 외상이 남긴 흔적일 수도 있다. 그 중에서도 강력한 파괴적 성향은 주산기 수준, 즉 탄생 시에 형성된 무의식 영역 속에 자리 잡고 있는 듯 보인다. 태아는 산도를 통과하는 몇 시간 동안, 그 고통과 위협을 이겨내기 위해 자연히 난폭한 반응을 하게 된다. 이때 생겨난 공격적 성향의 저장고는 평생 무의식 속에 숨겨지는데, 우리는 각고의 노력으로 내적 탐구를 수행함으로써 이 영역을 직접 대면하고 변화시킬 수 있다.

이런 관점에서 보면, R. L. 스티븐슨Stevenson의 《지킬 박사와 하이드 씨의 이상한 사건》[1], 오스카 와일드Oscar Wilde의 《도리언 그레이의 초상》[2], 에드거 앨런 포Edgar Allan Poe의 〈윌리엄 윌슨 William Wilson〉 등에 나오는 위협적인 이중인격자들은 가상의 문학적 인물이 아니라 평범한 사람들 속의 그림자 측면을 상징하고 있다. 자기의 내면을 깊이 들여다본 사람들은 그 안에서 칭기즈칸과 히틀러, 스탈린과 같은 파괴적이고 사악한 인물을 발견했다고 말한다. 이처럼 사악한 본성이 자신 안에 있다고 인정하기 어려운 것은 인간으로서의 당연한 불안이자 고뇌라고 할 수 있다.

한편 내적 탐구가 개인사적 차원을 넘어 초개아적 차원을 향할 때는 인류(호모 사피엔스) 전체에 대한 심각한 윤리적 의문들이 솟아나곤 한다. 초개아적 체험은 종종 극적인 역사의 장면들을 보여주고 심지어는 역사를 개괄적으로 회고해주기도 한다. 그 속에서는 고삐 풀린 폭력과 만족할 줄 모르는 탐욕이 항상 인간의 삶에

---

1) The Strange Case of Dr. Jekyll and Mr. Hyde
2) The Picture of Dorian Gray

가장 강력한 원동력으로 작용해왔음이 명백히 드러난다. 인간의 본성, 즉 선과 악의 비중에 대한 의문이 제기되는 것이다.

인간이라는 존재는 본질적으로 '벌거벗은 원숭이'에 지나지 않고, 인간의 하드웨어인 뇌는 폭력성으로 무장되어 있는 걸까? 정신분석학자인 에리히 프롬Erich Fromm이 "악질적 공격성"(malignant aggression)이라고 부를 만큼 파괴적이고, 동물 왕국의 그 무엇보다도 사악한 인간의 측면들을 어떻게 이해해야 할까? 무수한 전쟁에서 자행된 무자비한 학살, 종교 재판을 내세운 대량 살육, 유대인 대학살, 스탈린이 만든 강제노동 수용소, 유고슬라비아와 르완다에서 벌어진 대학살 등은 어떻게 설명할 수 있을까? 그 어떤 동물도 이런 정도의 무지막지한 일은 저지르지 않는다!

현재의 세계적 위기를 보면, 지금 인류는 그리 고상하거나 희망적인 상황이 아닌 듯하다. 전쟁과 폭동, 테러와 고문과 범죄는 갈수록 증가하고, 현대의 무기들은 인류를 종말시킬 만큼 강력해졌다. 그렇게 수십억 달러가 세계적 군비 경쟁에 쓰이는 동안, 수백만의 사람들은 빈곤과 기근에 허덕이다가 간단히 고칠 수 있는 흔한 질병으로 죽어간다. 인류 최후의 날에 대한 여러 시나리오에 따르면, 인류는 물론이고 지구의 모든 생명이 멸망할지도 모른다. 우리의 바람대로 정말 호모 사피엔스가 진화의 정점이라면, 인류뿐만 아니라 생명현상 그 전부가 평가절하되는 것은 아닐까? 이런 의문들은 일체지향적 상태에서 다급하고 중요하게 등장한다.

선악 기준의 상대성

우리는 내적 탐구와 의식의 변성을 통해 이전에는 접할 수 없었던 정보를 얻고, 윤리와 도덕에 대한 해답과 통찰도 이끌어낼 수 있다. 일상적 문제에 대한 우리의 윤리적 판단은 높은 의식 수준에서 나온 통찰 없이 그저 새로운 정보만으로도 철저하게 변할 수 있다. 뒤늦게야 깨닫게 되는 일이지만, 사소한 이익은 나중에 더 큰 재앙으로 돌아오기도 한다. 한때 가치 있다고 여겨졌던 행위가 그 상황을 좀더 깊고 완전하게 이해할수록 몹시 불길해 보이기도 한다.

제2차세계대전 후에 잠시 쓰였던 살충제 디디티를 예로 들어보자. 처음에는 곤충들이 옮기는 질병에 대한 효과적인 대비책으로 디디티는 매우 높게 평가되었다. 말라리아와 황열黃熱을 뿌리 뽑고 곤충이 옮기는 기타 질병들을 퇴치하기 위해, 세계 각지의 늪에는 수천 톤의 디디티가 뿌려졌다. 좁은 관점에서 보면 이 사업은 꽤 훌륭했고 효과가 있었다. 이처럼 디디티가 인류에게 기여한 바에 힘입어, 개발자인 파울 뮐러Paul Müller는 1948년 노벨 생리의학상까지 받았다. 하지만 전염병 학자들이 한때 꾸었던 꿈은 곧 생태학적 악몽으로 바뀌어버렸다.

디디티는 미생물에 의해 분해되지 않고 생산된 총량이 그대로 잔존한다는 사실이 밝혀진 것이다. 게다가 유난히 지방질과의 친화력이 강해서 먹이사슬을 따라 플랑크톤, 작은 물고기, 큰 물고기, 새, 포유동물로 올라갈수록 더욱 심하게 축적되는 현상을 보였다. 디디티가 축적된 새들은 새끼가 생존할 만큼 단단한 알껍질을 만들어내지 못했다. 지금 우리는 디디티가 일부 지역에서 펠리컨,

가마우지, 송골매, 독수리, 매 등을 멸종시켰다는 사실을 안다. 디디티는 극지방에까지 퍼져서 펭귄의 지방질에서도 발견되었다. 심지어는 인간의 유선乳腺과 모유에까지 침투했다. 이미 수십 년 전에 시장에서 사라졌지만, 아직까지도 디디티는 유방암의 주요 원인으로 꼽힌다.

　선과 악의 상대성은 장 폴 사르트르Jean-Paul Sartre의 희곡 〈악마와 신〉(the Devil and the Good Lord)에도 훌륭하게 표현되어 있다. 주인공인 고에츠는 지나친 야심으로 많은 범죄와 악행을 저지르는 잔혹하고 무자비한 군사령관이다. 그런데 주둔한 도시가 포위되고 병사들 사이에 역병까지 돌자, 고에츠는 공포에 질리고 죽음의 두려움에 휩싸여 만일 신이 자기를 구해준다면 이제부터는 다르게 살겠노라고 기도한다.

　그때 기적적으로 한 수도사가 나타나서는 지하의 비밀 통로를 통해 도시를 빠져나가도록 돕는다. 고에츠는 신과의 약속을 지켜 선함만을 굳게 추구하면서 살아가기 시작한다. 하지만 결말에 이르면, 그의 새로운 삶은 이전의 무자비하고 사악한 정복보다 더 많은 악을 낳게 된다. 이 극본은 사랑이라는 신탁을 무자비하게 강제하면 오히려 엄청난 고통과 악행이 생겨날 수 있다는 사실을 극명하게 보여주는 이야기이자 그리스도교 역사를 향한 사르트르의 비판이다.

　윤리의 문제는 문화마다 도덕적 규범이 다르다는 점에서 더욱 난해해진다. 어떤 집단은 인간의 몸을 신성하게 보고 연마하지만, 다른 집단은 육체와 생리적 기능에 관련된 모든 것을 선천적으로 타락한 악으로 본다. 어떤 집단은 신체 노출을 당연하고 자연스럽게 여기지만, 다른 집단은 여자들에게 얼굴을 포함한 전신을 가리도록 한다. 어떤 문화권에서 간음은 죽어 마땅한 짓이지만, 옛 에스키모들에게는 집주인이 환대의 의미로 모든 남자 방문자에게 아내를 내주는 관습이 있었다. 일부다처제와 일처다부제는 인류 문명사에서 엄연한 사회적 제도로서 함께 기능해왔다. 뉴칼레도니아 섬에서는 남녀가 섞인 쌍둥이가 태어나면 태내에서 근친상간을 저질렀다는 이유로 죽인다. 이와는 반대로 고대 이집트와 페루의 왕족들은 법에 의해 남매끼리 결혼해야 했다.

일본에서는, 명백하게 모욕을 당했다면 자살은 권장사항이 아니라 실질적인 의무였다. 중국과 일부 지역에서는, 통치자가 죽었을 때 그의 아내와 하인들도 죽임을 당해 함께 매장되었다. '사티sati'라는 인도의 관습은, 과부로 하여금 화장용 장작더미의 불길 속으로 들어가 죽은 남편을 뒤따르도록 했다. 19세기에 영국의 법으로 금지되기까지, 사티는 여자 아기를 죽이는 관습과 함께 인도에서 오랫동안 행해졌다. 인간을 제물로 바치는 의식은 많은 집단에서 이루어졌고, 아즈텍과 마오리처럼 수준 높은 문명들에도 식인 풍습이 존재했던 것으로 보인다. 비교문화적이고 초개아적인 관점에 따르면, 정신생물학적이고 사회적인 온갖 풍습을 만들어온 관습과 관례들은 모든 경험적 변주를 체계적으로 탐험하기 위한 우주 의식의 계획적인 실험으로 보인다.

내재하는 악

일체지향적 상태에서 마주치는 가장 어려운 윤리적 시련은, 자연 질서 속에 공격성이 풀어낼 수 없을 만큼 뒤엉켜 있으며 다른 생명을 희생시키지 않고는 삶이 유지될 수 없다는 사실을 받아들이는 일이다. 네덜란드의 미생물학자이자 현미경을 발명한 안토니 판 레벤후크Antonie van Leeuwenhoek는 이를 한 마디로 정리했다. "생명은 생명을 딛고 살아간다. 잔인하지만, 그것은 신의 뜻이다." 영국의 시인 알프레드 로드 테니슨Alfred Lord Tennyson은 "이빨과 발톱이 피로 물들어 있다"고 자연을 표현했다. 진화론자들의 세계관을 보면, 생물학자 조지 윌리엄스George Williams는 더욱 과격하게 말한다. "어머니 자연은 늙고 사악한 마녀다." 그리고 '사디즘sadism'이란 단어의 기원이 된 마르키 드 사드Marquis de Sade는 자연의 잔혹성을 인용하여 자신의 행위를 정당화했다.

살면서 가장 양심적인 방식으로 처신한다 해도 이 딜레마를 벗어날 수는 없다. 앨런 와츠는 〈부엌의 살인〉[3]이라는 글에서 '육식주의 대代 채식주의'라는 문제를 논의한 바 있다. 와츠가 보기에는 '토끼가 당근보다 큰 비명을 지른다'는 사실은 채식을 택할 만한 충분한 이유가 되지 못했다. 조셉 캠벨도 우스갯소리로 채식주의자를 "토마토의 비명을 들을 만큼 민감하지 못한 사람"이라고 정의하며 같은 의견을 피력한 바 있다. 그 대상이 동물이든 식물이든 간에 생명은 다른 생명을 섭취해야만 하므로, 와츠는 수렵·채집·농경 사

---

[3] Murder in the Kitchen

회를 불문하고 많은 원주민 문화에서 발견되는 접근법을 하나의 해결책으로 제안했다. 이런 집단들은 음식을 먹을 때 감사하다는 의식儀式을 치르며, 자신이 먹이사슬 속에서 희생되어야 할 때는 겸허하게 받아들인다.

일상과는 거리가 먼 의식 차원, 즉 영적 차원으로부터 윤리적 문제에 대한 정보와 통찰이 생겨날 때는 상황이 더 복잡해진다. 현실과 괴리가 있는 영적 기준을 일상 속에다 극단적으로 끌어들인다면 우리는 그 어떤 행동도 할 수 없기 때문이다.

독일의 유명한 의사, 음악가, 박애주의자, 철학자였던 알베르트 슈바이처Albert Schweitzer의 일화를 소개하겠다. 어느 날 그는 전염성 강한 환경 탓에 아프리카 풍토병에 걸려 람바르네 밀림 속 본인의 병원에서 치료받고 있었다. 그는 항생제가 든 주사를 꼽은 채로 서 있다가, 문득 한 인간의 생명을 구하기 위해 수백만에 달하는 미생물의 생명을 파괴할 권리를 누가 자신에게 주었는지를 자문해보았다. 인간의 생명이 다른 모든 종의 생명보다 우월하다는 신념에 의문을 품었던 것이다.

조셉 캠벨도 살기 위해서는 죽여야 하는 상황 속에서 어떤 현실적 결정을 내려야 영적 세계관과 조화를 이룰 수 있느냐는 질문을 받은 적이 있었다. 그때 그는 뱀에 물릴 위험에 직면한 한 어린아이의 처지를 예로 들었다. 만일 우리가 거기에 함께 있다면, 뱀을 죽인다고 해서 그것이 우주 질서의 뜻깊은 요소이자 우주 체계의 필수적인 부분을 부정하는 행동은 아니다. 창조의 일부로서 존재하고자 하는 뱀의 권리를 침해하는 것도, 뱀의 존재를 무시하는 것도 아니다. 이런 개입은 뱀의 우주적·궁극적인 의미에 대한 우리의 태도가 아니라, 특수하고 지엽적인 어떤 상황에 대한 우리의 반응일 뿐이다.

악의 신성한 뿌리

원형적 세계가 실재하며 그것의 활동이 물질계의 사건들을 만들어낸다는 사실을 발견할 때, 윤리 문제의 초점은 개인적·문화적 수준에서 초개아적 영역으로 옮겨간다. 원형적 세계는 근본적으로 이분법적인 영역이다. 원형적 존재들의 신전에는 선한 원리와 악한 원리(또는 힘) ─ 산업화 이전 문화의 용어로는 은혜로운 신과 분노한 신 ─ 가 함께 존재한다. 초개아적 관점에 따르면, 바로 그 신들이 물질계의 사건들을 일으키고 있다. 하지만 그들 또한 독립된 존재는 아니다. 그들은 더 높은 원리의 창조물 또는 현현이며, 그 초월적 원리로부터 다스림을 받는다. 따라서 우리의 도덕적 탐구는 한발 더 나아가 창조 원리 그 자체를 향한다.

이때는 완전히 새로운 의문들이 솟아나게 된다. 선과 악을 동시에 일으키면서 그 양극을 초월하는 하나의 창조적 근원이 존재하는 걸까? 아니면 조로아스터교, 마니교, 그리스도교에서 설하는 것처럼 이 세상은 우주적 규모의 전투 ─ 순수한 선과 순수한 악의 싸움 ─ 가 벌어지는 전장인 걸까? 그렇다면 이 두 원리 중에는 어떤 것이 더 큰 힘으로 마침내 승리하게 될까? 만약 정통 그리스도교에서 말하는 바대로 유일신이 전지전능하고 선하다면, 이 세상의 모든 악은 어떻게 설명될 수 있을까? 대체 어떤 이유로 수백만의 아이들이 죄를 저지를 만한 나이가 되기도 전에 배고픔, 암, 전염병으로 죽거나 끔찍하게 살해당하는 걸까? 이들이 자라나 죄인이 될지도 모르기 때문에 하느님께서 미리 벌을 내리신다는 그리스도교의 교리는 전혀 설득력이 없어 보인다.

많은 종교들은 카르마와 윤회의 개념으로써 이런 일이 왜, 그리고 어떻게 일어나는지를 설명한다. 우리는 운명에 따라 끔찍할 정도로 서로 다른 인생을 살게 된다는 것이다. 뒤에서 다시 살펴보겠지만, 영지주의 등의 초기 그리스도 교파에도 비슷한 개념이 있었다. 영지주의 종파는 2세기에 교구로부터 이단 선고를 받았고, 4세기에는 콘스탄티누스 황제의 세력 아래 극심한 박해를 받았다. 553년 콘스탄티노플 공의회는 그리스도교 교리에서 한 영혼이 거듭 태어난다는 개념을 폐지했다. 이 때문에 그리스도교는 전능하고 은혜로우신 창조주가 악하고 불공평한 세상을 만드셨다는 극명한 모순을 안게 되었다. 물론 윤회 사상도 존재의 어두운 측면에 대한 일차적인 궁금증만 풀어줄 뿐, 인과라는 카르마의 고리가 어디에서 처음 기원하는지는 밝혀주지 못한다.

일체지향적 상태에서는 악의 기원과 본질, 악의 존재 이유, 창조라는 직물 속에서의 악의 역할 따위의 윤리적 의문들이 자연발생적으로, 또한 대단히 집요하게 솟아난다. 창조 원리가 존재의 모든 고통과 공포를 빚어냈는가, 또는 악을 용인하고 묵인했는가 하는 문제는 참으로 만만찮은 논의거리다. 우주의 어두운 면과 그와 관련된 자신의 역할을 있는 그대로 받아들이는 것은 철학적, 영적 추구를 면밀하게 해나가는 과정에서 어렵지만 꼭 거쳐야 할 과제다. 내면을 여행하는 동안 이런 문제들을 직면했던 사람들의 이야기가 관심을 끄는 이유는 바로 그 때문이다.

절대의식 또는 공空과의 합일 체험에서는 선과 악을 포함한 모든 양극성이 초월된다. 합일 체험은 가장 은혜로운 양상으로부터 가장 극악무도한 양상까지 창조의 전 대역을 포괄하지만, 그것은 구체화되지 않은 잠재된 상태로 존재한다. 하지만 윤리적 고민은 양극성이 완전히 드러난 현상계 속에서만 의미가 있으므로, 선과 악의 발생은 우주의 창조 과정과 밀접한 관련이 있어 보인다. 선과 악의 문제를 제대로 이해하려면, 윤리적 가치와 기준은 창조의 일부분일 뿐 그 자체로 독립적이거나 절대적인 실체가 아님을 깨달아야 한다. 고대 인도의 신성한 문헌인 〈카타 우파니샤드Katha Upanishad〉에 쓰여 있듯이 말이다.

온 세상의 중심인 태양이
외면의 흠에 의해 더럽혀지지 않듯이
만물에 깃들어 있는 하나의 영혼은
그 외부 세계의 악에 더럽혀지지 않는다.

우주 설계도 안에서의 악의 역할

악을 철학적으로 이해하고 받아들이는 마지막 단계는, 악이 중요하거나 필연적인 우주적 역할을 맡고 있다는 사실을 받아들이는 일이다. 예컨대 일체지향적 상태에서 궁극적 현실을 깊이 체험하고 나면, 악이 우주극 속의 본질적 요소라는 통찰을 얻을 수 있다. 우주는 무에서 창조되었으므로(creatio ex nihilo), 우주 창조는 대칭적이어야 한다. 존재하게 되는 모든 것은 그 반대편과 평형을 이뤄야 한다. 현상계 창조의 절대적, 필연적 전제 조건으로서 양극성이 존재해야만 하는 것이다. 이런 사실은 물질과 반물질에 대한 일부 현대 물리학자들의 추론과도 유사한데, 그들은 우주의 가장 첫 순간에는 입자와 반입자가 같은 수로 존재했다고 설명한다.

앞서 우리는 창조의 '동기' 가운데 하나가 스스로를 알고자 ─ "신이 신을 보도록, 얼굴이 얼굴을 보도록 하려고" ─ 하는 창조 원리의 '욕구'임을 알았다. 신성이 자신의 내적 잠재력을 탐구하고자 창조를 시작했다면, 이 잠재력이 완전히 펼쳐지지 않을 때 신성의 불완전함도 함께 드러날 것이다. 만약 절대의식이 궁극적 예술가이자 실험가, 탐구자라면 여러 중요한 선택지들을 포기하는 일은 창조의 풍요로움을 깎아내리는 결과를 낳을 것이다. 예술가들은 아름답고 윤리적이고 정신을 고양시키는 작품을 만들기 위해서라면 어떤 주제라도 차용한다. 그들은 재미있는 모습이나 흥미로운 이야깃거리를 제공한다면 삶의 어떤 측면이든 묘사한다.

우주의 어두운 면이 빛과 완전한 대비를 이루면서 우주극은 훨씬 깊어지고 풍요로워진다. 모든 차원과 세계 속에서 빚어지는 선과 악의 충돌은 매혹적인 이야기들이 탄생하는 재료가 된다. 위대한 견자見者이자 성자, 영적 스승인 스리 라마크리슈나에게 한 제자가 물었다. "스와미지(스승님), 왜 악이 세상에 존재합니까?" 라마크리슈나는 잠깐 뜸을 들인 후에, 짧게 답했다. "이야기를 풍성하게 하기 위해서지." 기근과 온갖 질병으로 죽어가는 수백만의 아이들, 역사상의 광기 어린 전쟁들, 고문당하고 제물로 바쳐진 수많은 희생자들, 자연재해가 남긴 폐허 등등 세상 속에서 구체화된 어둠의 본모습과 심각성을 고려한다면, 그 말은 세상물정 모르는 대답으로 보일지도 모른다. 하지만 간단한 정신적 실험만으로도 우리는 다른 관점을 얻을 수 있다.

잠깐 동안, 일반적으로 나쁘거나 악하다고 생각되는 모든 것, 즉 우리 삶에 끼어들어서는 안 된다고 느껴지는 모든 요소를 이 우주에서 제거할 수 있다고 상상해보라. 처음에는 참된 낙원, 이상적인 세상이 창조될 것만 같다. 하지만 생각할수록 상황은 훨씬 더 복잡할 것이다. 예컨대, 분명히 우주의 어두운 측면에 속하는 질병이 처음부터 아예 존재하지 않았다고 생각해보라. 우리가 세상의 악한 측면만을 골라내서 제거하는 것은 그리 홀가분한 일이 아니다. 우리가 매우 소중하게 여기는 존재들에게도 부정적인 영향을 끼칠 수 있기 때문이다.

우리는 질병과 함께 의학의 역사를 ― 의학 지식과 연구 결과, 위험한 질병의 원인, 비타민, 항생제, 호르몬을 비롯한 뛰어난 치료법들을 ― 통째로 지워버릴 수밖에 없다. 생명을 구하는 수술, 장기 이식, 유전 공학 등 현대 의학의 기적은 더 이상 존재하지 않는다. 피르호[4], 제멜바이스[5], 파스퇴르[6]처럼 의학적 문제를 해결하는 일에 열정적으로 평생을 바친 과학의 영웅들, 위대한 선구자들도 모두 잃게 된다. 의사와 간호사는 물론이고 다수의 착한 사마리아인들에 이르기까지, 병자를 돌보는 이들의 사랑과 연민도 이제는 필요 없게 된다. 테레사 수녀가 존재할 가치도, 그녀에게 노벨상

---

4) Virchow(1821~1902). 독일의 의학자
5) Semmelweiss(1818~1865). 헝가리의 의학자
6) Pasteur(1822~1895). 프랑스의 미생물학자

을 줄 이유도 없어진다. 약초를 줄줄 꿰고 있는 원주민 치유사들, 다채로운 의식儀式을 펼치는 샤먼들, 루르드[7]의 기적, 필리핀의 심령 의사[8]들도 마찬가지다.

우주의 정말로 악하고 어두운 측면들로는 압제 정치, 전체주의, 대학살, 전쟁 등을 꼽을 수 있다. 그렇다고 이런 측면들을 우주에서 싹 쓸어버린다면, 우리는 인류 역사의 중요한 부분을 잃게 된다. 조국과 동포의 해방과 대의大義를 위해 자신의 삶을 희생했던 역사상의 모든 자유 투사들과 그 영웅적인 행동들이 사라진다. 흉포한 왕국을 이겨낸 기쁨이나 자유를 다시 쟁취한 흥분은 존재할 수 없다. 우리는 모든 시대와 나라 속에 존재했던 요새화된 성들을 제거하고, 무기제조술과 방어법과 다양한 군복들을 전시해놓은 박물관도 없애야 한다. 우주극에서 폭력성을 제거한다면 예술계의 모습도 크게 바뀔 것이다. 폭력에 대한 저항에서 비롯한 모든 예술 작품을 제거한다면 도서관, 미술관, 음반 수집, 영화 보관소의 규모는 현격히 줄어들 것이다.

호적수가 없다면 신의 존재는 당연히 보장된 일상이 될 것이기 때문에, 형이상학적 악이 제거될 때 종교의 필요성도 함께 사라질 것이다. 인류의 영적인 삶과 의식儀式에 관련된 모든 것이 사라질 것이며, 종교에서 기인한 역사적 사건들은 애초부터 발생하지 않은 일이 되어버린다. 우리는 신성과 악마성의 충돌에서 영감을

---

7) Lourde. 프랑스 남서부의 지명으로 피레네 산맥의 북쪽 기슭이다. 1858년 한 소녀가 이곳의 동굴에서 18회에 걸쳐 성모마리아를 보았다는 이야기로 유명해졌고, 그 동굴 속의 샘물이 병을 낫게 해준다고 하여 매년 수백만의 순례자가 이곳을 찾는다.
8) psychic sergeon. 알 수 없는 심령적 작용을 통해 환자의 몸에 외과 수술을 받은 것과 같은 흔적을 남기는 심령치유사들.

얻은 최고의 예술작품들 ─ 문학, 음악, 그림, 조각, 영화 ─ 을 모두 잃게 될 것이다. 그런 세상에는 장엄한 고딕 성당, 이슬람교 사원, 시나고그(유대 예배당), 힌두 사원과 불교 사원 등의 종교적 건축물들도 존재할 이유가 없다.

우주의 그림자를 제거하는 작업을 계속할수록 만물은 그 한없는 깊이와 풍요로움을 잃고, 결국에는 아무런 특징과 재미가 없는 세상만이 남을 것이다. 만약 그런 현실이 할리우드 영화의 배경으로 쓰인다면, 아무도 영화관을 찾지 않을 것이다. 영화 각본을 쓰려는 사람들이 애독하는 안내서에는 흥행 영화의 전제 조건으로 긴장과 갈등, 극적 사건의 중요성이 강조되어 있다. 실제로 그 책은 '행복한 마을에서의 삶'을 담은 영화는 흥행 면에서 반드시 참패할 것이라고 꼭 집어서 경고한다.

영화제작사들이 다양한 주제를 버려두고 단조로운 해피엔딩 이야기를 택하는 경우는 거의 없다. 그들은 이야기 안에 서스펜스, 위험, 고난, 극심한 감정적 대립, 섹스, 폭력, 악행 따위를 포함시킨다. 물론 그들은 관객의 수요와 취향을 철저히 따를 뿐이다. 신이 자신의 모습을 본떠 인간을 창조했다면, 인간의 창조 활동과 오락거리에 적용되는 원리가 우주 만물도 똑같이 다스리고 있다는 것은 그리 놀랄 만한 사실이 아니다.

깊은 내적 탐구를 통해, 우리는 현상계의 모든 차원에 양극성이 내재되어 있음을 발견한다. 하지만 절대의식과 공空은 현상계 너머에 있으므로 모든 극성을 초월한다. 절대의식과 공이라는 태초의 모체로부터 신성의 어두운 측면과 밝은 측면, 곧 분리된 존재로서의 선과 악이 나타나는 것이 바로 창조의 첫 단계다. 이 두 측면은 정반대편에 놓여 서로 반목하지만, 둘 다 창조를 위해서는 불가결한 요소이다. 그리고 선과 악은 복잡하게 얽히는 상호 작용을 통해, 무수한 차원과 세계 속에서 우주극의 역할과 사건들을 끝없이 생산해낸다.

신의 두 얼굴

일체지향적 상태에서, 우리는 단일한 창조 원리뿐만 아니라 창조 원리의 은혜롭거나 사악한 형상을 개별적 존재로서 직접 체험할 수도 있다. 신의 은혜로운 형상을 만날 때는 선택적으로 창조의 긍정적인 측면에만 동조하게 된다. 이때는 우주의 어두운 면이 가려지고, 있는 그대로 완전하게 빛나고 희열이 넘치는 우주의 게임만이 보인다. 악은 우주 속에서 철저하게 사라지거나 무의미하게 느껴진다.

'삿칫타난다Sacchidananda'라는 고대 인도의 산스크리트어에는 이런 체험의 본질이 잘 담겨져 있다. 이 단어에는 세 가지 어원이 있다. 삿sat은 존재 또는 실재, 칫chit은 자각, 아난다ananda는 지복을 각각 뜻한다. 우리는 이런 체험을 "찬란하고 끝없는 무한 원리 또는 영원한 실재로서 지음받은 존재 상태와 하나가 되었다"거나, "무한한 깨달음 또는 지혜를 얻었다"거나, "무한한 지복을 체험했다"는 말로 표현할 수밖에 없다. 경험적 세계와 형상을 창조해내는 무한한 능력도 여기에 포함된다.

삿칫타난다(실재-자각-지복) 체험의 반대편에는 신성의 부정적인 잠재성으로 똘똘 뭉친 우주 원리가 있다. 이것은 삿칫타난다의 기본 속성이 거울에 비친 듯 완전히 반대상으로 나타난다. 괴테의 저서《파우스트Faust》의 서두에서, 메피스토펠레스[9]는 파우스트에게 자신을 이렇게 소개한다. "저는 부정否定하는 영혼입니다." 우리는 나쁘거나 악하다고 여겨지는 현상들을 세 가지 부류로 나누기도 하는데, 그 각각은 삿칫타난다의 기본 속성 또는 특징 중 하나를 부정한다.

긍정적인 신성의 세 가지 본질 중 첫 번째는 삿sat(무한한 실재)이다. 이와 대비되는 악의 범주에는 제한된 실재, 종결된 실재, 또는 비실재와 관련된 개념과 체험들이 포함된다. 현상계를 지배하는 덧없음, 마침내는 소멸될 만물의 피할 수 없는 결말이 여기에 속한다. 언젠가는 우리도 죽고, 모든 생명체도 죽고, 지구와 태양계와 우주도 완전히 파괴될 것이다. 궁전 밖에서 노老·병病·사死의 진리를 발견하고는 두려움에 떨었던 고타마 붓다를 떠올려보라. 서양에서는 그리스도교의 중세 성직자들이 이런 측면을 대변하는 경구들을 많이 만들어냈다. "흙에서 흙으로, 너 또한 흙으로 돌아가리라." "죽음을 기억하라." "세상의 영광은 이렇게 지나가버린다." "언제가 되었든, 반드시 죽게 된다."

삿칫타난다의 중요한 두 번째 측면은 칫chit(무한한 자각, 지혜, 지성)이다. 이와 대비되는 악의 범주에는 온갖 형태와 차원의 무지와 한정된 자각이 포함된다. 지혜의 부족, 잘못된 정보, 일상사의 오해에서 생겨난 해로운 결과들로부터 현상계의 본질에 대한 근본

---

9) 루시퍼의 하수인으로 인간(파우스트)를 유혹하여 영혼을 대가로 내건 계약을 맺는다.

적·형이상학적 무지와 자기기만(avidya)에 이르기까지 폭넓은 현상들이 여기에 속한다. 붓다를 비롯한 여러 영적 스승들은 이런 종류의 무지가 고통의 중요한 뿌리 중 하나라고 가르쳤다. 이런 무지의 장막을 꿰뚫고 고통에서 해방시켜주는 지식을 동양에서는 프라냐파라미타prajnaparamita(반야바라밀(超越智))라고 부른다.

나쁘거나 악하게 경험되는 현상들의 세 번째 범주에는 삿칫타난다의 마지막 속성인 아난다ananda(한없는 지복)와 정반대되는 요소들이 있다. 여기에 속하는 체험과 원인들은 우주를 황홀하게 체험하지 못하도록 훼방하면서, 가장 직접적이고 노골적으로 눈에 띄게 어두운 면만을 드러낸다. 신체의 고통, 불안, 수치심, 무능감, 우울함, 죄책감 등 신성한 기쁨과는 철저히 반대되며 다루기 힘든 감정과 몸의 불쾌한 감각 전체가 여기에 포함된다.

앞서 말한 삿칫타난다가 반전된 상像인 악의 창조 원리는 매우 추상적인 형태, 또는 다소간 구체적인 모습으로 체험되기도 한다. 어떤 사람들은 이것을 혼돈과 고통과 재앙을 일으키는 의식, 지성, 파괴력, 극악한 의지 등을 지닌 사악한 기운의 막강한 장場 또는 우주의 그림자라고 표현한다. 또는 편만한 범우주적 악을 엄청나게 응축되고 의인화된 형상으로, 또는 어둠의 신으로 체험할 수도 있다. 사탄Satan, 루시퍼Lucifer, 아흐리만Ahriman, 하데스Hades, 릴리스Lilith, 몰록Moloch, 칼리Kali, 코아틀리쿠에Coatlicue처럼[10] 각자의 문화권에 맞는 특정한 신의 모습으로 우주의 그림자와 마주하기도 한다.

---

10) 사탄과 루시퍼는 그리스도교, 아흐리만은 조로아스터교, 하데스는 그리스 신화, 릴리스는 셈족 신화, 몰록은 바빌로니아 신화, 칼리는 힌두교, 코아틀리쿠에는 아즈텍 신화에서 각각 악, 어둠, 저승 등을 나타내는 신적 존재들이다.

아래는 35세의 심리학자였던 제인의 보고서 내용을 일부 발췌한 것이다. 그녀는 세션 중에 소름끼치는 모습의 보편악과 만나고 우주의 어두운 면을 접하면서 엄청난 충격을 받았다.

마치 지금까지 내가 장밋빛 안경을 쓰고 우주의 끔찍함을 외면한 채로 살아온 것 같았다. 나는 다른 존재들에게 공격당하고 잡아먹히는 무수한 생명체를 보았다. 가장 단순한 유기체에서 가장 높게 진화한 생물에까지 이르는 생명 사슬 전체가, 작고 약한 놈이 크고 강한 놈에게 먹히는 잔혹극처럼 보였다. 자연의 이런 측면이 너무나 압도적이었기 때문에, 나는 생명력의 창조성과 정교함, 동물의 아름다움 따위를 찾아볼 엄두를 내지 못했다. '생명의 근본 요소는 폭력이다. 먹지 않는 생명은 살아남지 못한다'는 진실이 충격적으로 펼쳐져 있었다. 이 생물학적 학살 속에서는 초식동물도 식육하는 존재에 속했으며, 그저 눈에 덜 띌 뿐이었다. 마르키 드 사드가 자신의 행동을 합리화할 때 썼던 "자연은 죄를 범한다"는 말이 문득 새롭게 느껴졌다.

나는 인류의 역사를 생생하게 지켜보면서, 그것이 폭력과 탐욕에 의해 지배되어왔다는 명백한 증거를 발견했다. 투박한 곤봉을 휘두르는 원시인들의 끔찍한 전쟁과 정교한 무기의 발달이 낳은 대량 학살이 보였다. 무도한 살인과 방화로 아시아를 유린한 칭기스 칸의 몽골 유목민들에 뒤이어 공포스런 독일의 나치, 러시아의 스탈린, 아프리카의 아파르트헤이트(인종 차별) 장면들이 지나갔다. 만족할 줄 모르는 탐심과 광기로써 지구의 모든 생명을 파괴하고 위협하는 우리의 기술사회를 나타내는 장면들도 보았다.

이처럼 인류의 우울한 초상 속에서, 거대 종교들의 역할은 오히려 쓸쓸한 웃음거리처럼 느껴졌다. 신성과의 교류를 중재한다는 단체들이 종종 악의 실제적인 통로가 되어왔음이 명백해졌다. 십자군과 싸우며 퍼져 나간 이슬람의 역사와 종교재판소의 고문, 오늘날의 무자비한 종교 분쟁에 이르기까지, 종교는 도움을 주기보다 문제를 일으킨 적이 더 많았다.

제인은 탐욕과 폭력의 원인에 대한 어떤 통찰도 얻지 못한 채, 자연과 인류 사회 양편에 걸쳐 생명의 어두운 측면만을 일방적으로 목격해야 했다. 하지만 그다음에, 그녀는 모든 악의 형이상학적 근원으로 보이는 무언가를 직접 체험한다.

갑자기 체험이 변하면서 나는 이와 같은 현상을 초래한 존재와 마주하게 되었다. 그것은 영원한 악의 정수가 구체화된 이미지로서, 엄청나게 흉측하고 거대한 형상이자 상상을 초월하여 사방으로 퍼져가는 힘이었다. 정확하진 않지만, 그것은 모든 은하계를 합친 만큼이나 무한한 크기로 보였다. 전체적으로는 사람의 모습이었고 그 몸의 일부분들을 얼핏 인식할 수도 있었지만, 그렇다고 뚜렷한 형상을 띤 존재는 아니었다.

그것은 마치 홀로그램처럼 서로를 투과해 지나가면서 역동적으로 변모하는 이미지들로 이뤄져 있었다. 악의 다양한 형태를 표현하는 이미지들이, 이 악한 신의 몸체에서 각각 적당한 부위에 자리잡고 있었다. 복부에는 탐욕과 폭식과 메스꺼움에 관한 수백 가지의 이미지가 있었고, 생식기 부위에는 성적 타락과 강간과 치정 살인에 관한 장면들이, 팔과 손에는 검과 단도와 화기火器에 의해 범해지는 폭력이 있었다. 나는 표현할 수 없는 공포와 외경심을 느꼈다. '사탄, 루시퍼, 아흐리만'이라는 이름이 마음속에서 떠올랐다. 하지만 이런 이름들조차 내가 체험한 바를 나타내기에는 터무니없이 부드러운 느낌이었다.

악의 분리력

우주의 악과 직접 대면한 사람들은 만물에 작용하는 악의 본질과 역할에 대해 흥미로운 통찰을 얻는다. 그들은 악의 원리가 우주라는 직물 속에 촘촘히 짜여 있으며, 창조의 모든 수준 속에서 갈수록 구체화된 형태로 퍼져 나가는 모습을 목격한다. 악의 다양한 모습들은 의식의 분열체로 하여금 서로 분리감을 느끼게 하는 에너지의 표현이다. 또한 악은 우주의 근원, 즉 분화되지 않은 절대의식으로부터 분열체를 멀리 떨어뜨려 놓는다. 분열체들이 근본적 단일성을 회복하거나 근원과의 본질적 합일을 실현하지 못하도록 훼방하는 것이다.

이처럼 악은 앞서 '분할', '장막 드리우기', 또는 '망각'이라고 표현되었던 과정과 매우 깊은 관련이 있다. 개별 존재와 주인공이 없다면 신성한 게임 또는 우주극도 존재할 수 없으므로, 악은 이 우주를 창조하는 데 불가결한 요소다. 이런 관점은 양극성을 상징하는 타락한 천사 루시퍼('빛을 가져오는 자'라는 뜻)가 오히려 조물주의 형상으로 그려지는 그리스도교의 일부 신비주의 문헌 속 개넘들과 일맥상통한다. 루시퍼는 인간을 물질 세계 속의 환상적인 여행으로 데려간다. 달리 말하면 결국 현실에 대한 우리의 오해에서, 즉 자신이 분리된 개별 자아라고 믿는 무지에서 악과 고통이 비롯된다고 할 수 있다. 이런 통찰은 '무아'라는 불교 교리의 핵심 사상이다.

분열을 조장하는 우주적 힘이 곧 악이라는 통찰은 일체지향적 체험이 진행되는 일반적인 순서와 내용을 이해하게 해준다. 우리는 의식의 확장과 합일, 황홀경을 체험하기에 앞서, 원형적 형상으로 나타난 사악한 어둠의 힘을 만나거나 무시무시한 관문들을 통과하는 충격적인 과정을 겪곤 한다. 이런 과정들은 극도의 감정적, 신체적 고통을 빚어낸다. 그중에서 가장 격렬한 것이 심령적 죽음과 재탄생의 체험인데, 이때 우리는 분노한 신들에 의해 고통과 공포와 소멸을 겪고 마침내 영적 근원과 재통합되는 과정에 들어선다. 이런 연속적 과정은 일본의 불교 사원들에 구체적으로 표현되어 있는데, 예컨대 나라(奈良)의 화려한 도다이지(東大寺)에서는 사원의 안쪽으로 들어가 온화한 모습의 불상을 마주하기 전에 반드시 분노한 모습의 금강역사상을 거쳐가야만 한다.

일중다一中多, **다중일**多中一

윤리적 기준을 우주의 창조 과정에 적용할 때는 아래의 사실을 심각하게 고려해야 한다. 일체지향적 상태의 통찰에 따르면, 이 우주의 모든 경계는 변덕스러우며 궁극적으로는 허상에 지나지 않는다.

온 우주의 본질은 상상할 수 없는 차원의 단일한 존재, 곧 절대의식이다. 틱낫한 스님의 아름다운 시가 표현하듯이, 결국 한 명의 배우가 우주극 속의 모든 배역을 연기하는 셈이다. 창조 원리는 증오, 잔혹, 폭력, 고난, 고통 따위의 악한 요소가 포함된 모든 상황 속에서 자기 자신과 복잡한 게임을 벌이고 있다. 침략자와 피침략자, 압제자와 피압제자, 강간범과 피해자, 살인범과 희생자는 본질적으로 동일하다. 감염된 환자는 그 몸에 침투해 병을 일으킨 바이러스균과 다르지 않고, 항생제로 감염을 막는 의사와도 다르지 않다.

아래는 공空 체험을 논할 때 인용했었던 종교학·철학 교수 크리스토퍼 바흐의 세션 내용 중 일부로, 우리의 본질이 창조 원리라는 충격적인 깨달음을 생생하게 묘사하고 있다.

성性이라는 주제가 중심으로 떠올랐다. 처음에는 서로의 성욕을 만족시키고 희열을 느끼는 형태로 성교가 이뤄졌지만, 오래지 않아 공격하고 괴롭히고 모욕하고 해를 입히는 폭력적인 형태로 바뀌었다. 더구나 공격적인 성욕은 인성人性 속에도 자리를 잡아가고 있었다. 나는 이 야만스런 힘들과 마주했고, 내 등 뒤에는 한 아이가 있었다. 그 아이를 보호하기 위해, 나는 그 힘들을 밀어내고 손길이 미치지 못하도록 애를 썼다. 그 아이가 세 살짜리 내 소중한 딸의 모습이 되어갈수록 공포는 더욱 심해졌다. 그 아이는 내 딸인 동시에 이 세상의 모든 아이였다.

나는 내 안의 충동질을 막아내고 계속 딸을 보호하려고 했지만, 결국에는 실패할 것이라는 생각에서 벗어날 수 없었다. 막아서면 막아설수록 그 힘들은 더 강력해졌다. 이때의 '나'는 '나'라는 한 개인이 아니라 수천수만의 사람이었다. 그 공포는 내가 묘사할 수 있는 한계를 넘어서 있었다. 등 뒤를 넘겨다보자 겁에 질린 순결의 장이 느껴졌는데, 이제 거기에는 또 다른 요소인 신비한 포옹의 힘이 보태져 있었다. 최초의 여성인 어머니 여신이 이 아이에게 내려와 계셨다. 그녀는 나를 손짓하며 껴안아 달라고 했고, 나는 그녀의 품속이 그 무엇보다 달콤하리라는 사실을 본능적으로 알았다. 나는 폭력적인 성욕을 참아내면서 동시에 여신의 신비한 포옹도 밀쳐내고 있었다. 하지만 그 구원의 약속이 아무리 달콤하더라도 나는 내 아이를 강간하고 죽이는 짓을 차마 저지를 수 없었다. 광적인 상태가 계속 고조되면서 마침내 나는 몸을 돌리고 말았다. 끔찍한 살기의 엄습을 계속 참아내면서, 아이를 지켜주려는 의지와 욕정의 힘 사이의 팽팽한 긴장 속에서 나는 나의 제물과 얼굴을 마주했다. 그 제물은 나의 순결하고 연약하고 힘없는 딸인 동시에 우주적인 성적 교합으로 나를 초대하고 있는 태초의 여인이었다.

무섭게 밀어닥치는 폭력적 충동들과 고된 싸움을 오랫동안 벌이다가, 크리스는 차차 그 충동들이 제 스스로 펼쳐지도록 내맡길 수 있게 되었다. 이 폭력적 장면의 개별 주인공들 이면에는 오직 하나의 존재, 즉 창조 원리 그 자체가 있다는 사실을 깨닫자마자 이 혹독한 상황이 해결되어버린 것이다.

아무리 격렬하게 저항해보아도, 나는 격노를 분출하는 쪽으로 끌어당겨지고 있었다. 나는 여전히 젖 먹던 힘을 다해 저항했지만, 동시에 공포와 눈먼 갈망 속에서 공격과 강간, 살인을 범하기 시작했다. 이런 몸부림은 점점 더 과격한 수준으로 심해지다가 갑자기 무언가가 부서지며 열렸고, 나는 지금 나 자신을 범하고 죽이고 있다는 충격적인 사실을 깨달았다. 몹시 혼란스럽고 다차원적인 자각이었다. 나는 격렬한 몸부림 탓에 어떤 한계점을 넘었고, 문득 나 자신이 살인자인 동시에 피해자임을 알았다. 우리는 결국 하나였다. 피해자의 눈을 들여다보면서, 나는 나 자신의 얼굴을 들여다보고 있었다. 나는 흐느끼고 또 흐느꼈다. "나 자신에게 그런 짓을 하고 있다니."

이것은 전생의 가해자와 피해자가 서로 입장을 뒤바꾸는 카르마의 자리바꿈이 아니었다. 그보다는 모든 이원성을 하나의 완성된 흐름으로 용해하는 차원으로의 획기적인 도약이었다. 이때의 '나'는 어떤 한 사람이 아니라, 모든 사람을 포함하여 아우르는 배후의 일체였다. 인류의 모든 체험을 포함한다는 점에서는 집합적이라 하겠지만, 사실 그것은 분열되지 않은 온전한 하나였다. 나는 하나였다. 나는 침략자이며 피침략자였다. 나는 강간범이자 그 피해자였다. 나는 살인자이며 그 희생자였다. 나는 그 짓을 나 자신에게 하고 있었다. 온 역사를 통해서, 나는 그 짓거리를 나 자신에게 해왔다.

인류 역사의 고통은 곧 나의 고통이었다. 희생자는 따로 없었다. 내가 나 자신에게 벌이는 짓 외에는 아무것도 없었다. 내가 겪는 모든 것, 지금껏 일어난 모든 일은 내게 책임이 있었다. 나는 내가 창조한 것들을 살펴보았다. 내가 한 짓이다. 내가 하고 있는 짓이다. 내가 이 모든 일을 선택했다. 내가 이 끔찍한 세상 전부를 창조하기로 선택했던 것이다.

공즉색空卽色, 색즉공色卽空

악의 실체를 형이상학적으로 이해할 때는 또 다른 중요한 요소를 고려해야 한다. 경험적, 과학적, 철학적으로 현실의 본질을 신중하게 분석해가면 물질계의 모든 사건이 궁극적으로 비어 있다는 사실을 알게 된다. 불교 문헌들 속에는 모든 물질적 대상이 텅 비어 있으며 나라는 존재 안에도 분리된 자아가 없다는 깨달음으로 이끄는 명상 수행법들이 공통적으로 제시되어 있다. 그런 영적 수행법들을 따르다 보면, 우리는 "색즉공이요 공즉색이라"는 불교의 기본 교리를 경험적으로 확증할 수 있다.

일상적 관점으로 보면 모순되고 터무니없어 보이지만, 이런 개념은 현대 과학의 발견과 맥을 같이하면서 존재에 대한 심오한 진실을 드러내준다. 20세기 초반의 물리학자들은 물질의 구조를 체계적으로 연구하다가 아원자의 수준까지 내려갔다. 이 과정에서 그들은 이전까지 단단한 물질로 생각되었던 것들이 점점 더 텅 빈 상태로 보인다는 사실을 발견했다. 결국에는 희미하게나마 고체 '성분'과 비슷했던 것들마저 완전히 사라지고, 추상적인 확률 방정식만이 남게 된 것이다.

불교도들의 경험적인 깨달음과 현대 물리학자들의 실험 결과는 20세기의 가장 위대한 철학자 중 하나인 알프레드 노스 화이트헤드의 형이상학적 고찰과도 본질적으로 동일하다. 화이트헤드는 분리된 물질 대상이 지속적으로 존재한다는 믿음을 '추상과 현실을 혼동한 오류(falacy of misplaced concreteness)'11)라고 불렀다. 그에 따르면 이 우주는 불연속적으로 발생하는 무수한 경험적 활동들로 이루어져 있다. 우주는 지속적으로 존재하는 물질이 아니라 '현실적 계기actual occasion'12)라고 불리는 경험의 순간들로 구성되어 있다는 것이다. 이 용어는 아원자 입자에서 인간 영혼에 이르기까지 우주의 모든 차원에서 일어나는 현상에 두루 적용될 수 있다.

지금까지의 논의로 알 수 있듯이, 일상의 모든 사건 또는 고통과 악을 포함하는 모든 상황은 우리의 일상적 관념과 체험과는 달리 궁극적인 현실이 아니다. 앞서 나왔던 영화에 대한 비유로 돌아가 보자. 영화나 텔레비전 쇼를 볼 때, 우리가 보는 등장인물들은 사실 분화되지 않은 빛 덩어리의 다양한 측면일 뿐이다. 우리는 복잡다단한 실제 드라마를 본다고 생각할 수도 있고, 특별한 효과를 위해 정밀하게 동조되고 조정된 다양한 주파수의 전자기적·청각적 파동을 본다고 생각할 수도 있다. 그것은 우리의 선택에 달렸다. 순박한 사람이나 아이들은 영화가 실제라고 착각할지도 모르지만, 보통의 관람객들은 자신이 가공된 가상현실에 참여하고 있다는 사실을 잘 알고 있다.

그럼에도 우리가 이런 빛과 소리의 움직임을 실제의 이야기로 해석하고 주인공들을 분리된 존재로 여기는 이유는 거기에서 얻어지는 체험에 관심이 있기 때문이다. 우리는 자발적으로 영화

---

11) fallacy of misplaced concreteness. '잘못 놓여진 구체성의 오류'라고 직역되기도 한다. 화이트헤드는 우주를 살아 있는 거대한 유기체로 보고, 그 유기체를 구성하는 기본 단위의 경험들을 '현실적 계기'라고 불렀다. 그렇다면 우리가 구체적인 물질로 간주하는 것들은 본래 추상적 개념일 뿐이므로, 우리 모두는 추상적 개념을 구체적 물질로 간주하는 오류를 범하고 있는 셈이다.

12) actual occation. 살아 있는 거대한 유기체(우주)의 생명을 구성하는 가장 기본적인 경험의 단위.

관에 가서 입장료를 낼 만큼 그런 체험을 적극적으로 추구한다. 그 상황이 현실인 것처럼 받아들이는 동시에, 다른 차원에서는 영화 속 인물들이 허구이며 주인공들은 자진해서 참여한 연기자들임을 안다. 이 비유에서 특별히 기억해두어야 할 점은, 관람객들은 영화 속에서 사람이 죽어도 그것이 진짜 죽음이 아님을 잘 알고 있다는 사실이다.

일체지향적 상태의 통찰에 따르면, 인간도 영화의 관람객과 무척 비슷한 입장에 있다. 우리는 물질적 존재가 제공하는 경험에 매료된 나머지, 다른 차원으로부터 지상의 삶으로 내려오기로 결정했다. 우리 자신을 포함한 이 우주극 속 주인공들의 분리된 정체성은 허상이며, 우주를 구성하는 듯 보이는 물질은 본질적으로 텅 비어 있다. 우리가 사는 이 세상은 진실로 우리가 인식하는 모습대로 존재하지 않는다. 동양의 영적 문헌들은 우리의 일상을 언젠가는 깨어날 수 있는 꿈에 비유한다. 프리초프 슈온Frithjof Schuon은 매우 간결하게 표현했다. "이 우주는 꿈들로 짜여진 하나의 꿈이다. 자아만이 홀로 깨어 있다."

영화와 연극처럼 우주극에서도 아무도 죽거나 죽임을 당하지 않으며, 하나의 특정한 역할이 끝나면 더 크고 깊은 본질을 취하거나 되찾을 뿐이다. 어떻게 보면, 드라마와 배우들은 아예 존재하지 않거나, 존재하는 동시에 존재하지 않는다. 따라서 이 세상의 악을 우주심의 탓으로 돌리는 것은 화면 위에서 저질러진 범죄와 살인의 책임을 영화감독에게 묻는 것처럼 어리석은 짓이다. 물론 영화의 주인공과 현실의 존재 사이에는 중요한 차이점이 하나 있다. 물질적 존재들의 본질이 텅 비어 있다고 하더라도, 각자의 역할에 따른 감정적 괴로움과 육체적 고통은 엄연한 현실이다. 영화배우의 경우는 물론 그렇지 않다.

창조에 대한 이런 시각은 일체지향적 상태의 매우 확실한 개인적 체험들로부터 뒷받침되고 현상계의 본질에 대한 과학적 발견과도 전체적으로 잘 들어맞지만, 만만치 않은 혼란을 야기하는 것도 사실이다. 우리의 인생과 일상적 행위에 대체 어떤 구체적 의미가 있는가 하는 의문이 생겨나는 것이다. 얼핏 생각하면, 물질계를 '가상현실'로 여기고 인간의 실상을 영화에 빗대는 일은 삶을 평가절하하고 인류의 고통을 가볍게 여기는 것처럼 느껴진다. 인류가 겪는 고통의 심각성을 철저히 무시하거나 냉소적인 무관심을 조장하는 태도처럼 보일지도 모른다. 마찬가지로, 악을 창조에 꼭 필요한 부분으로 여기고 그것의 상호의존성을 이해하는 일은 모든 윤리적 기준을 거부한 채 수단을 가리지 않고 이기적인 목표를 이루기 위한 합리화로 오해받기 쉽다. 어쩌면 적극적으로 악에 대항하려는 이 세상의 모든 노력에 찬물을 끼얹는 듯 보이기도 할 것이다.

하지만 다음과 같은 측면을 보면, 상황은 겉으로 드러난 모습보다 훨씬 더 복잡하다. 일체지향적 체험에 따르면, 모든 형상의 본질적 공성을 깨닫는 일은 우주 만물에 대한 참된 사랑과 존중에서 조금도 어긋나지 않는다. 현상계에 대한 깊은 형이상학적 통찰을 제공하는 초월적 체험들은 실제로 모든 살아 있는 존재를 경외하게 하고, 삶 속에서 책임감 있는 관계를 맺도록 도와준다. 더 나아가 우리의 연민은 물질적 대상만을 향하지 않는다. 우리는 모든 의식적 존재를 연민의 대상으로 삼을 수 있다.

현상계의 공성을 깨달음으로써, 우리는 인생의 어려운 상황들에 대처할 때 큰 도움을 받기도 한다. 존재의 의미가 퇴색되거나, 삶의 즐겁고 아름다운 측면을 만끽하는 능력이 떨어지는 경우도 없다. 우주 만물에 대한 깊은 연민과 감탄은 우리가 물질계의 허상을 체험하고 있다는 사실과 조금도 모순되지 않는다. 얼마든지 우리는 훌륭한 예술 작품을 열정적이고 감정적으로 즐길 수 있고, 그 내용에 깊이 공감할 수 있지 않은가! 그리고 보통의 예술 작품들과 달리, 삶의 주인공들이 겪는 모든 체험은 현실이다!

일체지향적 체험이 윤리적 가치와 행동에 미치는 영향

깊은 초월적 통찰이 우리의 행동에 미치는 윤리적 영향력을 충분히 이해하려면, 우선 몇 가지 부수적인 요인들을 살펴보아야 한다. 깊은 통찰을 가능케 하는 내적 탐구는 일반적으로 삶-주산기-초개아에 걸쳐 작용하는 폭력과 탐욕의 무의식적 근원을 밝혀준다. 무의식에 접근하는 심리 치료는 공격성을 줄이고 포용력을 높이는 데 분명한 도움을 준다. 또한 우리는 창조계의 다양한 측면들과 동화되는 광범위한 초개아적 체험을 해볼 수 있다. 그로써 생명에 대한 깊은 외경심과 모든 의식 있는 존재와의 공감이 생겨난다. 즉, 현상계의 공성과 윤리적 가치의 상대성을 발견하는 과정이 오히려 부도덕한 성향과 반사회적 행동을 눈에 띄게 줄여주고 사랑과 연민을 가르쳐주는 것이다.

우리는 약속된 규범, 규칙, 계율과 처벌에 대한 두려움이 아니라 우주 질서에 대한 이해와 지식에 바탕을 둔 새로운 가치 체계를 발전시킬 수 있다. 우리는 우리가 창조를 위해 꼭 필요한 부분이며, 타인을 해하는 것이 곧 자신을 해하는 짓임을 깨닫는다. 깊은 내적 탐구는 윤회와 카르마의 법칙을 직접 체험하게 해준다. 우리의 해로운 행동이 사회적 보복을 면했더라도 나중에 더 심각하고 구체적인 형태로 되돌아올 수 있음을 알게 되는 것이다.

플라톤은 신체적 사망 이후에도 생명이 계속된다는 믿음과 도덕 사이의 깊은 관계를 잘 알고 있었다. 그는 〈법률〉(Laws) 속에서, 우리의 행위가 사후에 대가를 치르지 않는다면 '악자에 대한 특혜'가 되리라고 소크라테스의 입을 빌려 말했다. 영적 발전의 높은 단계에 이르면 공격성을 줄이고, 자기중심적 태도를 누그러뜨리고, 의식 있는 존재들과의 합일을 느끼고, 카르마를 깨닫는 일 등이 우리의 일상에서도 중요한 요소가 된다.

C. G. 융은 모든 윤리적 규범과 가치가 상대적임을 깨닫고는 흥미로운 고민에 빠졌다. 선한 행위를 선택하고 윤리적 규범을 지키는 일이 지고한 관점에서 봤을 때 대체 어떤 의미가 있는지 혼란을 느꼈던 것이다. 얼마간의 고심 끝에, 결국 융은 자신만의 만족스러운 답을 찾았다. 융은 도덕에는 절대적 기준이 없으므로, 모든 윤리적 판단은 주어진 정보와 우리의 의식 발달 단계를 반영하는 창조 활동이라고 결론내렸다. 이런 요소들에 변화가 생기면, 우리는 얼마든지 상황을 다르게 바라볼 수 있다. 그렇다고 해서 애초의 판단이 틀리게 되는 것은 아니다. 중요한 것은, 우리가 그 상황 속에서 최선을 다했느냐 하는 점이다.

우리는 깊은 초개아적 체험 속에서 악을 초월할 수 있지만, 여전히 악은 우리의 일상과 그 외의 세계들, 특히 원형적 세계 속에 매우 분명하게 존재한다. 종교계에서는 악을 신성에서 분리된 이질적인 무엇으로 묘사하곤 한다. 하지만 일체지향적 체험은 나의 한 내담자가 "초월적 현실주의"라고 불렀던 관점으로 우리를 이끈다. 우리는 악이 창조의 본질적 요소이고, 분리된 개체들이 존재하는 모든 차원에는 언제나 빛과 그림자가 공존한다는 사실을 있는 그대로 받아들일 수 있다. 악은 우주적 직물 속에 촘촘히 누벼져 있고 경험적 세계가 유지되는 필수 조건이기 때문에 결코 패퇴하거나 근절되지 않는다. 하지만 우주에서 악을 제거하지 않고도, 우리는 존재의 어두운 측면에 대처하는 완전히 새로운 방식을 발전시키며 스스로 변모할 수 있다.

깊은 내적 탐구를 통해, 우리는 살아가면서 필연적으로 겪는 신체적, 감정적 고통과 곤란이 바로 이 땅에서 사는 존재의 본질임을 깨닫는다. 부처의 사성제四聖諦 중 첫 번째[13]는 삶이 곧 고苦 (duhkha)이며 고는 우리를 비참하게 하는 환경과 조건들 — 태어남, 늙음, 질병, 죽음, 싫은 것과 마주하는 일, 좋은 것과 멀어지는 일, 원하는 바를 얻지 못하는 일 — 에서 비롯된다고 가르친다. 덧붙이자면, 우리는 각자의 인연과 카르마에 따라 고통을 체험하고 있다.

고통을 벗어나는 일은 불가능하지만, 우리는 고통이 오는 시기와 방식에 어느 정도 영향을 미칠 수 있다. 내가 일체지향적 상태를 관찰해온 바에 따르면, 용의주도하게 계획된 세션을 통해 존재의 어두운 측면을 집중되고 농축된 방식으로 조우하고 나면 일상 속에서 등장하는 불행과 고통이 눈에 띄게 줄어들곤 한다. 체계

---

13) 고성제苦聖諦

적인 내적 탐구는 존재의 어두운 측면을 체험하고 고통에 대처하는 데 분명한 도움을 준다. 일체지향적 상태에서 극도로 강렬한 체험들을 견뎌낸 후에는, 고통에 대한 감내력이 크게 성장하므로 일상적 의무와 걱정거리들을 다루기가 한결 쉬워진다.

또한 우리는 몸을 가진 자아 또는 힌두교도들이 이름과 형상(名色, namarupa)이라고 부르는 것이 자신의 본질이 아님을 깨닫는다. 내적 탐구를 통해 정체성의 근본적 변화를 겪게 되는 것이다. 일체지향적 상태에서는 광활한 물질 우주 속의 아주 작은 세포 하나로부터 존재의 총합과 절대의식 그 자체에 이르는 모든 것과 합일할 수 있다. 자기 자신을 우주의 힘에 희생당하는 무력한 존재로 보는지 아니면 우주의 힘과 함께 우리 삶의 시나리오를 써가는 공동저자로 보는지에 따라, 우리의 삶에서는 기쁨과 자유의 양이 엄청나게 늘기도 하고 고통의 수준이 더욱 심해지기도 한다.

악의 원형과 인류의 미래

이 장을 마치기에 앞서, 인류와 지구 생명의 미래와 생존에 악이 어떤 영향을 미치는지에 대한 일체지향적 상태의 흥미로운 통찰들을 몇 가지 소개해보겠다. 새로운 천 년으로 접어드는 이때, 우리는 심각하고 위험한 전 지구적 위기들을 눈앞에서 뼈저리게 인식하고 있다. 우리는 인류가 지난 역사 동안 저질러온 행위를 멈춰 앞으로도 삶을 지속할 수 있기를 간절히 바란다. 인간의 폭력을 억제하고, 대량살상 무기를 해체하고, 세계의 평화를 지킬 방법을 찾는 것은 매우 시급한 일이다. 대기, 물, 토양을 오염시키는 산업공해를 멈추고 재생가능한 에너지원을 경제의 대안으로 삼는 일들도 마찬가지다. 또한 전 세계의 빈곤과 굶주림을 없애고, 고칠 수 있는 병으로 고생하는 사람들을 치료해주는 일도 우리의 중요한 과제들 중 하나다.

우리는 이런 상황을 깊이 염려하고, 이 위기를 해결하여 더 나은 세상을 만들고자 진심으로 염원한다. 간단한 개선책만으로는 이 심각한 위기를 바로잡기 어렵다. 오늘날의 세계적 위기에는 경제적, 정치적, 윤리적, 군사적, 심리학적 차원의 문제가 그물처럼 극도로 복잡하게 얽혀 있기 때문에, 뚜렷한 해결책은 쉽게 발견되지 않을 것이다. 만약 해결책을 찾아낸다 해도, 그것은 제각각인 분야들 속에서 다만 도를 지나친 흐름만을 수정하는 정도에서 그칠 것이다.

일체지향적 상태에서 보면, 이 문제에는 형이상학적 차원이 복잡하게 개입하고 있다. 세상에서 벌어지는 일들은 그저 물질적 원인에 의해서만 결정되지 않는다. 즉, 세상사는 원형적 세계의 역학 관계가 그대로 반영된 결과물이다. 원형적 세계에서 작용하는 힘과 존재들은 극명하게 분열되어 있고, 원형적 세계의 신전에는 은혜로운 신과 사악한 신이 함께 공존한다. 선함-중립-악함이라는 원형적 원리들은 우주적 창조 게임의 필수 요소이자 빠뜨릴 수 없는 부분이다. 그렇기 때문에 우주에서 악만을 제거하기는 불가능하다. 원형적 세계의 절반을 함부로 '밀어내' 버릴 수는 없기 때문이다.

이런 통찰의 관점에서 보면, 우리는 세계적 위기를 수습하고 일상적 악행들을 줄여나가기 위해 그 원인인 원형적 힘들을 덜 파괴적이고 덜 위험한 방식으로 표현시킬 방법을 찾아야 한다. 요컨대 원형적 힘들을 존중하면서, 그것이 새로운 방출구를 통해 생명을 파괴하는 대신 살리는 쪽으로 작용하도록 유도하는 환경을 창조해내야 하는 것이다. 일체지향적 상태는 그런 환경과 제도로 써봄직한 흥미로운 아이디어들을 제공하곤 한다.

현상계에서 표출되고 있는 파괴적 힘을 줄이는 첫 번째 전략으로는, 원형적 힘들이 일체지향적 상태 속에서 안전하게 한껏 표현되도록 유도하는 방법이 있다. 다양한 방식의 체계적 수행법들, 주산기 체험과 초개아 체험으로 이끄는 심리요법들, 잘 통제된 환각 세션을 제공하는 시설 등이 이런 작업을 도울 것이다. 고대 또는 원주민 문화와 필적하는 의식儀式 행위들을 되살리고 사회적으로 허용하는 것도 중요한 일이다. 현대화된 통과의례는 사람들로 하여금 사회 혼란을 일으킴직한 까다로운 파괴적, 자멸적 에너지를 의식적으로 체험하고 통합하게 해줄 것이다. 또한 역동적이고 새로운 예술 형식이나 가상현실 기술을 이용한 오락거리들도 흥미로운 대안이 될 수 있다.

이런 변성 기법들과 더불어, 여러 사회적 활동들을 같은 목적을 향해 모으고 협력을 유도하는 일도 좋은 효과를 낼 수 있다. 현재 대량살육 전쟁으로 표출되고 있는 격렬하고 파괴적인 잠재 에너지를 범지구적으로 통합한 대규모 우주 계획이나 과학기술 프로젝트로 분산시켜보는 것이다. 또한 스포츠 시합부터 현대의 과학기술의 힘을 빌린 자동차 경주에 이르기까지, 다양한 경쟁 게임들도 하나의 대안이 될 수 있다. 잘 만들어진 놀이공원, 화려한 카니발, 고대와 중세의 왕족, 귀족, 상류층, 민중들이 즐긴 축제와 비슷한 구경거리 따위를 통해 파괴적 에너지를 흘려보낼 수도 있다. 우리의 통찰에 조금이라도 타당성이 있다면, 이런 새로운 방법들을 실천해보는 것은 확실히 해볼 만한 시도일 것이다.

07

탄생-성-죽음: 우주적 연결성

죽음은 탄생과 맞닿아 있고,
요람은 무덤 안에 있다.

— 조셉 홀Joseph Hall

오로지 성욕을 만족시키고자 하는 이는
곧바로 짐승의 수준으로 떨어지지만,
동물적 욕망을 억제하고 성적 기능을
필멸성, 숭고함, 아름다움과 결합시키는 이는
지고한 자리로 올라간다.

— 리하르트 폰 크라프트 에빙Richard von Krafft-Ebing

탄생-성-죽음의 밀접한 관계

우주의 근원과의 재합일을 탐구하면서, 나는 인간의 삶에서 초개아적 세계와 깊이 연관된 세 가지 측면 — 탄생, 성, 죽음 — 을 간략하게 언급한 바 있다. 이 세 측면은 초월성으로 가는 중요한 통로로서, 우주와의 재합일을 위한 저마다의 독특한 기회를 의미한다. 이 세 측면과의 만남이 깊고 구체적인 내적 탐구 중에 상징적으로 이루어지든 아니면 일상 속에서 직접 이루어지든, 그 결과는 마찬가지다.

산모는 물론이고, 출산을 돕거나 지켜보는 사람들도 종종 강력하게 깨어나는 체험을 하곤 한다. 특히 병원의 기계적인 환경 대신 심리적, 영적 충격을 충분히 보장하는 상황 속에서 출산이 이루어질 때는 더욱 그렇다. 거의 죽을 뻔한 경험이나, 죽어가는 사람을 가까이에서 목격하는 일도 신비 체험을 일으키는 강력한 촉매제가 될 수 있다. 또한 아주 잘 맞는 이성과의 성교도 영적 계기로서 의식의 진화를 촉진시킬 수 있다. 때문에 동양의 탄트라 전통에서는 성과 영성 간의 깊은 관련성을 수행의 토대로 삼는다.

영성-탄생-성-죽음은 서로 밀접한 관련이 있을 뿐만 아니라 분명한 공통점을 지니고 있다. 많은 여성들은 편안한 환경에서의 순조로운 출산 경험이 평생 가장 강렬한 성적 체험이었다고 말한다. 바꿔 말해서 여성들의 강렬한 성적 오르가슴은, 남자도 마찬가지지만, 때때로 심령적 재탄생의 형태를 취한다. 오르가슴은 당사자가 죽음을 떠올릴 만큼 압도적인 흥분을 일으킨다. 성적 오르가슴과 죽음 간의 관계성은 '작은 죽음'(la petite mort)이라는 프랑스어 표현 속에 잘 드러나 있다. 특히 질식으로 인한 죽음에는 다분히 성적인 요소가 내재한다.

탄생과 죽음은 서로 맞닿아 있다. 임신 말기의 여성들은 죽음과 파괴를 주제로 한 꿈을 꾸는 경우가 많다. 이처럼 분만은 산모와 아기의 생명에 잠재적 위협을 주는 사건이다. 실제로 생명이 위태롭거나 몹시 고통스럽지는 않더라도, 출산은 죽음에 대한 강한 공포와 결부되기 쉽다. 또한 그 반대의 사례도 있다. 임사체험자들은 어떤 터널이나 깔때기 모양의 통로를 지나 빛 속으로 들어갔다는 이야기를 자주 하는데, 이는 탄생의 과정과 대단히 비슷한 체험으로 보인다.

우리는 일체지향적 상태 속에서 탄생-성-죽음 간의 실질적이고 본질적인 관계성을 발견할 수 있다. 우리의 삶을 결정하는 이 세 가지 측면은, 다른 둘을 빼놓고 하나만 겪는 체험이 불가능할 만큼 무의식 속에서 매우 밀접히 연관되고 뒤섞여 있다. 이것은 매우 놀라운 발견이다. 우리는 흔히 이 세 가지 측면을 서로 별개의 것으로 생각하기 때문이다. 탄생은 한 어린 존재를 등장시키면서 생명의 시작을 알려주는 사건이다. 중병과 사고의 결과가 아닌 한, 죽음은 노령과 그에 따른 삶의 마지막 단계와 연관된다. 엄밀한 의미에서 볼 때, 성생활은 신체적으로 성숙한 인생의 중간 시기에 해당하는 일이다.

주산기 과정 속의 탄생-성-죽음

탄생-성-죽음의 관계에 대한 이 같은 통념은 우리의 내적 탐구가 유소년기의 기억을 넘어 탄생과 주산기의 영역까지 거슬러 올라갈 때 크게 변화한다. 우리는 극심한 신체 감각과 감정들을 체험하기 시작하는데, 때로 이것은 우리가 상상할 수 있는 인내력의 한계를 훌쩍 뛰어넘기도 한다. 이런 체험에서는 탄생과 죽음이라는 주제가 낯설게 혼합되어 있다. 위험할 만큼 좁은 곳에 갇혀 있는 느낌, 살아남고 해방되기 위한 절박하고 필사적인 몸부림이 여기에 포함된다. 이처럼 주산기 단계에서 보이는 탄생과 죽음의 관계성은 탄생이 잠재적으로 생명을 위협하는 사건임을 나타낸다. 실제로 출산을 하다가 산모와 아기는 생명을 잃기도 하고, 질식한 아이가 새파랗게 질리거나 숨이 멎은 채로 태어나 심폐소생술을 받는 경우도 생긴다.

생물학적 탄생의 여러 측면을 재경험하는 일은 너무나 생생하고 그럴듯해서, 때로는 그 당시의 세밀한 부분까지 재연해내기도 한다. 자신의 탄생에 대해 전혀 아는 바가 없고 출산에 대한 기본 상식조차 없는 사람들도 예외는 아니다. 예컨대 우리는 머리보다 발이 먼저 나왔다던지, 분만 중에 수술용 집게가 쓰였다던지, 태어났을 때 탯줄이 목을 감고 있었다던지 하는 사실을 재체험을 통해 직접 발견할 수 있다. 우리는 이 끔찍한 사건에서 비롯한 불안과 생물학적 분노, 신체적 고통과 숨막힘을 생생하게 느끼고, 심지어는 태어날 당시의 마취 상태까지 정확히 알아낸다. 특정한 종류의 분만법을 뚜렷이 재현하는 몸과 머리의 여러 자세와 동작들이 수반되기도 한다. 이런 세부 사항들은 꼼꼼한 출산 기록이나 믿을 만한 목격자에 의해 사실 여부를 검증받을 수 있다.

전통적인 심리학자와 정신과의사들은 쉽게 믿지 않겠지만, 삶과 죽음에 대한 설득력 있는 심리적 묘사와 그 둘의 깊은 연관성은 충분히 논리적이고 납득할 만한 일이다. 출산은 태아의 자궁 속 삶을 갑작스럽게 종결시켜버린다. 태아는 물속 생명으로서 '죽고', 생리적·해부학적으로 완전히 다른, 즉 공기로 숨을 쉬는 생명으로 태어난다. 특히 산도를 통과하는 일은 매우 고통스러운 경험이며 잠재적으로 생명을 위협한다.

주산기 체험에서 성적 요소가 나타나는 이유는 아직 명쾌하게 밝혀지지 않았다. 다만 태아와 합일되어 탄생의 마지막 단계를 재체험할 때는 대개 강한 성적 흥분이 수반된다. 산모들이 죽음에 대한 두려움과 강렬한 성적 희열을 함께 느끼는 것과 마찬가지다. 하지만 태아와 성적 희열을 연결 짓는 것은 우리에게 생소한 개념이므로, 좀더 자세한 설명이 필요할 것이다.

인체에는 극심한 고통, 특히 질식과 관련 있는 고통을 일종의 성적 희열로 변성시키는 메커니즘이 있는 듯 보인다. 이런 관련성은 탄생 이외의 상황들 속에서도 관찰된다. 목을 매어 자살을 하려다 마지막 순간에 구조된 사람들은 대개 숨막힘이 한계에 달했을 때 참기 어려운 성적 흥분을 느꼈다고 보고한다. 대부분의 남자사형수들은 교수형을 당할 때 발기하고 심지어는 사정까지 한다. 고문과 세뇌에 대한 논문들도 잔혹한 신체적 고통이 때때로 성적 희열 상태를 유발한다고 주장한다. 조금 덜 극단적인 예를 찾자면, 목을 조르고 숨을 막히게 하는 행위가 포함된 가학·피학적 성교를 즐길 때도 이런 메커니즘이 작용하는 것 같다. 스스로를 고문하고 채찍질하는 종파에 속한 사람들과 모진 고문을 겪은 순교자들은 극심한 신체적 고통이 어느 순간에 성적 흥분으로 바뀌면서 결국에는 엄청난 황홀경과 초월 체험을 불러온다고 말한다.

주산기 기본 모형의 상징체계와 역학

지금까지 우리는 주로 탄생 체험의 감정적, 신체적 측면을 살펴보았다. 하지만 주산기에 해당하는 무의식적 체험은 생물학적 출산 과정에만 제한되지 않는다. 그 속에는 초개아적 세계에서 비롯된 풍부한 상징적 이미지들도 포함된다. 주산기 영역은 개아적 정신 수준과 초개아적 정신 수준이 만나는 중요한 접점이다. 융 학파에 따르면, 주산기는 집단 무의식의 원형적·역사적 측면으로 들어가는 관문이다. 주산기 체험 속의 구체적 상징들은 개개인의 기억장치가 아니라 집단 무의식에 근거하기 때문에, 그것들은 우리의 민족·문화·교육·종교적 배경과는 전혀 다른 배경과 영적 전통으로부터도 이끌어내질 수 있다.

힘겹게 산도를 통과하는 아기와 동화되는 체험은 다른 시대와 문화의 사람들, 여러 동물들, 심지어는 신화적 존재들과의 동질성까지 느끼게 해준다. 태어나고자 발버둥치는 태아와 연결되면서, 동시에 우리는 지금 비슷한 곤경에 처해 있거나 그런 곤란을 겪어온 모든 의식 있는 존재들과도 직접적이고 신비적인 연결을 느낀다.

탄생과 죽음을 직접 접해보는 일은 존재와 정신의 신비적 차원을 발견하는 영적 열림으로 자연스럽게 귀결된다. 이런 경험이 산모나 임사체험자처럼 실제 상황 속에서 일어나든, 순전히 상징적으로 일어나든 그 결과에는 큰 차이가 없어 보인다. 홀로트로픽 세션과 환각 세션, 또는 자연발생적인 심령적 위기(영적 비상사태) 속의 강력한 주산기 체험도 동일한 효과를 낸다.

생물학적 탄생에는 세 가지 단계가 있다. 첫 단계에서, 태아는 자궁이 수축할 때마다 주기적으로 압박받지만 자궁경관이 굳게 닫혀 있기 때문에 이 상황을 빠져 나가지 못한다. 태아 머리 위의 자궁경관이 산도로의 통과를 감당할 만큼 충분히 팽창할 때까지, 자궁은 지속적인 수축을 반복한다. 자궁경관이 완전한 팽창하면 분만은 첫 단계에서 둘째 단계로 이어지는데, 둘째 단계에서는 태아의 머리가 골반 쪽으로 하강하면서 태아는 탄생의 경로를 힘겹게 전진하게 된다. 마지막 셋째 단계에서, 태아는 산도를 빠져나와 탯줄이 잘림으로써 해부학적으로 독립된 개체가 된다.

태아는 그 각각의 단계마다 고유의 강렬한 감정과 신체적 감각을 체험한다. 이런 체험들은 태아의 무의식에 깊게 새겨지고, 이후 당사자의 인생에서 결정적 역할을 한다. 탄생의 기억은 유소년기의 중요한 감정적 체험들에 의해 강화되면서 구체적 세계관을 형성하고, 일상 행동에 깊은 영향을 끼치며, 감정적·정신신체적 장애가 생겨나는 원인으로 작용한다. 우리는 일체지향적 상태에서 이런 무의식 속의 기억들을 떠올리고 충분히 체험할 수 있다. 깊은 내적 탐구가 우리를 탄생의 순간으로 데려갈 때, 우리는 감정-신체감각-상징적 이미지가 조합된 특수한 체험들이 분만의 단계에서 일어난다는 사실을 발견한다. 나는 이런 체험 양상들을 주산기 기본 모형(basic perinatal matrices; BPMs)이라고 부른다.

주산기 1단계(BPM Ⅰ)[1]

주산기 1단계는 위에서 설명한 분만의 임상적 세 단계(주산기로는 2~4단계)보다 앞선 상태로서 자궁 내의 체험과 관련되어 있다. 주산기 1단계에는 태아가 처했던 특정 상황을 재현하는 요소들 이외에도, 초개아적 영역에서 끌어내진 자연-역사-신화 속의 여러 장면들이 포함된다. 아래는 주산기의 역학과 초개아적 영역 간의 구체적인 관계에 대한 대략적인 설명이다.

생물학적 탄생 과정의 연속적 체험은 그와 관련된 온갖 상징적 이미지들과 뗄 수 없는 관계를 맺고 있다. 그리고 진부한 논리로는 도저히 그 이유를 이해할 수 없다. 하지만 이런 관계성이 변덕스럽고 두서가 없는 것은 아니다. 여기에는 '경험 논리'라는 말로 설명해볼 만한 나름의 충분한 규칙이 있다. 즉 탄생의 특정 단계에서 일정한 상징적 주제들이 떠오르는 것은, 그것들이 단지 외적으로 유사하기 때문이 아니라 같은 감정과 신체 감각을 공유하기 때문으로 보인다.

태아의 평온한 상태를 재체험하는 동안, 우리는 한계와 경계가 존재하지 않는 광대한 영역의 이미지를 만나곤 한다. 예컨대 은

---

1) 그로프가 말하는 주산기 1단계는 분만을 준비하는 상태이며, 주산기 2단계(BPM Ⅱ)가 임상적으로 봤을 때 분만의 첫째 단계에 해당한다. 혼란을 피하기 위해 주산기는 1~4단계로, 분만(탄생)은 첫째~셋째 단계라는 표현으로 옮겼다.

하·성간星間 공간·우주 전체와 합일하거나, 바닷속을 둥둥 떠다니거나, 물고기와 돌고래 등의 수생동물이 되어보는 체험이 일어난다. 또는 어머니 자연의 포근한 자궁처럼 안전하고, 아름답고, 조건 없이 길러주는 자연 광경이 눈앞에 펼쳐질 수도 있다. 우리는 향긋한 과수원, 잘 익은 옥수수밭, 안데스 산맥의 농지, 자연 그대로의 폴리네시아 섬들을 보게 된다. 이처럼 포근한 자궁 체험은 우리를 집단 무의식의 원형적 영역으로 이끌면서, 다양한 문화와 신화 속에서 묘사된 천국과 낙원의 영상을 펼쳐놓는다.

태아의 불안한 상태, 또는 '가혹한 자궁'을 재체험할 때, 우리는 어둡고 불길한 조짐을 느끼고 타락하고 있다는 생각에 사로잡힌다. 더러운 물이나 지저분한 오물더미의 모습이 보이기도 한다. 이런 체험은 산모의 몸이 유해하게 변하면 주산기의 태아도 심각한 불안을 느낀다는 사실을 알려준다. 우리는 가혹한 자궁 속에서 집단 무의식의 원형적 세계에 속하는 흉측한 악마적 형상들과 만날 수도 있다. 심지어 유산되거나 낙태될 뻔했던 격렬한 위협을 재체험하는 동안에는 우주적인 홍조 또는 피비린내 나는 세계 종말의 광경이 떠오르는 경우가 많다.

주산기 2단계(BPM Ⅱ)

퇴행 체험이 생물학적 탄생 과정에 임박했을 때, 일반적으로 우리는 거대한 소용돌이에 휘말리거나 신화적 야수에게 삼켜지는 느낌을 받는다. 온 세상 또는 우주 전체가 빨려 들어가는 체험을 할 수도 있다. 이런 체험은 리바이어던(거대한 바다 짐승), 용, 거대한 뱀, 타란툴라(대형 독거미), 문어 등 탐욕스럽고 분란을 일으키는 원형적 괴물의 이미지로 떠오르기도 한다. 이렇듯 압도적인 생명의 위협은 극심한 불안과 편집증에 가까운 무조건적인 불신으로 우리를 이끈다. 우리는 저승, 죽음의 영역, 지옥의 심연으로 떨어지는 체험을 하기도 한다. 신화학자 조셉 캠벨이 설득력 있게 설명했듯이, 영웅의 모험담을 담은 신화들은 보편적으로 이런 상황으로부터 시작된다.

주산기 2단계의 끝 무렵에 태아는 수축된 자궁과 아직 열리지 않은 자궁경관 사이에서 압박당하는데, 이것은 인간이 재체험할 수 있는 최악의 상황 중 하나다. 우리는 끔찍한 밀실공포증적 악몽 속에 갇혔다고 느끼고, 극심한 감정적·육체적 고통에 시달리고, 완전한 무력감과 좌절을 겪는다. 이때의 외로움, 죄책감, 삶의 모순, 실존적 절망은 존재론적 수준에까지 도달할 수 있다. 우리는 직선적 시간과의 연결을 잃고, 빠져나갈 길 없는 이 상황이 영원히 지속될 것처럼 느낀다. 사람들은 이런 체험이 바로 종교에서 '지옥'이라고 부르는 것 — 구원될 희망이 없는 참기 어려운 감정적, 신체적 고문 — 이라는 사실을 전혀 의심하지 않는다. 실제로 여러 문화에 해당하는 원형적 악마들과 지옥의 광경이 보이기도 한다.

자궁이 수축하는 위기에서 탈출할 수 없는 비참한 상황에 직면했을 때, 우리는 그와 비슷한 절망과 곤경에 빠진 집단 무의식 속의 장면들(사람, 동물, 신화적 존재 등)을 체험할 수도 있다. 우리는 지하감옥의 죄수, 강제수용소 또는 정신병동의 피수용자, 덫에 걸린 동물과 동화된다. 지옥의 죄인으로 견딜 수 없는 고통을 겪거나,

하데스의 가장 깊은 지옥에서 산 위로 돌덩이를 굴려 올리는 시시프스가 되는 체험이 일어날지도 모른다. 우리의 고통은 "왜 저를 버리셨습니까" 하고 하느님께 물은 그리스도의 고뇌로 바뀌기도 한다. 이처럼 끝없는 파멸의 가능성이 이어진다. 영적 문헌들은 이 어둡고 지독한 절망의 상태를 '영혼의 어두운 밤[2]'이라고 표현한다. 넓은 관점에서 보면, 이 상태는 그 완전한 절망감에도 불구하고 영적인 열림의 중요한 단계다. 이 단계를 아주 깊게 체험한 사람들은 해방과 정화의 굉장한 효과를 누릴 수 있다.

주산기 3단계(BPM Ⅲ)

자궁경관이 열리고 머리가 내려간 후에 산도를 통과해가는 탄생의 둘째 단계는 대단히 강렬하고 역동적인 체험을 일으킨다. 쥐어짜는 듯한 힘과 수압을 견디는 동안, 거대한 전쟁과 피로 얼룩진 폭력의 장면들이 집단 무의식으로부터 우리에게 쏟아져 내린다. 또한 우리는 이 단계에서 몹시 강렬하고 대처하기 어려운 에너지와 성적 충동에 휩싸인다.

앞서 말했듯이 성적 흥분은 탄생 체험에서 매우 중요한 요소다. 이처럼 성욕과의 첫 만남은 몹시 불확실한 환경, 생명이 위협받는 상황, 지나친 고통에 신음하거나 숨을 쉴 수 없는 배경 속에서 일어난다. 그와 동시에 우리는 생존의 불안과 원초적인 생물학적

---

2)　the Dark Night of the Soul. 스페인의 시인이자 그리스도교 신비가인 십자가의 성 요한이 쓴 글의 제목으로, 영혼이 영적 여정 중에 겪게 되는 어느 한 시기를 뜻한다.

분노를 복합적으로 체험하는데, 이런 분노는 생명을 위협하는 고통에 대한 태아의 자연스런 반응이다. 또한 태아는 탄생의 마지막 단계에서 피, 점액, 소변, 대변 등의 다양한 생물학적 물질들도 접하게 된다.

이런 복잡한 요소들 때문에, 우리는 이 단계에서 지독하고 왜곡된 형태의 성적 이미지들을 떠올리게 된다. 성적 흥분은 신체적 고통, 공격성, 생존의 불안, 생물학적 물질들과 기묘하게 뒤섞이면서 호색적, 변태적, 가학·피학적, 분뇨와 관련된, 심지어 흉악하기까지 한 일련의 성적 장면들로 우리를 이끈다. 성적 학대, 도착, 강간, 성욕에서 비롯한 살인 등의 극단적인 장면에 압도당할 수도 있다.

때로는 마녀와 악마숭배자들의 의식에 참여하는 광경을 체험하기도 한다. 이는 탄생의 재체험이 흑黑미사(Black Mass)[3]와 마녀연회(발푸르가의 밤)[4] 등의 원형적 광경과 결부된 기이한 감정과 감각의 조합을 동반하기 때문인 듯 보인다. 이처럼 이 단계 속에는 성적 흥분, 공황 불안, 공격성, 생명의 위협, 고통, 희생, 불쾌한 생물학적 물질들과의 접촉이 뒤섞여 있다. 한편 이런 독특하고 복합적인 체험은 신성하고 신령한 느낌과 연결됨으로써, 이 모든 과정이 영적인 열림과 멀지 않은 곳에서 혹은 바로 가까이에서 펼쳐지고 있다는 사실을 암시해주기도 한다.

주산기 3단계는 잔인한 전쟁, 유혈 혁명, 대량 살육과 학살 등 집단 무의식에 속하는 무수한 파괴적 이미지들을 등장시킬 수도 있다. 우리는 그 모든 폭력적, 성적 장면들 속에서 가해자가 되기도

---

3) 악마 숭배자들이 치르는 의식을 뜻한다.
4) Walpurga. 색슨 족이 섬기던 여신.

하고 피해자가 되기도 한다. 이때는 앞장에서 설명한 융의 그림자 측면, 즉 인격의 어두운 측면과 만나게 되는 주된 시기다. 주산기 3단계가 막바지에 이르면, 우리는 예수, 십자가의 길, 못 박히는 고난 등을 상상하게 되고, 심지어는 실제로 예수의 고통을 온전히 체험한다. 이집트의 신 오시리스, 그리스의 신 디오니소스와 여신 페르세포네, 수메르의 여신 이난나 등 집단 무의식의 원형적 세계에서 죽음과 재탄생을 상징하는 신과 신화적 영웅들이 이 마지막 순간을 장식하기도 한다.

주산기 4단계(BPM IV)

실제로 세상에 나오는 탄생의 셋째 단계(주산기 4단계)는 대개 불과 관련된 주제로부터 시작된다. 우리는 뜨거운 열에 몸이 타들어 간다고 느끼거나, 도시와 숲이 불타는 광경을 보거나, 제물로 바쳐지는 희생자가 된다. 이 원형적인 불은 타오르는 둥지에서 죽고 그 재로부터 다시 부활하고 소생하는 전설의 새 피닉스Phoenix 또는 영혼을 정화하는 연옥의 불꽃으로 나타날 수도 있다. 이때 정화의 불은 우리 안에서 부정한 것들을 파괴하여 영적인 재탄생을 준비시키는 듯 보인다. 실제로 탄생의 순간을 재경험할 때, 우리는 그것이 완전한 소멸에 이어지는 재탄생과 부활이라고 느낀다.

생물학적 탄생이 죽음과 재탄생의 과정으로 체험되는 이유는, 그것에 본래의 분만을 재현하는 것 이상의 의미가 있기 때문이다. 우리는 태어날 때 산도에 완전히 갇혀서 극심한 감정과 감각을 표현할 어떤 기회도 얻지 못했다. 따라서 이때의 기억은 심리적으로 소화되거나 동화되지 못한 채로 우리 안에 남아 있다. 그때 체험했던 무력함, 무능함, 나약함이 깊은 곳에 남아 계속 우리를 제한하고 세계관을 엄청나게 오염시키는 것이다. 어떻게 보면, 우리는 해부학적으로는 태어났지만 감정적으로 그 급박한 위험이 이미 지나갔다는 사실을 받아들이지 못하고 있다. 재탄생을 위해 발버둥칠 때의 고통과 '죽음'은 생물학적 탄생 과정 속에서 겪었던 진짜 고통과 생명의 위협을 나타낸다. 하지만 재탄생 직전에 겪는 에고의 죽음은 탄생 시의 충격에 의해 왜곡된 채 각인되어 있었던 낡은 자아관과 세계관의 소멸을 뜻한다.

이런 낡은 프로그램들을 의식적으로 떠올려 제거할 때, 우리 삶에 작용해온 그 파괴적 성향과 부담도 함께 사라진다. 넓은 관점에서 보면, 이 과정은 실제로 대단한 치유이자 변성이다. 하지만 그 최후의 해결을 향해 나아가는 동안에는, 그 낡은 기억들과 함께 자신도 죽을 거라는 모순된 느낌이 들기도 한다. 그것은 나 자신의 소멸뿐만 아니라 이 세상 전체의 파멸을 뜻할 수도 있다.

근원적 자유에 이르기까지 단 한 발짝이 남았을 뿐이지만, 우리는 엄청난 파멸과 불안감에 완전히 휩싸인다. 이런 불길한 예감은 너무나 뚜렷하고 압도적이다. 우리는 자신과 함께 세상 모든 것이 사라지고 있다고 확신한다. 그러나 그 너머에 또 다른 무엇이 있으리라는 생각은 떠올리지 못한다. 그 때문에 주산기 4단계에 도달한 사람들은 충분히 극복해낼 수 있음에도 필사적으로 저항하곤 한다. 결국 심리적 고착을 해결하지 못한 채로 이 문제 많은 곳에서 여행을 중단해버리는 사람들도 적지 않다.

에고의 소멸은 많은 격려와 심리적 지지를 필요로 하는 영적 여행의 한 단계이다. 형이상학적 공포를 이겨내고 그것을 놓아버림으로써, 우리는 상상할 수 있는 모든 수준에서 완전한 소멸을 체험하게 된다. 육체의 파괴, 감정의 혼란, 지적·형이상학적 패배, 궁극적인 도덕의 실패, 영적인 파멸이 일제히 일어난다. 이때는 마치 중요하고 의미 있게 여겨왔던 삶의 모든 기준점이 남김없이 파괴되는 것처럼 느껴진다.

완전한 소멸 체험 ―"우주의 밑바닥에 부딪힌"― 후에, 우리는 곧바로 불가사의할 정도로 신성하고 아름답고 밝은 빛에 휩싸인다. 아름다운 무지개, 영묘한 공작의 깃털 무늬, 빛 속에 신들과 천사들이 있는 천상의 광경이 함께 나타나기도 한다. 이때는 위대한 어머니 여신의 원형적 형상에 해당하는 존재들을 직접 목격할 수 있는 시기이기도 하다.

이처럼 심령적 죽음과 재탄생은 '살가죽에 싸인 에고'를 약화시키고 초월적 세계와 다시 연결되는 과정에서 결정적 계기가 된다. 우리는 죄를 벗고 해방되고 축복받았다고 느끼며, 자신의 신성함과 우주 속의 위상을 새롭게 깨닫는다. 또한 자신, 다른 사람들, 자연, 신 등 우주 만물에 대한 긍정적 감정에 휩싸인다. 감정적, 신체적 안락함과 낙천성이 우리를 가득 채운다.

하지만 이처럼 인생이 바뀌고 치유되는 체험은 생물학적 탄생의 마지막 단계가 어느 정도 순탄하게 진행된 사람들에게만 허용된다. 강한 마취 탓에 출산이 혼란스러웠거나 불완전했던 사람들의 경우에는 탄생 체험이 빛을 향해 행진하는 수준까지 이르지 못한다. 그보다는 어지러움, 메스꺼움, 멍한 의식 등의 부작용에서 회복되고 깨어나는 정도의 느낌이 찾아온다. 이런 부수적인 주제들은 다른 심리학적 작업들을 필요로 할 수도 있는데, 어쨌든 체험의 긍정적 효과는 다소 감소할 것이다.

주산기 과정과 집단 무의식

지금까지 살펴본 대로, 주산기는 정신적 경험에 있어 결정적으로 중요한 교차로에 해당한다. 주산기 영역은 생물학적 인간으로 존재하는 데 절대적으로 중요한 세 가지 측면 — 탄생, 성, 죽음 — 이 만나는 지점일 뿐만 아니라 삶과 죽음, 개체와 종種, 정신과 영혼의 경계이기도 하다. 따라서 주산기 영역의 내용들을 의식적으로 충분히 체험하고 적절하게 통합하면 깊은 개인적 변성과 영적 열림으로 나아가는 좋은 결과를 얻을 수 있다.

사람들은 심리치료나 감정적, 영적 성장 등의 개인적 목표를 위해 내적 탐구를 시작하는 경우가 많다. 하지만 주산기 체험은 개인의 사적 관심사를 훌쩍 뛰어넘어 벌어지는 사건이다. 격렬한 감정과 신체 감각, 다른 시대에 속한 사람들과의 빈번한 합일은 이런 체험들이 이미 초개아적 수준에 있음을 명백하게 알려준다.

아래는 일체지향적 상태를 일으킨 강렬한 세션 기록 중에서 발췌한 내용으로, 주산기 체험의 본질과 격렬함, 인류의 집단 무의식과의 관계성 등을 훌륭하게 설명해주고 있다.

이 세션이 얼마나 끔찍하고 고통스러웠던지, 나는 놀라서 어쩔 줄을 몰랐다. 이것은 내 개인적 체험이 아니었고, 나의 탄생과도 전혀 상관이 없었다. 내가 겪었던 고통은 분명히 인간이라는 종의 탄생과 관련이 깊었고, 나 자신의 탄생은 부수적인 문제였다. 나의 경계는 인류 전체와 인류의 모든 역사를 포함할 만큼 확장되었고, 이때의 '나'는 어떤 말로도 제대로 설명할 수 없는 공포에 사로잡혀 있었다. 무서운 광기, 정신없이 밀려오는 혼돈의 장, 고통, 파괴로 가득했다. 마치 지구 곳곳의 전 인류가 한데 모여 전적인 광란에 빠져든 듯했다.

사람들은 공상 속의 첨단 과학기술로 무장된 야만과 광기로서 서로를 공격했다. 내 앞에는 서로 만나고 엇갈리는 많은 흐름이 있었는데, 그 각각의 흐름에 속하는 수천 명의 사람들 — 온갖 방법으로 사람을 죽이는 자들, 죽임을 당하는 사람들, 공포에 질려 달아나는 사람들, 잡혀가는 사람들, 지켜보면서 비명을 지르는 사람들, 인류가 미쳐가는 광경을 보며 가슴 아파하는 사람들 — 이 내 앞을 물결처럼 교차해갔다. '나'는 그 모든 경험이었다. 그때의 엄청난 죽음과 광기는 도저히 말로 설명할 수가 없다. 비교할 만한 것을 찾기가 어렵다. 내가 말할 수 있는 수준은 단순화된 근사치일 뿐이라서, 그에 대한 막연한 느낌밖에 전하지 못할 것이다.

인류의 모든 역사는 이 같은 고통으로 점철되어 있다. 이것은 인간 종의 특징인 동시에 원형적인 요소다. 우리의 상상을 뛰어넘는 극도의 과학 공포소설 내용도 여기서 벗어나지 않는다. 이 고통은 인간뿐만 아니라 격렬한 은하 폭발 속의 수십억 가지 물체에 전부 해당한다. 모든 한계를 뛰어넘는 공포인 것이다. 이는 온 인류의 요동이었고, 온 우주의 요동이었다. 그 속에 인간과 자연의 무관심에서 비롯된 비극적이고 고통스러운 장면들이 떠다니고 있었다. 세계 곳곳에서 굶주리고 있는 수천 명의 아이들, 죽어서 부풀어오른 몸뚱이들, 조직적인 생태 파괴와 방치로써 살인을 저질러온 인류를 노려보는 아이들의 공허한 눈동자들. 남자와 여자 사이의 무수한 폭력 ― 강간, 폭행, 협박, 보복과 계속 반복되는 파괴들.

주산기 체험의 이런 특수성은 흥미롭고 중요한 몇 가지 의문을 품게 한다. 왜 우리는 깊은 자기 탐구 중에 개인적인 경계를 초월하여 인류의 역사와 집단 무의식에 연결되는 단계에 도달하게 되는 것일까? 왜 이 단계에서는 죽음과 탄생의 재체험이 일어나는 걸까? 이 과정은 왜, 그리고 어떻게 성욕과 이처럼 긴밀한 관련을 맺을까? 이런 체험들 속에서 원형적 존재들의 빈번한 출현은 어떤 역할을 할까? 그리고 마지막으로, 이 과정에는 어떤 의미와 기능이 있으며 영성이나 의식 진화와는 어떻게 연관될까?

크리스토퍼 바흐는 주산기 체험에서 인류의 집단적 고통이 나타나는 이유와 인류의 영적 열림을 돕는 개인의 역할을 밝히는 흥미로운 연구를 진행해왔다. 바흐는 주산기 체험이 우리를 미완의 분리된 존재로서의 한계에서 해방시켜주고, 참된 본성을 실현시켜주고, 창조 원리와의 본질적인 합일을 일깨워준다는 사실이 이해의 열쇠라고 주장한다. 로마의 신 야누스처럼, 주산기 영역에는 이중적인 본성이 있다. 그것은 우리가 무엇으로서 보느냐에 따라, 즉 육신을 지닌 에고의 눈으로 보느냐 초개아적 자아의 눈으로 보느냐에 따라 매우 다른 얼굴을 보여줄 것이다.

개인적인 수준에서 주산기 영역은 개별적 무의식의 기반이고,

우리의 생존과 신체 보전을 가장 심각하게 위협한 체험의 조각들이 소화되지 못한 채 저장되는 곳인 듯 보인다. 그런 관점으로 볼 때 우리는 주산기 영역과 그에 수반된 폭력성을 개체적 존재에 대한 위협으로만 인식하게 된다. 하지만 초개아적 관점으로 보면, 몸-에고와의 동일시는 철저한 무지의 결과물이자 위험한 착각으로서 우리가 불만스럽고, 파괴적이고, 자기파괴적인 방식으로 살아가는 원인이다. 이런 존재의 근본 진리를 이해한다면, 그것의 철저하게 폭력적이고 고통스러운 본성에도 불구하고, 우리는 주산기 체험을 그릇된 정체성의 감옥을 부숨으로써 우리를 영적으로 자유롭게 해주는 하나의 은총으로 여기게 된다. 우리는 소멸되는 것이 아니라, 참된 본성과 다시 연결되는 더 높은 현실 속에서 태어나는 것이다.

개인의 변성과 인류 의식의 치유

유소년기와 그 이후의 삶에서 소화되지 못한 신체적, 감정적 고통의 기억들을 충분히 체험하게 해주는 구체적인 치료법들을 통해, 우리는 무의식을 정화할 수 있다. 우리는 그런 기억들을 긍정적인 체험과 연계함으로써, 일상을 불안정하고 불만족스럽게 했던 옛 정신적 충격들의 왜곡된 영향력에서 해방된다. 이와 마찬가지로, 크리스토퍼 바흐는 주산기 체험이 인류의 과거 충격들을 치유하는 데 중요한 역할을 하는 듯 보인다고 말한다.

바흐는 인류의 역사에 뿌리내린 폭력과 끝없는 탐욕의 기억이 현 인류를 타락시키는 집단 무의식적 혼란을 초래하는 것은 아닌지 의문을 품었다. 이처럼 우리의 의식이 몸-에고의 경계 너머까지 확대되는 것이 사실이라면, 치유의 효과도 개개인의 경계 너머까지 도달할 수 있지 않을까? 인류 역사상 수많은 세대의 사람들이 서로 주고받은 고통을 체험함으로써, 우리가 실제로 집단 무의식을 깨끗하게 하고 지구의 더 나은 미래에 기여할 수도 있지 않을까?

영적 문헌들은 개인적 고통이 세상을 정화했던 위대한 사례들을 전하고 있다. 인류의 죄를 대신해서 십자가에서 돌아가신 예수 그리스도가 그 대표적인 예다. 그리스도교 신학의 '지옥의 정복'이라는 이야기에는 이런 주제가 아주 잘 드러나 있는데, 그에 따르면 예수는 십자가 위의 죽음과 부활의 시간 사이에 지옥으로 내려가 자신의 고통과 희생의 힘으로써 죄인들의 속박을 풀어주셨다. 힌두 전통에서는 매우 단련된 요기들이 머무는 동굴을 떠나지 않은 채로도, 깊은 명상 속에서 인류의 집단적인 문제와 마주함으로써 이 세상의 현실에 상당히 긍정적인 영향을 미칠 수 있다고 말한다.

마하야나(대승) 불교에는, 깨달음을 얻었음에도 열반에 들기를 마다하고 모든 의식 있는 존재가 자유로워질 때까지 윤회를 계속하는 신성한 희생의 길을 택한 '보살'이라는 아름다운 원형적 상징이 존재한다. 아래의 굳건한 발원문에는, 다른 이들을 돕기 위해 몸을 가진 존재로서의 고통을 받아들이겠다는 보살의 마음이 표현되어 있다.

중생은 무수하니 가없는 중생을 다 건지오리다.
번뇌는 다함 없으니 끝없는 번뇌를 다 끊으오리다.
법문은 많고 많으니 한없는 법문을 다 배우오리다.

불도는 한없이 높으니 위 없는 불도를 다 이루오리다.
죽기 전의 죽음

일체지향적 상태를 체험한 사람들은 주산기 영역이 초월 세계와 물질 세계를 잇는 관문이자, 양편으로 오가는 통로라고 말하기도 한다. 우리는 생물학적으로 태어남으로써, 즉 물질계에 나타남으로써 초월적 차원에서는 사라지는데, 이를 반대로 말한다면 우리의 육체적 사망은 영혼계에서의 탄생으로 이해될 수 있다.

하지만 영적 탄생이 반드시 육체의 죽음과 결부되는 것은 아니다. 우리는 깊은 내적 탐구 중에, 심지어는 자연발생적인 심령적 위기(영적 비상사태) 중에도 어느 때나 영적 탄생을 체험할 수 있다. 이때의 영적 탄생은 완전히 상징적인 사건, 즉 '에고의 죽음' 또는 '죽기 전의 죽음'으로서 어떤 생물학적 손상도 필요로 하지 않는다. 17세기 독일의 성 어거스틴 수도회의 성녀 클라라Clara는 이것을 한 문장으로 요약했다. "죽기 전에 이미 죽은 자는, 죽는다고 해도 죽는 게 아니다."

이런 '죽기 전의 죽음'은 모든 샤먼 전통에서 중요한 역할을 해왔다. 입문할 때 죽음과 재탄생의 위기를 견딤으로써, 샤먼들은 죽음의 공포를 버리고 죽음의 세계와 경험적으로 친숙해지고 편안해진다. 결과적으로 그들은 이 영역을 마음대로 방문하고 다른 사람들을 위해 유사한 체험을 중재해주는 능력을 얻는다. 고대 지중해를 비롯한 세계 곳곳에 퍼져 있던 죽음과 재탄생의 비밀 의식들의 입문자들도 죽음을 상징적으로 대면하는 체험을 해야 했다. 이런 과정을 통해서 그들은 죽음의 공포를 버리고 완전히 새로운 가치 체계와 삶의 전략을 발전시킨다.

심령적 죽음과 재탄생의 체험("두 번째 탄생", "물과 영혼에서의 탄생", "재생족[5]")은 많은 종교 전통에서도 중요한 역할을 해왔다. 산업화 이전의 문명들에서는 이런 체험에 개인적, 집단적으로 큰 의미를 부여했고, 다양한 의식儀式을 통해 이런 체험을 일으키는 안전하고 효과적인 방법을 발전시켰다. 현대의 정신과의사들은 사람들에게 이런 체험이 자연발생적으로 일어나면 이를 병리적 현상으로 보고 무분별하게 억압한다. 이 유감스러운 대처법은 서양 문명에서 영성이 결핍되는 중대한 원인으로 작용했다.

성욕은 영적 여행에서 자유의 길인가, 아니면 함정인가?

탄생과 죽음처럼, 성性도 모호한 본성을 드러낸다. 성은 조건에 따라 깊은 합일 상태를 유도할 수도 있고, 분리와 소외감을 심화시킬 수도 있다. 특정한 상황에서 성이 이 둘 중에 어느 방향으로 작용할지는 그 환경과 당사자의 태도에 따라 결정된다. 만약 성관계를 맺는 사람들이 상대방에게서 사랑을 느끼지 못하고, 서로를 존중하지 않고, 그저 본능적 충동이나 지배와 권력의 욕구에 따라 움직일 뿐이라면, 성교는 그들의 분리감과 소외감을 몹시 심화시킬 것이다. 하지만 성숙한 두 개인 사이에서 원활한 생물학적 조

---

5) dvija. '두 번 태어난 사람'이라는 뜻으로, 인도에서 브라만, 크샤트리아, 바이샤에 속하는 사람들은 어머니 자궁에서 한 번 태어나고 이후에 성인식을 통해 종교적으로 다시 태어난다고 믿는다. 이 '영적인 탄생' 이후에는 베다를 본격적으로 공부할 수 있게 된다.

화와 깊은 감정적 공명와 상호 이해 속에 성적 결합이 이뤄진다면, 성교는 깊은 영적 체험으로 끝날 것이다. 그때 그들은 개인적 경계를 초월하여 상대방과 하나됨을 체험하고, 동시에 우주적 원천과 재합일하는 느낌을 받을 수 있다.

고대 인도의 탄트라 수행에서는 성의 영적 잠재력을 수행의 토대로 삼았다. 판차마카라Panchamakara는 최음과 환각 성분이 든 강력한 아유르베다 약재를 복용하는 복잡한 탄트라 의식儀式이다. 매우 세세하게 정해진 의식儀式 절차는 각 쌍이 남성과 여성의 원형적 원리와 합일하도록 돕는다. 그것은 의식화된 성적 교합으로 극치를 이루는데, 그 결합은 오랜 시간 동안 지속된다. 탄트라에서는 이것을 성적 명상(maithuna)이라고 부른다.

참가자는 특수한 훈련을 거침으로써 생물학적 오르가슴을 억누르고 신비 체험을 유발하는 쪽으로 성적 흥분을 확장할 수 있다. 이 의식儀式을 치르는 동안 각 쌍들은 일상의 정체성을 초월한다. 원형적 존재인 시바와 샥티에 완전히 합일하면서, 그들은 상대방과의, 또한 우주적 근원과의 신성한 결혼, 신성한 결합을 체험한다. 탄트라의 상징에 따르면 성욕과 생식 기능의 여러 측면들, 예컨대 성교, 월경, 임신, 분만 등은 생물학적 역할을 담당할 뿐만 아니라 우주의 창조 과정에 해당하는 여러 높은 차원들을 나타내고 있다.

탄생-성-죽음의 연구에서 얻는 통찰의 실제적 의미

이 장에서 소개된 관찰 결과들에는 중요한 실제적 의미가 있다. 우리는 탄생-성-죽음이라는 세 요소에 대한 태도와 습관을 변화시킴으로써, 개인적 인생뿐만 아니라 인류와 지구의 미래에도 깊은 영향을 줄 수 있다. 살펴본 대로 주산기와 탄생, 출산 직후의 사건들은 무의식에 깊게 각인되어 우리의 인생에 큰 영향력을 행사한다. 그러므로 앞으로 우리는 아이가 수정되고 태아로 성장했다가 세상에 나와서 산후관리를 받는 환경을 향상시키는 쪽으로 조치를 취해야만 한다.

우선은 불합리한 도덕적, 종교적 왜곡과 비현실적 명령, 금지, 기대를 포기하고 정말로 필요한 정보를 담은 성교육을 젊은 세대에게 실시하는 일부터 시작해볼 수 있다. 하지만 생식 기능에 대한 중립적인 전문 자료를 제공하는 것만으로는 충분하지 않다. 그저 생물학적인 사건으로 여겨지거나 가장 볼품없는 모습으로 그려지는 성행위의 품격을 영적 차원으로 높여주어야 한다. 태아가 의식을 지닌 존재라는 사실을 알리는 것도 중요한 과제다. 그러면 사람들은 임신에 좀더 책임감을 느끼고 임산부의 신체적, 감정적 조건에도 주의를 기울일 것이다. 언젠가는 부모가 될 청소년들에게 심령적 성숙을 돕는 교육을 실행하는 것도 장차 큰 효과를 거둘 수 있는 좋은 방법이다.

출산은 일반적으로 산모 본인에게 주산기 무의식을 활성화시킴으로써, 감정적·생리적으로 태아의 탄생을 방해한다. 따라서 여성들이 임신하기 전에 몸소 깊은 주산기 체험을 해봄으로써 잠재적 혼란 요소를 무의식에서 제거해버릴 수 있다면 가장 이상적인 조건이 갖춰질 것이다. 그런 후에는 출산 그 자체에만 특별한 주의를 기울여야 한다. 여기에는 충분한 심리학적, 전문적 출산 준비와 자연스러운 분만 환경, 산모와 갓난아기가 신체적으로 충분히 접촉하는 애정 어린 산후 관리 등이 포함될 수 있다. 태어날 때의 환경은 미래의 폭력성과 자기파괴적 성격을 형성하기도 하지만, 반대로 사랑스러운 행동과 건강한 대인관계를 형성하는 데도 결정적 역할을 한다는 확실한 증거들이 있다.

프랑스의 산부인과 의사 미셸 오당Michel Odent은 우리의 감정적 삶이 사랑 또는 증오를 향하도록 잠재적으로 좌우하는 주산기의 영향력을 인류 역사의 관점에서 어떻게 이해할 수 있는지를 설명했다. 그 설명에 따르면 탄생 과정에는 두 가지 측면이 있는데, 그 둘은 각각 특정한 호르몬을 분비시킨다. 분만 중에 산모의 긴장된 활동은 주로 아드레날린 계통과 관계한다. 출산이 개방된 자연환경 속에서 주로 일어났던 과거에는 아드레날린이 조상의 공격적-방어적 본능을 전달해주는 매개체로서 인류의 진화에 중요한 역할을 해왔다. 그 덕분에 여성들은 출산 후에 포식 동물들이 공격해오는 피치 못할 상황을 맞아도 재빨리 싸우거나 도망칠 수 있었다.

진화의 관점에서 무척 중요한 탄생의 다른 측면으로는 산모와 신생아 간의 유대감 형성을 들 수 있다. 동물과 인간에게는 모성적 행동을 일으키는 옥시토신 호르몬과 의존성과 애착을 형성해주는 엔도르핀들이 분비된다. 수유를 돕는 프로락틴 호르몬에도 비슷한 효과가 있다. 그런데 바쁘고 소란스럽고 혼란스러운 일반 병원의 환경은 불안감을 높임으로써 현대에는 불필요한 아드레날린이 분비되게 한다. 위험으로 가득한 세상의 모습을 태아에게 전달하고 각인시키는 것이다. 원시 시대의 밀림과도 같은 병원 환경은 공격적 반응을 불러낸다. 반면 조용하고 안정되고 여유로운 환경은 안전한 분위기를 조성해서 친밀한 형태의 관계를 맺게 해준다. 이처럼 출산 방법을 근본적으로 개선한다면, 우리는 현재 지구의 생명 기반을 파괴하고 위협하고 있는 인류의 광기를 잠재우고 인류의 감정적, 신체적 안녕에 광범위한 긍정적 영향을 미칠 수 있을 것이다.

태아기와 주산기를 체험하는 일은 우리의 영적 삶에서도 중요한 의미가 있다. 앞서 살펴본 대로, 육화㸑化와 탄생은 우리의 참된 본성, 즉 절대의식과의 분리와 소외를 뜻한다. 따라서 태내와 산후의 긍정적인 체험은 태아기 또는 유아기 동안 우리가 신성과 가장 가깝게 접촉할 수 있는 기회다. 이때 '만족스러운 자궁'과 '만족스러운 가슴'은 우리를 초월적 차원으로 연결해주는 실제적인 다리가 된다. 반대로 태아기, 출산 중, 출산 직후에 맞닥뜨린 부정적이고 고통스러운 체험은 우리를 신성한 근원에서 멀리 떨어진 곳으로 데려다놓는다.

태아기와 출산 직후의 체험이 매우 긍정적일 때, 우리는 일생 동안 우주적 근원과 자연스러운 연결을 유지하게 된다. 우리는 자연과 우주 속의 신성한 차원을 감지하면서 지상의 삶을 한껏 즐길 수 있다. 하지만 초기의 발달이 충격의 연속이었다면, 영적 근원과의 단절이 너무나 확고해서 물질계에서 우리의 존재는 고뇌로 가득한 시련으로 전락할 수도 있다.

때로는 극도로 강한 정신적 충격이 우리의 의식을 몸에서 분리하여 초개아적 영역으로 날려보내기도 한다. 이런 분리는 이후에 어려운 처지에 놓이게 되었을 때마다 보호기제로 작용하면서 탈출구 역할을 한다. 이런 방식의 영적 연결은 우리를 지나친 고통에서 보호해주지만, 결국은 나머지 인격 부분과의 통합을 저해하기 때문에 삶의 질을 떨어뜨리는 원인이 된다.

죽음에 대한 우리의 태도에도 커다란 변화가 요구된다. 우리는 죽음이 무의식 속에서 강력하고 중요한 작용을 한다는 사실을 알았다. 죽음은 사실상 초개아적 수준에서 가장 깊은 본질을 드러내는 영역인데, 그곳에는 분노한 원형적 존재들과 전생에 생명의 위협을 받았던 카르마의 기록이 있다. 태내, 출산 중, 출산 이후에 생명을 위협받았던 기억들도 죽음에 대한 공포를 일으키는 또 다른 중요한 원천이 된다. 그리고 사는 동안 체험한 충격적인 기억들이 거기에 덧붙으면서, 우리가 느끼는 죽음의 공포는 점점 더 깊어진다. 이처럼 무의식이 품고 있는 죽음이라는 무서운 망령은 우리의 일상을 방해하고 온갖 방법으로 삶을 불확실하게 만든다. 기술 과학 사회는 이런 상황을 철저히 부정하거나 회피하면서, 파괴적이고 자학적인 결과를 개인과 집단에게 전가시킨다.

인류의 미래를 위해서는 이런 부정을 극복하고 우리의 덧없는 운명을 받아들이는 작업이 반드시 필요하다. 죽음의 공포를 마주하고, 완전히 의식하고, 극복하도록 도와줄 수 있는 고대와 현대의 심오한 자기 탐구 방법들이 존재하고 있다. 우리는 '죽기 전의 죽음'이 존재의 초월적 차원으로 가는 통로를 열어주고 마침내는 참된 정체성을 발견하게 하는 여행으로 이끌어준다는 사실을 알고 있다. 이런 과정 속에서 우리는 감정적, 심령적 치유를 체험하고, 우리의 삶은 더욱 만족스럽고 확실해진다. 충분한 심령적 변성은 우리의 의식을 완전히 다른 수준으로 상승시키고 우리의 삶을 덜 고생스럽게, 그리고 더욱 보람되게 만든다.

우리는 이런 과정의 실체와 본질을 파악하고, 임사 상태나 자연발생적인 심령적 위기(영적 비상사태) 속에서 예상 밖의 죽음을 체험하고 있는 사람들을 안내하고 지원해주어야 한다. 또한 이런 과정을 신중하게 겪어 나가게 해주는 고대와 현대의 여러 심오한 자기 탐구 방법들이 광범위하게 사용될 수 있는 환경을 조성해야 한다. 고대와 산업화 이전의 사회에는 이런 목적을 위해 특별히 고안된 통과의례라는 형식의 절차들과 죽음과 재탄생의 비밀 의식들이 존재했다. 최근 몇십 년간 의식 연구와 초개아 심리학, 사망학에 의해 재발견된 고대의 지식에 힘입어, 지금 우리는 죽음뿐만 아니라 삶의 감정적 수준까지 크게 향상시킬 잠재력을 갖게 되었다.

사는 동안 탄생과 죽음을 마주하는 체험을 하고 초개아적 차원에 연결되었던 사람들은 자신들의 신체적 사망이 '존재의 끝'을 뜻하지 않는다는 분명한 믿음의 근거를 갖게 된다. 그들은 각자 매우 믿을 만한 방식으로, 자신의 의식이 몸의 경계를 초월해서 몸과 독립적으로 기능할 수 있음을 체험했다. 결과적으로 그들은 죽음이 궁극적 패배이자 소멸이 아니라 의식의 장엄한 여행이며 다른 존재 상태로의 변화라고 믿는다. 이런 태도는 그 자체로서 죽음을 바라보는 관점과 체험을 크게 바꾸어놓을 수 있다. 덧붙이자면, 심오한 자기 탐구를 행한 사람들은 삶의 마지막 시기에 처리해야만 할 무의식의 까다로운 측면들을 미리 여유 있게 처리할 기회까지 얻는다.

일체지향적 상태의 연구에서 얻어진 통찰들은 우리 자신의, 또는 다른 사람들의 임종 단계에 대응하는 구체적인 방법에 있어서도 큰 의미를 지닌다. 자신이 본래 물질이 아니라 의식이라고 믿는다면, 우리는 수단과 방법을 가리지 않고 기술적으로 생명을 연장하기보다는 죽음이라는 체험의 본질과 수준에 관심을 두게 될 것이다. 죽어가는 다른 사람을 돌볼 때도 의사소통에 중점을 두고 심령적으로 의미 있는 지원을 해줄 수 있을 것이다. 순수한 인간적 보살핌이 현대 의학기술의 마법을 보완하거나 상황에 따라서는 아예 대체할 것이다. 만약 〈바르도 퇴돌〉(티베트 사자의 서)이 전하는 정보가 사실이라면, 우리가 죽음을 바라보고 경험하는 방식은 대단히 중요하다. 우리가 올바르게 준비했다면, 죽음은 즉각적으로 영적 자유를 성취할 더없는 기회다. 만약 그것에 성공하지 못하더라도, 티베트의 가르침에 따르면 죽음에 얼마나 잘 대비했는지 또는 대비하지 못했는지가 다음 생의 특성을 결정짓는다.

정신세계사 도서 안내

명상, 수행, 영성, 치유, 깨달음의 길에는 늘 정신세계사가 함께합니다.   mindbook.co.kr

정신세계사 BEST 20

1.
리얼리티 트랜서핑
바딤 젤란드 지음 | 박인수 옮김
출간 직후 3년간 러시아에서만
250만 부 이상 판매된 러시아판 시크릿

2.
리얼리티 트랜서핑2
바딤 젤란드 지음 | 박인수 옮김
왜 원하는 미래가 점점 더 멀어지기만
하는지에 대한 가장 확실한 대답

3.
리얼리티 트랜서핑3
바딤 젤란드 지음 | 박인수 옮김
'꿈-영혼'의 방식! '만으로는 풀 수 없는
성공의 수수께끼를 낱낱이 파헤친다

4.
티벳 死者의 서
파드마삼바바 지음 | 류시화 옮김
죽음의 순간에 듣는 것만으로 영원한
해탈에 이른다는 티벳 최고의 경전

5.
웃짓
김상운 지음
베테랑 MBC 기자가 취재, 체험한
신기한 우주원리 관찰자 효과와 비밀

6.
하루의 사랑작업
김상아 지음
조건 없는 사랑이 분노를 회복하는
'장기사랑'의 길

7.
될 일은 된다
마이클 싱어 지음 | 김정은 옮김
아마존 베스트셀러, 내맡기기 실험이
불러온 엄청난 성공과 깨달음

8.
웃짓2
김상운 지음
시야를 넓힐수록 마법처럼
이루어지는 '웃짓' 확장판

08

카르마와 윤회의 비밀

나는 이미 한때
소년이었고, 소녀였고, 나무였고, 새였고,
바닷물결 속의 말 없는 물고기였다.

— 엠페도클레스Empedocles

아시아 사람들이 내게
'유럽'이 어떤 곳인지를 정의해보라고 하면,
나는 이렇게 답할 수밖에 없다.
"유럽은 세계의 일부분으로,
인간이 무無로부터 창조되었고
지금의 삶이 생명으로서의 첫 번째 등장이라는
어처구니없는 망상이 지배하는 곳입니다."

— 아르투르 쇼펜하우어Arthur Schopenhauer

윤회에 대한 비교문화적 관점

서양의 물질과학에 따르면, 우리의 수명은 생물학적 수태와 죽음 사이의 기간으로 한정된다. 이 가설은 우리의 본질이 몸(body)이라고 확신하는 데서 나오는 논리적 결론이다. 그렇다면 우리의 몸이 생물학적으로 사망하고 분해된 이후에는 우리의 존재도 완전히 끝나는 듯 보인다. 이런 관점은 죽음이 모든 존재의 최후가 아니라 중요한 변화라고 여겼던 고대와 산업화 이전 문명들의 모든 훌륭한 종교와 영적 체계의 믿음과 충돌한다. 서양의 과학자들 대부분은 우리가 죽은 후에도 계속 존재한다는 믿음을 내치고 심지어는 조롱한다. 그들은 이런 관념이 죽음과 운명이라는 불편한 현실을 받아들이지 못하는 사람들의 유치한 희망적 사고와 부족한 교육, 미신 따위에서 비롯되었다고 여긴다.

산업화 이전의 사회에서 사후의 삶이라는 관념은 그저 내세가 있을지도 모른다는 막연한 생각이 아니었다. 수많은 문명의 신화들 속에는 우리가 죽은 후에 겪는 일들이 매우 상세하게 묘사되어 있다. 신화들은 영혼이 사후 세계를 여행할 때 사용할 정교한 지도를 제공해주고, 몸을 떠난 존재들이 머무는 여러 체류지들 ― 천국, 낙원, 지옥 ― 을 묘사한다. 특히 흥미로운 것은 윤회 사상으로서, 개개인의 의식이 지상으로 계속 돌아와서 육신을 지닌 삶의 쳇바퀴를 전부 경험한다는 것이다. 일부 영적 체계에서는 전생의 공과功過가 다음 생의 수준을 결정한다는 카르마의 법칙과 윤회 신앙을 결합시킨다. 이처럼 다양한 형태의 윤회 신앙은 지리적, 역사적으로 넓게 분포되어 있다. 이런 믿음들은 수천 마일의 거리와 수십 세기의 세월로 인해 단절된 문명들 속에서 독립적으로 발전해왔다.

윤회와 카르마라는 개념은 힌두교, 불교, 자이나교, 시크교, 조로아스터교, 티베트 밀교, 일본의 신도神道, 중국의 도교道教 등 수많은 아시아 종교들의 주춧돌이다. 역사적, 지리적, 문화적으로 서로 다른 집단들, 예컨대 아프리카 부족들, 아메리카 원주민들, 신대륙 발견 이전의 문명들, 폴리네시아의 카후나kahuna(주술사)들, 브라질의 토속종교 움반다umbanda 신도들, 갈리아족, 드루이드(켈트족의 사제) 등에서도 유사한 개념을 발견할 수 있다. 고대 그리스에서는 피타고라스, 오르페우스, 플라톤 등의 중요한 학파들이 이런 믿음에 동의했다. 에세네파, 바리새파, 카라파, 그 외 여러 유대-반#유대 집단들도 윤회라는 개념을 받아들였다. 또한 윤회는 중세 유대문화의 카발라 신학에서도 중요한 자리를 차지했다. 신플라톤주의자와 영지주의자, 현대에 이르러서는 신지학회神智學會[1] 회원들, 인지학회人智學會[2] 회원들, 그리고 일부 영성가들도 전부 이 목록 안에 포함시켜야 할 것이다.

현대 그리스도교에는 윤회 신앙이 없지만, 초기의 교인들은 비슷한 믿음을 가지고 있었다. 성 제롬St. Jerome(340~420)에 따르면, 윤회는 그리스도교에서도 선택된 엘리트들만 접할 수 있었던 비전秘傳의 가르침이었다. 1945년에 나그함마디에서 발견된 두루마리를

---

1) Theosophy. 1875년 블라바츠키 여사가 미국에서 창설한 국제적인 종교난체로, 신을 통해 인간을 해탈시키는 길을 추구한다. 전 세계 종교의 신비 전통을 포괄적으로 받아들였고, 인류의 영적 진화를 돕는 위대한 스승들의 존재를 강조한다.

2) Anthroposophy. 독일의 신지학회 회장을 맡았던 루돌프 슈타이너가 1913년 창설한 단체. 동양 사상의 영향을 크게 받은 신지학회에 비해 서양의 기독교적 요소를 강조했고, 광범위한 활동으로 현대의 문화, 예술, 교육, 심리치료에도 큰 영향을 미쳤다.

통해 잘 알려진 영지주의 그리스도교에서는 윤회 신앙이 절대적인 요소였다. 〈신앙의 지혜〉(Faith Wisdom/Pistis Sophia)로 불리는 영지주의 문헌에서, 예수는 제자들에게 한 생에서의 실패가 어떻게 다음 생으로 이어지는지를 설명한다. 요컨대 다른 사람들에게 욕지거리 했던 사람은 새로운 삶에서 "마음에 근심이 끊이지 않게" 되고, 거만하고 방자했던 사람은 불구로 태어나 다른 사람들의 경멸을 받게 되리라는 것이다.

영혼의 선재先在(pre-existence of souls)와 세상의 순환에 대한 탐구로 가장 유명한 그리스도교 사상가는 가장 위대한 교부敎父들 중 하나로 손꼽히는 오리게네스(186~253)이다. 그는 〈원리론〉(De Principiis/On First Principles)을 저술하면서, 성서의 일부 구절들은 윤회 사상에 비추어 보아야만 설명될 수 있다는 견해를 밝혔다. 그의 가르침은 553년 유스티니아누스 황제가 개최한 제2차 콘스탄티노플 공의회에서 폐기되고 이단 교리로 선언되었다. 그 판결문은 다음과 같다. "터무니없이 영혼의 선재先在를 주장하고 그러한 끔찍한 교리에 따르는 자가 있다면, 그를 파문시킬지어다!" 하지만 일부 학자들은 성 아우구스티누스, 성 그레고리, 아시시의 성 프란체스코의 저술에서도 같은 가르침의 흔적을 발견할 수 있다고 믿는다.

이처럼 인류 역사의 수많은 문명이 윤회라는 특별한 믿음을 간직하고 이를 설명하는 복잡하고 난해한 이론 체계를 세운 이유는 무엇일까? 그 문명들은 서양의 산업문명과 반대되고 서양의 물질과학에 의해 완전히 무시당하는 이 문제에 대해 왜 한결같이 동의했을까? 흔한 설명은, 이런 차이야말로 우주와 인간의 본성에 대한 과학적 이해의 우월함을 드러내는 증거라는 것이다. 하지만 자세히 살펴보면, 진짜 원인은 자신의 신념체계만을 고집하면서 그에 어긋나는 관찰 결과들은 무시하거나 검열하거나 왜곡하는 서양 과학자들의 성향에 있다. 일체지향적 상태에서 비롯된 관찰과 체험들에 저항하면서 도무지 관심을 기울이지 않는 서양의 심리학자와 정신과의사들의 태도가 그 대표적인 모습이다.

윤회의 경험적 증거

윤회와 카르마라는 개념은 일반적 의미에서의 신앙, 즉 사실의 뒷받침이 없는 임의적, 공상적, 감정적 견해로서의 '신앙'이 아니다. 윤회론이 교리의 중심을 이루는 힌두교, 불교, 도교, 기타 종교들의 경우에 윤회는 믿고 안 믿고의 문제가 아니다. 윤회는 매우 특별한 체험과 관찰에 의해 뒷받침될 수 있는 분명한 경험적 사실이다. 따라서 편견이 없고 사려 깊은 서양의 의식 연구자들도 윤회를 사실로 여긴다. 그들에게 주어지는 비판과는 달리, 그들은 물질과학적 세계관과 철학적 논거에 무지하거나 고지식한 사람들이 아니다.

이런 연구자들은 대부분 훌륭한 교육을 받고 엄격한 자격을 갖춘 사람들이다. 그들은 윤회와 관련된 중요한 사실들을 관찰하면서 학계에서 내세우는 미흡한 설명과 입장을 달리하게 된 것이다. 간단히 무시해버릴 수 없는 특별한 체험을 몸소 겪은 연구자들도 상당수 존재한다. 윤회와 관련된 문헌들을 철저히 조사했고 내적 탐구 중에 직접 자신의 전생을 보았던 크리스토퍼 바흐는, 윤회의 증거는 너무나 많고 확실하기 때문에 이것을 진지한 연구주제로 여기지 않는 과학자들은 "고집불통"이거나 "멍청이"일 뿐이라고 말한 바 있다.

윤회에 대한 판단을 내리기에 앞서, 우리는 윤회의 뚜렷한 증거로 보이는 사건들을 간략하게 살펴볼 것이다. 20세기 유대학자인 숄렘 아쉬Sholem Ash는 신화적 표현을 빌려서, 아마 독자들에게도 낯설지 않을 이런 이야기들의 특징을 잘 설명한 바 있다. "기억하는 힘이 아니라, 그와 정반대인 망각하는 힘이 바로 우리를 존재하게 하는 필수조건이다. 영혼이 윤회한다는 가르침이 진리라면, 영혼들은 몸을 바꾸는 동안 망각의 바다를 건너야만 한다. 유대의 관점에 따르면, 이때 우리는 망각의 천사가 통치하는 영역으로 들어간다. 하지만 때로는 망각의 천사가 우리의 기억 속에서 전생의 기록을 지우는 일을 깜빡한 탓에, 다른 생의 단편들이 우리의 감각을 교란하는 경우가 생긴다. 그것들은 짙은 구름처럼 마음의 계곡과 언덕 위를 떠다니다가, 우리의 현재 사건들 속으로 끼어든다."

숄렘 아쉬의 설명처럼, 현대의 의식 연구자들은 망각의 장막이 부분적으로 걷어 올려진 상황에 해당하는 상당한 양의 관찰 결과를 축적해왔다. 그들은 삶에서 자연발생적으로 솟아나거나 다양한 치료 세션을 통해 유발된 일체지향적 상태에서 회상된 전생체험을 연구하고 있다. 최면과 같은 접근법을 통해 사람들을 특별한 정신 영역으로 유도해서 윤회에 관한 부수적인 정보들을 수집하는 연구자들도 있다. 그들은 이렇게 수집한 전생체험의 진실성을 역사적 증거로써 증명하는 작업에도 관심을 기울인다. 마지막으로, 또 다른 각도에서 윤회를 통찰하는 티베트의 영적 전통들 속에도 윤회를 뒷받침하는 매우 흥미로운 자료들이 축적되어 있다.

전생을 기억하는 아이들

윤회에 관련된 가장 흥미로운 현상은 아이들의 자연스러운 전생체험이다. 다른 시간과 공간 속에서 다른 몸을 지닌 채 다른 사람들과 함께 생활했었던 전생을 기억해낸 아이들의 사례는 전 세계적으로 수없이 보고되어 있다. 이런 기억들은 아이와 부모의 인생에 문제를 일으키기도 한다. 아이들이 특별한 사람과 장소, 상황에 대한 기이한 반응, 별난 기질, 공포증과 같은 다양한 '전이된 병리(carry-over pathology)'를 겪게 되기 때문이다. 이런 아이들의 치료 사례를 소개한 아동 정신의학자들의 논문을 살펴보면, 일반적으로 전생의 기억들은 세 살을 전후한 나이에 나타났다가 다섯 살에서 여덟 살 사이에 차츰 사라진다.

샬러츠빌Charlottesville 시市에 있는 버지니아 대학교의 심리학과 교수 이언 스티븐슨Ian Stevenson은 전생의 기억과 관련된 3천 개 이상의 사례들을 면밀히 연구하여 자신의 저서에 실었다. 여기에는 선천적인 윤회 신앙을 가진 '미개한', '유별난' 문화들뿐만 아니라 영국이나 미국과 같은 서양 나라들의 사례도 다수 포함되었다. 신중하고 꼼꼼한 연구자인 스티븐슨은 그중에서도 자신이 정한 엄격한 기준을 충족하는 수백 개의 사례만을 보고했다. 즉, 분명한 과학적 증거가 있는 사례들만을 추려낸 것이다. 그는 가족들이 아이의 행동을 이용해서 금전적 이득, 사회적 명성과 관심을 얻은 사례들을 대거 탈락시켰다. 또한 진술이 엇갈리거나, 허위 기억(잠복 기억)[3]이거나, 의심스러운 목격자들의 증언에 의존하는 사례들도 포함시키지 않았다.

스티븐슨의 연구는 놀라운 사실을 드러내주었다. 아이들이 다른 경로를 통해 정보를 얻었을 가능성이 있는 모든 사례를 제거했음에도, 그는 아이들의 이야기를 때로는 아주 세세한 부분까지 검증할 수 있었다. 실제로 그는 몇몇 아이들을 전생으로부터 기억해낸 도시나 마을로 직접 데리고 가기도 했다. 그 아이들은 한 번도 와본 적 없는 마을의 지리를 꿰고 있었고, 자신이 살았던 집을 손쉽게 찾아냈다. 심지어는 자신의 옛 가족과 이웃을 알아보고, 그들의 이름을 알아맞히기도 했다. 또한 전생 최면에서 보고되는 가장 흔한 증거는 전생에 겪은 사고나 사건의 흔적이 현생의 몸에 점으로 나타나는 경우인데, 이 역시 별도의 조사를 거쳐 충분히 확증될 수 있다.

성인의 전생 기억

성인이 전생의 기억을 자연발생적으로 생생하게 다시 체험하는 일은 심령적 위기(영적 비상사태)를 겪을 때 가장 흔하게 일어난다. 하지만 일상적 의식 상태에서도 다양한 전생 기억들이 얼마

---

3) cryptomnesia. 과거의 기억이 잊혀지고 그것이 새로운 사실로 의식에 떠오르는 현상.

간 떠오를 수 있다. 주류의 심리학자들은 전생체험의 사례를 자주 겪으면서도, 습관적으로 이것을 심각한 정신병적 증후로 진단하고 약물치료로 억제하려 한다. 유물론에서 비롯된 현대 심리학의 성격 이론에 따라, 그들은 윤회의 증거를 단순한 '우연(one-timer)'[4]으로 치부한다.

깊은 정신 수준으로 이끄는 다양한 기법들, 예컨대 명상, 최면, 환각물질, 감각차단 탱크[5] 등은 전생체험을 일으킬 수 있다. 리버싱, 홀로트로픽 요법, 프라이멀 요법 등의 체험적 심리치료들도 마찬가지다. 전통적 이론을 고집하고 윤회의 가능성을 완전히 부정하는 요법가들이 세션을 진행하더라도 전생체험의 예기치 못한 등장을 막을 수는 없다. 또한 카르마에 따른 인연은 당사자가 가진 철학적, 종교적 신념과는 아무 상관 없이 일어난다.

전생체험에 깊이 몰입할수록, 우리는 다른 시대와 장소에서 벌어졌던 상황에 깊게 빠져들게 된다. 현재의 정체성을 유지한 채로 또 다른 시공간과 인간관계를 체험하는 것이다. 이런 체험들 속에는 우리가 현생에서 가까운 관계를 맺고 있는 사람들이 등장하기도 한다. 전생의 체험들은 대부분 몹시 부정적인 감정을 불러 일으킨다. 신체적 고통, 공포, 불안, 깊은 슬픔, 죄책감에 사로잡히거나 증오의 발산, 지독한 분노, 광기 어린 질투를 느낄 수도 있다. 예외적으로는 깊은 만족감과 행복이 느껴지는 장면들도 떠오르는데, 이때는 열정적 연

---

4) one-timer란 아이스하키에서 퍽이 공격자의 의도와 상관없이 우연히 스틱에 부딪혀 그대로 슛으로 연결되는 경우를 뜻한다.

5) sensory isolation tank. 감각차단 탱크는 빛과 소리가 차단되고 체온과 같은 온도의 소금물로 채워진 통으로, 참가자는 이 안에 들어가 둥둥 떠 있게 된다. 감각차단 효과를 연구하던 존 C. 릴리가 1954년 고안한 장치로서, 지금은 명상과 이완, 대체요법으로서 활용되기도 한다.

애와 헌신적인 우정, 영적 동료애 등을 체험하게 된다.

전생체험에서 가장 두드러진 특징은 그 장면의 당사자가 바로 나라는 생생한 느낌이다. 우리는 이전의 다른 삶 속에서 그 인물로 살면서 분명히 그 일을 겪었다는 확신을 갖는다. 전생에서 보았던 일(deja vu)을, 또는 겪었던 일(deja vecu)을 재체험하고 있다는 느낌은 의심의 여지가 끼어들 수 없을 만큼 너무나 확실하다. 꿈, 공상, 상상 속의 사건과 실제로 겪었던 일을 어려움 없이 구분하듯이, 우리는 전생체험을 진짜 기억이라고 믿는다. 지난주에 대한 어떤 기억이 사실은 너의 상상일 뿐이라고 아무리 말해봤자, 아무도 우리에게 설득당하지 않을 것이다. 전생의 기억에는 그 정도의 주관적 확실성과 현실성이 있다.

전생 현상의 특징

전생체험에는 인간의 정신과 의식을 연구하는 학자들이 진지하게 주목할 만한 몇 가지 특징이 있다. 우선, 전생체험은 병리학적 망상의 산물이 아니라 실체가 있는 현상이다. 그리고 전생체험은 성인기에서 유아기, 영아기, 탄생, 태아기로 역행하는 기억들과 동일선상에서 일어나며, 다른 기억들과 마찬가지로 증거에 의해 뒷받침될 수 있다. 때에 따라서는 현생의 장면들과 동시에 전개되거나 번갈아 체험되기도 한다.

전생체험은 현생의 주요 환경이나 문제에도 깊은 영향을 미친다. 저절로 일어났든 진지하고 구체적인 정신요법으로 유발되었든 간에, 의식적으로 자신의 카르마를 온전히 인식하고 나면 지금까지 이해하지 못했던 곤혹스러운 일상의 측면들을 환하게 밝혀주는 통찰을 얻을 수 있다. 여기에는 전통적 방식의 정신요법들이 해결하지 못했던 감정적, 정신신체적 증상과 대인관계의 온갖 문제들이 포함된다.

전생체험의 효과는 삶의 문제들에 대한 새로운 관점을 제공해주는 데서 그치지 않는다. 전생체험은 다양한 공포증, 정신신체적 고통, 천식 등 매우 까다로운 증상들을 완전히 없애거나 경감시켜주기도 한다. 또한 다른 사람들과의 거북한 관계가 해소되는 계기로도 작용한다. 이처럼 전생체험은 정신병리학의 발전과 성공적인 치료에도 결정적인 역할을 할 수 있다. 본인이 윤회 개념을 부정한다는 이유로 전생체험을 다루지 않는 의사들은 환자에게서 매우 효과적인 치료법을 빼앗고 있는 셈이다.

전생을 체험한 사람들은 과거의 문화, 사회 구조, 신앙, 관습, 건축, 옷차림, 무기, 기타 생활상에 대해 정확한 식견을 얻곤 한다. 그들은 도저히 다른 경로를 통해서는 입수할 수 없는 수준의 정보를 제시한다. 심지어는 특정한 역사적 사건에 대한 숨겨진 정보를 알려주기도 한다.

전생 기억의 검증

우리는 영유아기의 사건을 재체험했을 때와 같은 방법으로 전생의 기억을 검증할 수 있다. 되찾은 기억 속에서 최대한 많은 세부 정보를 입수한 후에, 우리는 그 내용을 확증하거나 반박하는 독립된 증거를 찾고자 노력한다. 하지만 아쉽게도, 전생체험의 정보 중에는 독립적으로 검증될 만큼 구체적이지 못한 것들이 많다. 또는 정보의 수준이 적당하더라도 그 진실성을 규명해줄 만큼 구체적이고 세부적인 역사 자료가 남아 있지 않은 경우도 많다.

성인기의 전생 기억들은 아이들의 자연발생적 기억들 ― 스티븐슨의 연구에 의하면, 아이들은 대개 최근의 전생을 기억한다 ― 만큼 구체적으로 심도 있게 검증하기가 어렵다. 따라서 우리는 현생의 기억들도 항상 객관적으로 검증되지 못한다는 사실을 형평성 있게 고려해야 한다. 정신요법가들은 언어치료와 퇴행요법을 진행할 때 영유아기 기억의 진실성을 판단하기가 얼마나 어려운지 잘 알고 있다. 하물며, 전생체험을 검증하는 일은 현생의 기억들을 검증하는 것과는 비교할 수 없을 만큼 힘이 드는 작업이다. 운 좋게 매우 구체적인 정보를 체험 속에서 발견했어도, 아주 오래전에 먼 나라에서 벌어졌던 사건에 대한 객관적 증거를 획득하는 것은 말처럼 쉬운 일이 아니다.

그럼에도 불구하고 일부 희귀한 사례들은 이 모든 조건을 충족시킨다. 그리고 그 결과는 대단히 놀랍다. 지난 수십 년간의 연구에서, 나는 전생체험의 내용이 대단히 세부적으로 검증되었던 여러 건의 관찰 결과를 얻었다. 자연과학의 설명으로는 도저히 이런 사례들을 설명할 수 없다. 이런 체험의 정보들이 초감각적 통로를 거쳐 우리에게 전달되었다는 사실에는 조금도 의심할 여지가 없다. 다른 연구자들도 이와 같은 사례를 종종 관찰하곤 한다.

전작들에서 나는 전생체험에 해당하는 두 가지 사례를 소개한 바 있다. 하나는 환각요법을 받던 신경증 환자의 사례였다. 그녀는 네 번의 연속된 세션에서 체코 귀족으로 살았던 17세기의 전생을 체험했다. 그 남자(전생)는 스물여섯 명의 다른 귀족들과 함께 프라하의 구舊 시가지에서 공개적으로 처형당했다. 빌라호라Bila hora 전투에서 체코 왕을 쳐부순 합스부르크 왕가가 체코인들의 정신을 약화시키려고 자행한 공개 처형이었다. 환자의 아버지는 딸 모르게 자기 가문의 유래와 계보를 조사했는데, 알고 보니 그들은 이 불행한 희생자들 가운데 한 사람의 후손이었다.

다른 하나는 에살렌 연구소의 한 달짜리 세미나에서 목격한 사례인데, 한 남자가 프라이멀 요법과 이후의 홀로트로픽 세션을 통해서 스페인과 영국이 전쟁을 벌이던 16세기의 여러 사건들을 체험했다. 이때 그는 영국군에게 대대적인 살육을 당한 스페인군을 떠올렸는데, 그들은 아일랜드 서부 해안의 둔 안 오르Dun An Oir 요새 안에 포위당한 상태였다. 스페인군에 가담했다가 나중에 함께 살해당한 한 사제가 바로 그의 전생이었다. 그는 체험 중에 자기 손에서 머리글자가 새겨진 인장印章 반지를 보고 그것을 그림으로 그려놓았다.

나중에 역사를 조사해보니, 금시초문이었던 그 사건은 모두가 실제로 일어났던 사실이었다. 역사자료 보관소에서 찾아낸 한 문서에서, 그는 스페인군이 출병할 때 동행했던 사제의 이름을 발견했다. 놀랍게도 그 이름의 머리글자는 그가 세션 중에 보고 그림으로 자세하게 옮겨놓았던 인장 반지에 새겨진 글자와 똑같았다.

전생체험은 주변 사람 또는 현생의 상황과 기막힌 동시성을 빚어내기도 한다. 전생의 기억 속에 등장하는 사람들은 현생에서도 부모, 자녀, 배우자, 남자친구, 여자친구, 상사 등의 중요한 인물인 경우가 많다. 이처럼 카르마의 시나리오에서 중요한 상대 배역들에 대한 우리의 태도와 감정은 강렬한 전생체험을 통해 극적으로 변할 수 있다. 또한 우리의 전생체험과 맞물려서 현생의 그들도 구체적인 변화를 겪음으로써 신비한 동시성이 나타나기도 한다. 그들은 우리가 전생을 체험하는지 전혀 모르는 채로 수백, 수천 마일 떨어진 곳에서 지낼 수도 있다. 하지만 우리의 전생체험과 정확히 같은 시간에, 우리를 향한 감정과 태도가 극적으로 변화하는 상보적 체험이 그들에게도 일어난다.

삼각관계의 카르마

전생체험의 놀라운 동시성을 설명하기에는 내가 직접 겪었던 체험만큼 적절한 예가 없을 것이다. 지금까지 나는 주변 사람들과 내 전생이 연계되는 사건들을 여러 차례 겪어왔다. 이 이야기는 내가 갓 미국에 도착했을 때 벌어진 일이다. 나는 1967년에 미국으로 이주해서 개인적, 직업적, 정치적, 문화적으로 근본적인 변화를 겪어야 했다. 나는 25킬로그램 정도의 가방 하나만을 들고 볼티모어에 도착했다. 가방에 든 내용물의 반은 프라하에서의 환각연구 기록이었고, 나머지는 개인적인 소지품이었다. 그것이 유럽에서의 내 지난 삶에서 남은 전부였다. 나는 거의 모든 차원에서 새롭게 시작했다. 스프링 그로브에서 동료들과 고무적인 팀을 이뤄 일에 전념하고, 상상도 못했던 표현의 자유를 누리고, 주변의 온갖 새로운 것들을 즐겼지만, 나는 개인적으로 그리 만족할 만한 인생을 꾸려가지 못했다.

　내 사교 범위 내에서 나이가 적당하고 관심사가 비슷한 여성들은 모두 결혼을 했거나 이미 임자가 있는 듯·보였다. 외로움을 달래줄 상대방이 간절히 필요했던 나로서는 실망스러운 상황이었다. 스프링 그로브의 동료와 친구들은 그런 나를 진심으로 걱정해주었고, 실제로 나를 돕고자 많은 노력을 했다. 그들은 나와 어울릴 만한 여성을 찾아 이런저런 사적인 자리에 초대했다. 그들의 노력은 때로는 실망스럽고 더러는 난감한 상황을 만들기도 했지만, 결국 아무런 결실을 맺지 못했다. 그런데 그때 갑자기 상황이 예기치 못한 방향으로 전개되었다.

　동료 의사인 세이무어와 그의 애인이었던 모니카가 힘겨운 관계 끝에 갑작스럽게 헤어진 후에, 내 친구들은 저녁식사에 그녀를 초대했다. 나는 그녀를 처음 만나자마자 곧바로 강한 매력을 느끼고 깊이 연결되는 느낌을 받았다. 그녀와 사랑에 빠지는 일은 전혀 어렵지 않았다. 그녀는 나처럼 유럽 출신이었고, 독신이었고, 아름답고 쾌활했다. 독특한 매력과 재치와 말솜씨로 그녀는 참석하는 모든 파티마다 순식간에 이목을 집중시켰다. 눈 깜짝할 새에 사랑에 빠진 나는 우리의 관계를 객관적이고 현실적으로 바라볼 수 없었다.

　나는 모니카가 나보다 한참이나 더 어리다는 사실에 전혀 개의치 않았다. 또한 평소의 나라면 심각한 경고 신호로 여겼을 법한 그녀의 험난했던 유년 시절과 파란만장했던 인간관계도 무시해버렸다. 그것들은 모두 사소한 일에 불과하고, 우리가 헤쳐나가지 못할 일은 아무것도 없다고 나 자신을 안심시켰던 것이다. 만약 내가 좀더 분석적인 태도를 지녔더라면, 그녀야말로 C. G. 융이 말한 나의 '아니마

(anima)'6)라는 사실을 알아차렸을 것이다. 그렇게 나는 모니카와 데이트를 하기 시작했고 열정적이고 아슬아슬한 관계를 맺었다.

모니카의 기분과 행동은 날마다, 아니 시간마다 바뀌는 듯 보였다. 나에 대한 강렬한 애정은 무관심, 회피, 물러섬과 서로 번갈아가며 파도쳤다. 두 가지의 별난 조건 탓에 상황은 더욱 복잡하게 꼬여갔다. 당시에 내가 살던 스튜디오는 한때 모니카의 남자친구였던 세이무어가 지냈던 곳으로 그녀에게도 이미 익숙한 장소였다. 말하자면 그녀는 같은 아파트에 다른 남자를 만나러 오는 셈이었다. 게다가 모니카의 오빠인 볼프강은 처음 만났을 때부터 나를 미워했다. 모니카와 볼프강은 근친적 관계로 보일 만큼 매우 가깝게 지내는 사이였다. 볼프강은 나와 모니카의 관계를 심하게 반대했고 나를 경쟁자처럼 대했다.

나는 그녀와의 관계를 위해 최선을 다했지만, 질주하는 롤러코스터를 타고 있는 듯한 상황 속에서는 어떤 노력도 별 효과가 없었다. 마치 찬물과 뜨거운 물이 번갈아 쏟아지는 것 같았다. 나는 번번이 좌절하면서도, 자석과도 같은 모니카의 알 수 없는 매력에 이끌려 그녀와의 혼란스럽고 불만스러운 관계를 끝내지 못했다.

나에게는 이 당황스럽고 정신없는 상황에 대한 통찰이 절실히 필요했다. 마침 우리 연구소에는 정신건강 전문가들을 세 번까지 환각 세션에 참여시켜주는 프로그램이 있었다. 내가 속한 치료팀도 이 프로그램에 참여할 자격이 있었다. 모니카와의 다툼이 극

---

6) 아니마anima는 남성이 지닌 여성성을, 아니무스animus는 여성이 지닌 남성성을 뜻한다. 문화적 압력에 의해 대부분의 남성들은 여성성을, 여성들은 남성성을 어릴 때부터 억압하게 되는데, 융은 이렇게 자신 안에 억압된 아니마/아니무스와 닮은 이성을 만날 때 사람들이 첫눈에 반해 사랑에 빠진다고 보았다. 이때 그(그녀)는 상대방을 타인이 아니라 '나의 일부'로 느끼게 된다.

에 달했을 때, 나는 우리의 관계를 명확히 인식하기 위해서 LSD 세션을 신청했다. 아래는 그 세션에서 인용한 내용으로, 내가 전생 체험과 카르마의 법칙을 처음 접했던 상황을 묘사하고 있다.

세션의 중간쯤에, 나는 갑자기 매우 오래된 고대의 거대 운석처럼 보이는 울퉁불퉁한 모양의 검은 바위를 보았다. 하늘이 열리고 엄청난 강도의 번개가 바위의 표면을 때리면서 신비롭고 비밀스러운 상징들을 불로 새기기 시작했다. 이 낯선 상형문자들은 바위의 표면에 새겨진 후에도 계속 불타면서 눈이 부실 만큼 환한 빛을 내뿜었다. 그 상형문자들을 해독하거나 읽을 수는 없었지만, 나는 신성하게 느껴지는 그 문자들을 어찌 된 까닭인지 이해할 수 있었다. 상형문자들은 내가 카르마의 법칙에 따라 이번 생 이전에도 다른 생들을 오랫동안 살아왔고, 비록 기억하지 못할지라도 그 생들에서 내가 했던 행위를 책임져야 한다고 말하고 있었다.

기억조차 없는 일들을 책임지고 싶진 않았지만, 나는 두 손을 들게 만드는 엄청난 심리적 압박에 저항할 수 없었다. 마침내 나는 거역할 수 없는 태고의 우주법칙을 받아들였다. 그것을 받아들이자마자, 나는 두 팔로 모니카를 안고 있는 나 자신을 발견했다(지난주에도 나는 그녀를 그렇게 안은 적이 있다). 우리는 거대한 원형적 심연 위를 둥둥 뜬 채로 기나긴 소용돌이를 따라 천천히 하강했다. 나는 본능적으로 이것이 역사의 심연이며 지금 우리는 시간을 거슬러 여행하는 중이라고 느꼈다.

하강은 결코 끝나지 않을 듯 한없이 이어졌다. 이윽고 우리는 심연의 바닥에 닿았다. 어느새 모니카는 내 품에서 사라졌고, 나는 화려한 옷을 입고 고대 이집트 궁전의 홀을 걷고 있었다. 내 주변의 벽들에는 상형문자가 포함된 아름다운 돋을새김이 있었다. 나는 볼티모어의 광고게시판에 붙은 벽보를 읽듯이 그 새김의 의미를 곧바로 이해할 수 있었다. 그때 한 사람이 큰 홀의 맞은편에서 나를 향해 천천히 다가왔다. 나는 이집트 귀족 가문의 자손이었고, 다가오는 남자는 그 생에서의 내 형제였다.

그가 가까이 왔을 때, 나는 그가 볼프강이라는 것을 알아차렸다. 그는 내게서 3미터쯤 떨어진 곳에 서더니 나를 증오에 가득 찬 눈으로 바라보았다. 그 생에서 나와 볼프강과 모니카는 한 남매였다. 맏이였던 나는 지위에 맞는 특권을 누리면서 모니카와 결혼했다. 하지만 박탈감과 질투로 고통받던 볼프강은 나를 몹시 미워했다. 나는 바로 이것이 시대에 따라 다양하게 모습을 바꿔가며 반복될 파괴적인 카르마의 발단임을 확신할 수 있었다.

나는 볼프강과 마주 서서, 나를 향한 그의 깊은 증오를 느꼈다. 나는 이 괴로운 상황을 해결하기 위해 텔레파시로 그에게 메시지를 보내려고 애썼다. "나는 내가 누구인지, 어떻게 여기에 있게 되었는지 모릅니다. 나는 20세기에서 온 시간여행자이고, 그곳에서 강력한 향정신성 약품을 투여받았습니다. 나는 우리 사이에 흐르는 이런 긴장이 매우 불편하고, 이를 해결하려면 어떻게 해야 하는지 알고 싶습니다." 나는 팔을 벌려서 완전히 열린 자세를 취하고, 그에게 다음의 메시지를 보냈다. "여기에 내가, 내가 가진 전부가 있습니다. 우리 둘이 함께 이 속박에서 벗어나고 자유로워지는 데 필요한 어떤 일이든 하세요!"

볼프강은 몹시 흥분하면서 내 제안을 받아들였다. 그의 증오는 레이저빔과 같은 두 개의 강력한 에너지 광선의 형태를 띠는 듯했고, 내 몸을 태우며 나를 고통스럽게 했다. 극심한 고문의 시간이 매우 오랫동안 지속된 후에, 그 광선들은 서서히 힘을 잃었고 결국에는 완전히 사라졌다. 볼프강과 홀도 사라졌고, 나는 다시 품에 모니카를 안고 있었다.

우리는 먼젓번의 그 역사의 심연을 다시 상승하면서, 시간을 따라 이동했다. 원형적 심연의 벽에서는 나와 모니카와 볼프강이 수많은 시대에 걸쳐 등장하는 온갖 전생의 장면들이 보였다. 그 장면들은 하나같이 우리가 서로를 심하게 상처입혔던 파괴적이고 힘든 삼각관계를 묘사하고 있었다. 그리고 강한 바람, 즉 '카르마 태풍'이 불어와 수십 세기를 관통하면서, 이 상황의 고통을 흩뜨려서 피할 수 없는 고통의 속박에서 우리 셋을 풀어주는 듯 보였다.

이런 과정이 끝나고 현재로 완전히 되돌아왔을 때, 나는 표현할 길 없는 행복과 황홀경의 상태에 있었다. 남은 생에서 더 이상 아무것도 이루지 못할지라도, 내 삶은 이미 보람 있고 성공적이라는 느낌이 들었다. 하나의 강력한 카르마를 해결하고 해제한 것만으로 이번 생에서는 충분한 성취를 얻은 듯했다.

내 체험 속에 등장한 모니카가 너무나 생생했기 때문에, 나는 그녀도 내 전생체험으로부터 어떤 영향을 받았을 거라고 확신했다. 다음 주에 만났을 때, 나는 내가 세션을 받던 날 오후에 그녀가 어떤 일을 겪었는지 알아보기로 마음먹었다. 나는 암시의 가능성을 배제하기 위해서 일부러 내 세션에 대해서는 아무 말도 하지 않았다. 그저 내가 이집트에서의 카르마를 체험하고 있었던 오후 4시부터 4시 30분 사이에 무엇을 했는지만 물어보았다. 그녀는 이렇게 대답했다. "그걸 물어보다니 이상하네요. 그때는 아마도 내 인생에서 최악의 시간이었을 거예요!"

그녀는 상사와 대판 싸우고 사무실 밖으로 뛰쳐나온 이야기를 털어놓기 시작했다. 그녀는 직장을 잃었다는 실의에 빠져 절망했고, 결국 근처의 바에 가서 술을 많이 마셨다. 그때 바의 문이 열리더니 한 남자가 걸어 들어왔다. 그녀가 나를 만나면서도 따로 성관계를 맺어왔던 로버트였다. 로버트는 큰 부자여서, 그녀에게 새 차와 말(馬)을 비롯한 비싼 선물을 많이 사주던 남자였다.

모니카는 나와 데이트를 시작한 후에도 나를 속이면서 로버트와의 관계를 지속했고, 나와 로버트 사이에서 결정을 내리지 못하고 있었다. 그녀는 바에 들어온 로버트를 보고는, 그에게 걸어가 껴안고 키스를 하려고 했다. 로버트는 피하는 태도를 보이며 악수로 대신했다. 모니카는 로버트의 곁에 한 우아한 여성이 있다는 사실을 알아차렸다. 로버트는 몹시 당황하면서 그녀를 모니카에게 소개했다. 그녀는 로버트의 아내였다. 로버트는 모니카 앞에서 늘 독신인 것처럼 행동했기 때문에, 모니카는 큰 충격을 받았다.

모니카는 발아래의 땅이 사라지는 듯한 느낌을 받았다. 그녀는 바를 나가서 로버트가 사준 차를 향해 달려갔다. 자살을 결심한 그녀는 심하게 취한 데다가 폭우까지 오는 가운데 시속 140킬로미터가 넘는 속도로 순환도로를 내달렸다. 그날은 너무나 많은 일이 일어났고, 그녀는 더 이상 감당할 수가 없었다! 그런데 내가 세션 중에 카르마를 해결하던 바로 그 순간에, 모니카의 마음속에 내 모습이 불쑥 떠올랐다. 그녀는 나에 대해서, 나와의 관계에 대해서 생각하기 시작했다. 그녀는 아직 인생에서 의지할 수 있는 누군가가 있다는 사실을 깨닫고는 마음을 가라앉혔다. 그녀는 차의 속도를 줄이고, 순환도로를 벗어나서 길가에 차를 세웠다. 그녀는 안전하게 운전할 수 있을 만큼 술이 깨고 나서, 집으로 돌아와 잠자리에 들었다.

모니카와 이런 대화를 나눈 다음 날, 볼프강이 한 번 만나자며 전화를 걸어왔다. 그때까지 볼프강은 만나자고 하기는커녕 내게 전화한 적도 없었기 때문에, 이것은 전혀 기대하지 못했던 놀라운 발전이었다. 볼프강은 나를 만난 자리에서 매우 개인적이고 창피한 문제를 상의하러 왔다고 말했다. 정신분석학에서 창녀 마리아 콤플렉스[7]라고 부르는 문제였다. 이제껏 그는 수많은 하룻밤 상대를 포함해서 우발적이고 무의미한 성관계를 꽤 많이 가져왔고, 발기를 지속하는 데 한 번도 어려움을 겪은 적이 없었다. 그러다가 최근에 이상형의 여성을 만나 평생 처음으로 깊은 사랑에 빠져 있었다. 하지만 그녀와는 섹스를 할 수 없었고, 고통스럽게도 반복해서 실패를 했다.

볼프강은 절망했고, 자신의 발기부전을 어떻게든 고치지 않으면 관계가 끝날까봐 두려워했다. 하지만 모르는 사람에게 털어놓기는 너무 창피한 문제였다. 그는 나를 떠올렸지만 강한 부정적 감정 때문에 그 생각을 떨쳐버렸다. 그런데 어느 순간에, 갑자기 나에 대한 그의 태도는 완전히 바뀌었다. 미움이 마법처럼 사라졌고,

---

7) the prostitute-Madonna complex. 프로이트의 정신분석 이론에 따르면, 냉담하고 거리를 두는 어머니에게서 자란 남자는 다른 여성들에게 어머니상을 투사해서 어린 시절에 결핍된 욕구를 충족시키려고 할 수 있다. 이런 경우에 아내 또는 애인은 어머니(성모 마리아)로 여겨지므로 성적 매력이 느껴지지 않는다. 남자는 성욕을 '더러운' 여자의 전유물로 생각함으로써, 사랑하는 여자와는 성적인 만족을 얻을 수 없고 성적인 만족을 주는 여자는 사랑할 수 없는 딜레마에 빠지게 된다.

그는 내게 전화를 걸어 도움을 구하기로 마음먹었다. 그에게 언제 그런 변화가 일어났느냐고 물어봤을 때, 나는 그것이 내가 이집트를 배경으로 한 전생 체험을 마친 시각과 정확히 일치한다는 사실을 발견했다.

몇 주 후에, 나는 이집트 이야기에서 모자란 조각들을 마저 찾아냈다. 아래의 내용은 런던에서 온 정신분석가 펄린 맥크리릭 Pauline McCririck에게 받았던 최면 세션의 기록에서 발췌한 것이다.

나는 뜨겁게 달궈진 사막의 모래 속에 누워 있었다. 뱃속에서 엄청난 아픔을 느껴졌고, 내 온몸은 발작했다. 나는 독이 퍼지면서 죽어가고 있었다. 정황을 미루어 보아, 나를 독살할 만한 사람은 모니카와 그녀의 애인뿐이었다. 그녀는 이집트의 법에 따라 큰오빠인 나와 결혼을 해야 하지만 다른 남자를 사모했다. 나는 그들의 관계를 알고는 갈라놓으려고 했다. 배신당하고 독살당한 나는 감당할 수 없는 분노로 차올랐다. 나는 증오로 가득 찬 상태로 홀로 사막에서 죽었다.

이 상황을 다시 체험하면서 또 다른 흥미로운 통찰이 생겨났다. 이집트에서의 이번 생에서, 나는 이시스Isis와 오시리스Osiris의 비의에 관련되어 있고 실제로 그 비밀을 알고 있는 듯 보였다. 독과 분노가 내 마음속에 퍼지면서 이 지식을 비롯한 모든 기억이 흐릿해졌다. 그래서 나는 죽음의 순간에 이 비밀스런 가르침을 적용할 수가 없었다. 그리고 이 비밀 지식과 나와의 연결은 가차 없이 끊겨버렸다.

불현듯 나는 내 현생의 많은 부분이 이 잃어버린 가르침에 대한 꾸준한 탐구에 바쳐졌다는 사실을 알았다. 나는 이 분야와 직접적으로 또는 간접적으로 관련된 정보들을 발견할 때마다 내가 얼마나 흥분했었는지를 떠올렸다. 이런 통찰 속에서, 심령적 죽음과 재탄생을 오가는 나의 환각 연구는 고대의 비의들을 현대적으로 다시 공식화하고 발견해내는 일처럼 느껴졌다.

이후의 명상에서, 나는 뜻밖에도, 모니카와 볼프강과 함께했던 현실, 그리고 세션 속의 체험들 중 인상적인 장면들의 기억이 폭포처럼 쏟아져 나오는 상황에 휩쓸렸다. 이런 회고의 속도와 강도는 격정적인 클라이맥스에 이를 때까지 급하게 상승했다. 어느 순간, 나는 깊은 평화와 해방감을 느꼈다. 나는 이제 카르마가 완전히 해소되었다는 사실을 알았다. 그 후로 볼티모어에 머무는 동안 나와 모니카는 친구로 지냈다. 긴장과 혼란이 사라졌고, 우리는 연인 관계를 지속해야 할 충동을 전혀 느끼지 못했다. 우리는 현생에서 서로의 배필이 아니라는 점을 함께 받아들였다.

티베트 불교에서의 윤회와 카르마

윤회라는 퍼즐에는 또 다른 흥미로운 조각이 있다. 죽음과 윤회의 과정에 실제로 어느 정도의 영향을 미칠 수 있는지에 대한 티베트의 가르침과 수행의 정보가 바로 그것이다. 티베트의 문헌들에 따르면, 일정한 높이의 경지에 오른 영적 스승들은 자신이 죽을 때를 선택하고 다음에 환생할 시간과 장소를 예언하거나 고를 수 있다. 그런 경지에 오르지 못한 승려들은 죽음과 다음 생 사이의 중간 단계인 바르도bardo를 통과하는 동안 의식을 계속 유지할 수 있는 능력을 연마한다.

한편 깨달은 티베트 승려들은 꿈과 명상 속에서 얻은 실마리와 여러 외부적 징조들을 통해 툴쿠tulku(환생하는 고승)나 달라이 라마가 환생한 아이를 찾아내어 확인할 수 있다. 그렇게 찾아진 아이는 사원으로 불려와서, 비슷한 물건들 사이에서 망자의 유품을 정확하게 찾아내는 시험을 여러 차례 받게 된다. 이론적으로 볼 때, 이런 관습들은 서양의 기준에 맞는 꽤나 엄격한 시험을 만족시킬 수도 있다.

환생은 사실인가, 허구인가?

이제 우리는 윤회와 카르마에 대한 광범위한 '신앙'의 토대가 되는 객관적인 증거들을 요약해볼 수 있다. 사실 '신앙(belief)'이란 단어는 윤회를 표현하기에 적절하지 않다. 엄밀하게 말하면, 윤회는 수없이 많은 비상한 체험과 관찰들을 설명해보고자 하는 개념적 틀이자 논리적인 이론체계다. 자연발생적이든 유도되었든 간에, 일체지향적 상태에서 세계 각국의 다양한 역사적 시기에 속하는 사람들의 인생사를 체험하는 일은 가능한 정도가 아니라 대단히 자주 일어난다. 이런 과정을 체험하는 동안, 우리는 그 사람들과의 완전한 일체감을 느낀다. 그뿐 아니라, 우리가 한때는 그 사람들이었고 그들의 삶을 살았었다고 확신하게 된다. 일반적으로 이런 체험들은 우리의 모든 감각을 사로잡을 만큼 대단히 생생하다.

전생체험은 민족과 문화의 경계를 초월하며 인류가 경험해온 모든 시대와 나라를 배경으로 일어날 수 있다. 게다가 그 배경이 되는 나라, 문화, 시대에 대한 상세한 정보를 제공하기도 한다. 이 정보들은 우리의 기존 지식과 일반적인 교육 수준을 훨씬 뛰어넘는다. 때로는 전생체험에 동물이 등장하기도 한다. 예컨대 우리는 호랑이에게 잡아먹히거나 코끼리에게 밟혀 죽는 상황을 체험할 수도 있다. 눈사태에 휩쓸려 죽거나 쓰러지는 나무에 깔려 죽는 체험처럼 오직 자신만이 등장하는 전생의 기억들도 있는데, 나는 지난 수십 년간 이런 사례들을 여러 차례 관찰할 수 있었다. 전생체험의 잠재적인 치유력과 당사자들과 관련된 동시성도 전생체험의 놀라운 특징 중 하나다. 우리는 윤회와 카르마라는 '신앙'에 대한 판단을 내리기 전에 이런 사실들을 고려해야만 한다.

　　전생체험의 놀라운 특징들은 독립적인 여러 관찰자들로부터 반복적으로 확인된 것들이다. 하지만 이런 인상적인 사실조차 우리가 동일한 개별 의식체, 또는 개별 영혼으로서 사망과 환생을 거치면서 존속한다는 결론을 확실히 증명해주지는 않는다. 윤회는 이런 증거들에 대한 하나의 해석일 뿐이다. 우리는 관찰된 사실들을 일관되게 설명해주는 논리적 틀과 이론을 찾아내야 하는데, 이것은 과학 연구의 과정과도 본질적으로 다르지 않다.

　　현실과 이론을 혼동하지 않는 것은 현대 과학철학의 기본 원칙이다. 과학의 역사를 살펴보면, 유효한 자료를 해석하는 방법은 언제나 하나 이상 존재한다. 다른 분야와 마찬가지로, 우리는 전생의 사례들을 연구할 때 관찰한 사실들과 그것을 풀이하는 이론을 구별해야 한다. 예컨대 물체의 낙하는 관찰된 사실이지만, 그 현상을 설명하는 이론들은 역사의 흐름에 따라 여러 번 바뀌었고, 앞으로도 또다시 바뀔 것이다.

열린 마음으로 증거를 확인하는 진지한 연구자라면 누구나 전생체험의 진실성을 실증하고 특징을 밝혀낼 수 있다. 주류 정신의학과 심리학의 개념으로는 이런 현상들을 설득력 있게 설명해낼 수 없다. 하지만 전생체험을 어떻게 해석할 것인가 하는 문제는 훨씬 더 복잡하고 어려운 일이다. 요컨대 동일한 개체가 삶과 죽음과 재탄생을 반복 순환한다는 보편적 윤회관은 전생에 대한 자료들을 토대로 추론해낸 하나의 논리적 결론에 불과하다. 물론 유효한 모든 증거를 무시하고 기존의 사고방식을 완고하게 고집하는 전통 심리학자와 정신의학자들의 태도보다는 훨씬 더 뛰어난 해석이다. 하지만 우리는 같은 자료를 가지고 다른 대안적인 설명들을 상상해볼 수도 있다. 물론 그런 설명들이 모두 유물론적 패러다임에 잘 들어맞는 것은 아니지만 말이다.

영적 문헌들에서는 적어도 두 가지 대안적 설명이 눈에 띈다. 힌두 전통에서는 누구나 쉽게 이해할 수 있도록 분리된 개체들이 윤회한다는 믿음을 널리 설한다. 하지만 궁극적으로는 브라흐만 Brahman이라는 단 하나의 존재, 또는 창조 원리 그 자체만이 실재한다고 가르친다. 온갖 차원 속에 존재하는 분리된 개체들은 이 거대한 하나의 존재가 무한히 변용한 결과일 뿐이다. 우주의 모든 분리와 경계는 변덕스러운 환영에 불과하고 오직 브라흐만만이 참된 실체다. 신성한 우주극의 주인공들은 이 하나(One)의 다양한 측면들을 제각기 표현하고 있는 것이다. 이런 궁극의 지혜에 도달할 때, 우리는 지난 전생 체험들이 환영 또는 마야maya의 또 다른 수준일 뿐이라는 사실을 깨닫는다. "나의 삶"이라는 표현은 카르마가 펼쳐 내는 연극의 주인공들을 각기 분리된 개체로 보는 관점에서 비롯된 것이므로, 만물의 근본적인 통일성에 대한 우리의 무지를 드러낼 뿐이다.

《윤회의 본질》(Lifecycles)이라는 책에서, 크리스토퍼 바흐는 제인 로버츠Jane Roberts의 책과 그 외 저자들의 연구에서 발견한 또 다른 흥미로운 윤회 개념을 논의했다. 그는 윤회 현상에서 개별 의식체나 신(God)이 아니라, 그 둘 사이에 놓인 존재인 대령大靈(Oversoul)을 강조한다. 개별적 삶의 체험들을 수집하고 통합하는 의식을 영혼(soul)이라고 한다면, 대령(Oversoul/Soul)은 많은 환생 체험들을 수집하고 통합하는 더 큰 의식에게 붙여진 이름이다. 이 관점에 따르면, 환생하는 것은 개별 의식체가 아니라 대령이다.

바흐는 우리가 이전 생들의 연장에 불과하다면 결코 의식체들이 겪어온 체험들의 총합이 될 수 없다고 지적했다. 대령이 환생하는 목적은 특별한 체험들을 수집하기 위해서다. 우리는 대령과의 연결을 끊고 분리된 개별 정체성을 취해야만 하나의 특정한 삶에 완전히 몰입할 수 있다. 그리고 죽는 순간에 분리된 개체는 대령 속에서 용해되고, 소화되지 않은 어려운 체험들의 모자이크 무늬만을 남긴다. 이제 그것들은 환생한 다른 존재들의 삶에 배정되는데, 이 과정은 카드 게임에서 패를 돌리는 일에 비유되기도 한다.

이 개념에 따르면, 서로 다른 시대에 환생한 각각의 삶들 사이에는 어떠한 참된 연속성도 없다. 우리는 다른 생의 소화되지 못한 부분들을 체험함으로써 우리의 개인적인 카르마를 푸는 것이 아니라, 실제로는 대령이라는 장場을 깨끗이 하고 있는 셈이다. 바흐는 앵무조개의 껍데기 모양을 들어 개별 영혼과 대령 간의 관계를 설명했다. 앵무조개 껍데기 속의 각각의 방들은 독립된 단위의 연체동물로서 살았던 특정한 시대를 나타내지만, 또한 더 큰 전체를 향해 통합되어간다.

지금까지 우리는 전생 현상과 관련된 관찰 결과들을 해석하는 세 가지 방식을 논의했다. 관점에 따라 환생한 개체들은 개별 의식체이자, 절대의식이자, 대령이었다. 하지만 관찰된 사실들을 풀이할 수 있는 대안적 설명은 이게 다가 아니다. 우주의 모든 경계는 그 본질상 임의적인 것이기 때문에, 우리는 환생의 단위를 대령보다 더 큰 단위로, 예컨대 인류 전체 또는 모든 생명체의 의식장場으로 정의해볼 수도 있다.

또한 우리는 해석을 한 걸음 더 진전시켜서, 환생한 의식체에게 특정한 카르마를 체험하도록 결정하는 요인들을 탐구해볼 수 있다. 예컨대 내가 연구했던 사람들 중 일부는 그 생이 타고난 점성학적 시공간이 카르마의 양상을 결정짓는 요인이라는 통찰을 경험했다. 이 견해는 환각 세션, 홀로트로픽 요법, 자연발생적 심령적 위기에서의 관찰 결과들과도 전반적으로 일치한다. 그 모든 상황에서 비일상적 상태의 체험 내용과 시기는 천체의 운행과 밀접한 관련이 있음이 드러났다.

일체지향적 체험이 신념 체계에 미치는 영향

윤회라는 주제를 좀더 포괄적으로 바라보기 위해서, 체계적인 내적 탐구로 일체지향적 상태를 체험하는 동안 우리의 신념이 어떻게 변하는지를 알아보자. 사후에 대한 관점과 마찬가지로, 윤회에 대한 믿음과 불신도 우리가 겪어온 체험들의 수준과 성질을 반영한다. 서양 산업문명에 속한 사람들은 자신이 육신肉身이라고 믿는다. 이런 믿음은 한 개인의 존재를 태아로부터 죽음의 순간에 이르는 삶 속으로 분명하게 한정 짓는다. 이미 살펴본 바와 같이, 이런 '일회적인' 관점은 과거의 수많은 인류 집단의 관점과 반대된다. 하지만 서양 문명 속에서 이런 관점은 물질과학과 그리스도 교회의 공교로운 동맹에 의해 강력한 뒷받침을 받고 있다. 즉, 윤회는 이 두 세력이 한목소리로 반대하는 보기 드문 주제 중의 하나다.

명상, 체험적 정신요법, 환각 세션, 또는 '영적 비상사태' 속에서 개인적으로 체험한 전생의 기억은 대단히 확실하고 뚜렷한 것일 수 있다. 그 체험들은 우리의 세계관을 철저하게 변화시켜 윤회라는 관념을 '믿음'이 아니라 경험적인 현실로서 받아들이게 한다. 그 결과로 내적 탐구의 초점은 크게 변하게 된다. 우리는 영유아기와 탄생 시의 충격을 탐구하는 일이 가장 중요하다고 생각했을지도 모른다. 그것들이 현생에 나타난 고난들의 근원이라고 믿었기 때문이다. 하지만 카르마의 영역을 발견한 후에는 충격적인 카르마로부터 벗어나는 데 더 많은 신경을 쓰게 되는데, 카르마는 단 하나의 생이 아니라 연속된 수많은 생을 전부 물들일 수도 있기 때문이다.

이때 우리는 정확한 세부사항들로 가득 채워진 전생을 체험하면서 놀랄 만한 동시성을 함께 경험하곤 한다. 그렇게 우리는 카르마적 존재론의 진실성과 신뢰성에 대한 확실한 증거를 쌓아간다. 우리는 더 이상 자신을 앨런 와츠가 표현한 '살가죽에 싸인 에고'로 여기지 않는다. 우리는 태내에서부터 사망까지의 삶을 이어가는 한 개인인 동시에, 훨씬 더 광범위한 수준의 정체성을 획득하게 된다.

여러 생에 걸쳐 있는 하나의 존재 — 어떤 생들은 이미 지나 갔고, 나머지 생들은 아직 미래에서 우리를 기다린다 — 가 바로 우리의 새로운 정체성이다. 이런 관점을 얻으려면, 우리의 생애가 태아 때부터 죽을 때까지의 짧은 시간 속에 한정된다는 기존의 신념을 극복해야 한다. 물론 우리를 다른 사람들 또는 외부 세계로부터 분리시키고 있는 공간적 경계는 계속 존중해야 한다. 우리는 스스로를 한없이 이어지는 생으로 생각하고, 카르마의 동반자들도 같은 시각으로 바라본다.

내적 여행을 계속하면, 공간적 경계조차 궁극적으로는 환영이며 언제든 해체될 수 있다는 사실을 알려주는 깊은 일체지향적 체험이 일어나기도 한다. 그때 우리는 윤회라는 문제에 대해 완전히 새로운 관점을 얻는다. 우리는 더 이상 분리된 개체가 존재하지 않는 차원에 도달했으므로, 일반적인 카르마의 개념마저 초월하게 된다. 카르마가 상호작용하려면 그 전제조건으로서 분리된 인물들이 존재해야 한다. 깊은 일체지향적 체험 속에서 우리는 창조 에너지의 통일장 또는 절대의식과 합일한다. 절대의식의 관점에서 보면, 전생의 사건들은 그저 또 다른 수준의 환영이자 마야의 연극일 뿐이다. 궁극적으로 모든 생명은 실체가 없이 비어 있으며, 단 하나의 배우가 분한 다양한 모습이다.

이제 우리는 카르마를 더 이상 예전과 같은 식으로 믿지 않는다. 이런 불신은 유물론적 회의론자와 무신론자의 태도와는 전혀 수준이 다르다. 우리는 제한된 의식에 갇혀 윤회를 전혀 터무니없고 바보 같은 개념이라며 철저히 부정했던 시절을 기억한다. 또한 윤회를 개념이 아닌 현실로 받아들이게 하는 강력하고 압도적인 체험들이 가능하다는 사실도 안다. 마지막으로, 내적 탐구를 통해 모든 경계가 상대적이고 모든 형상의 본질이 텅 비어 있음을 체험함으로써, 결국 카르마의 단계까지도 초월할 수 있음을 깨닫는다.

카르마의 가능성을 아예 부정해버리는 것과 그것을 객관적인 실체로 받아들이는 것은 모두 절대적인 진리가 아니다. 위에서 설명한 윤회에 대한 세 가지 접근 방식은 체험될 수 있는 현실인 동시에 우주의 설계도에 대한 우리의 통찰 수준을 반영한다. 궁극적으로는 창조 원리 그 자체만이 참된 실재다. 윤회가 불가능해 보이는 세계와 윤회를 부인할 수 없는 세계는 둘 다 개체적 경험들이 뭉쳐져 빚어낸 가상현실이다. 도저히 양립할 수 없어 보이는 시나리오들이 우주극 안에 함께 존재하는 이유는 그 때문이다. 우주심의 신성한 연극 속에서 그것들은 아무런 문제 없이 공존할 수 있다.

09

자신을 알지 못하게 하는 금기

우리는 영적 체험을 하는 인간이 아니라
인간이 된 체험을 하는 영적 존재다.

— 테야르 드 샤르댕Teilhard de Chardin

태어남은 한갓 잠이요, 망각.
우리와 함께 탄생하는 영혼,
우리 생애의 별은
머나먼 곳에서 점지되어 왔나니.

완전히 망각하지도,
완전히 발가벗기지도 않고
영광의 구름 따라
본향의 신께로부터
우리 왔나니.

갓난아이 적 우리는
천국에 안겨 있으나
자라나는 아이에겐
감옥의 그림자
드리우기 시작하누나.

— 윌리엄 워즈워스William Wordsworth

감쪽같은 환영

우리는 일체지향적 상태에서 평소의 몸-에고 경계를 초월하여 다른 사람, 동물, 식물, 자연의 무기물 또는 다양한 신화적 존재가 되는 생생한 체험을 할 수 있다. 만물 속에서 보이는 분리와 단절이 사실은 우리의 자의적인 해석이자 환영에 불과하다는 사실도 발견한다. 그런 모든 경계가 해체되고 초월될 때, 절대의식 또는 우주적 공空인 창조의 근원 그 자체와 합일하는 체험이 일어난다. 이렇게 우리는 우리의 진짜 정체성이 개별 자아가 아니라 우주적 자아임을 깨닫는다.

우리의 깊은 본질이 우주의 창조 원리와 동일한 신성이라면, 자신을 물질계에 존재하는 육신으로 여기는 확고한 믿음은 어떻게 이해해야 할까? 앨런 와츠가 "자신을 알지 못하게 하는 금기"라고 부른 이 비밀스런 망각, 우리의 진짜 정체성에 대한 근원적인 무지는 어디에서 오는 것일까? 시간을 초월한 무한한 영적 존재는 어떻게 자신 안에서 손으로 만져지는 가상현실을 만들어내며, 심지어 그 안의 존재들로 하여금 근원으로부터의 단절과 분리를 경험하게 하는 것일까? 우주극의 배우들은 한갓 환영인 그들의 현실이 어떻게 객관적으로 존재한다는 착각에 빠지게 되는 것일까?

내가 지금껏 들어본 최고의 설명은, 우주의 창조 원리가 자기 자신의 완벽한 속임수에 넘어갔다는 말이었다. 현상계를 만들어 신성한 게임을 벌이는 창조의 목적은 의식에게 모험을 할 최선의 기회를 제공하기 위해서다. 그러려면 현상계는 세부적인 면까지 매우 그럴듯하고 믿음직해야 한다. 그것은 연극이나 영화 등의 예술 작품과도 같다. 그것들이 너무나 완벽하게 연출되면, 우리는 눈 앞의 장면이 환영이라는 사실을 잊고 마치 진짜인 양 반응한다. 훌륭한 배우들도 맡은 배역에 몰입할 때는 자신의 진짜 정체성을 잠시 잊곤 한다.

우리가 사는 세상에는 순수한 형태의 절대의식에는 없는 다수성, 양극성, 불투명함, 구체성, 일시성 등의 많은 특징이 있다. 예술적, 과학적으로 완벽하게 만들어진 가상 물질계의 이런 특징들은 우주심에서 분리된 의식체가 진짜 현실로 오인할 만큼 너무나 감쪽같다. 어찌나 그럴듯한지, 창조 과정에 신성이 개입했는가 하는 논란은 고사하고 신성의 존재 자체를 부정하는 무신론자들이 득세하는 일까지 벌어졌다.

물질계라는 환영을 창조하는데 사용된 중요한 책략으로는 하찮음과 추함을 들 수 있다. 만약 우리가 모두 찬란하고 영묘한 존재라면, 예컨대 태양으로부터 직접 생명에너지를 공급받고 히말라야, 그랜드 캐니언, 자연 그대로의 태평양 섬들과 같은 경치 속에서만 산다면, 우리가 신성계의 일부라는 사실은 너무나 뻔해질 것이다. 마찬가지로 세상의 모든 건물이 알함브라 궁전, 타지마할, 상도上都 유적(원나라의 여름 수도), 샤르트르 대성당과 같은 모습이고, 미켈란젤로의 조각상들이 우리를 둘러싸고 있고, 늘 베토벤과 바흐의 음악이 흐른다면, 세상의 신성한 본질을 인식하는 일은 조금도 어렵지 않을 것이다.

우리가 분비물, 배설물, 결함, 병, 게다가 불쾌한 내용물이 든 위와 장을 모두 갖추고 있다는 사실은 신성의 표출을 확실히 방해하고 가려버린다. 구토, 트림, 방귀, 대변, 소변 등의 온갖 생리적 기능과 육체의 최종적 부패는 사태를 더 악화시킨다. 마찬가지로 멋없는 자연 풍경, 쓰레기장, 오염된 공장 지대, 외설적인 낙서에다 냄새까지 고약한 화장실, 도시의 빈민가, 쓰러져 가는 무수한 가옥들은 우리의 삶이 신성한 유희라고는 도무지 깨닫지 못하게 한다. 약육강식이라는 생명의 본질과 악의 실체는 평범한 사람들로 하여금 깨달음이 거의 불가능하게 만들어놓는다. 서양인들에게는 물질 과학이 구축한 세계관도 험난한 장해물로 작용한다.

추함보다는 아름다움에서 신성을 연상하는 것이 훨씬 쉽다. 하지만 더 넓은 맥락에서 보면, 우주의 청사진 안에 추함을 포함시키는 것은 존재의 폭을 더 풍요롭고 충만하게 하고 창조의 신성한 본질을 숨기는 데도 도움을 준다. 끔찍한 이미지를 완벽하게 연출해내는 것 자체가 우주에게는 흥미로운 도전거리다. 인간으로 치면 예술가와 과학자들에게 해당하는 속성들이 우주 의식의 복잡다단한 특징들 중 일부이기 때문에, 추하고 혐오스러운 것들을 포함한 모든 가능성을 탐사하고자 하는 우주의 성향은 그다지 놀랄 만한 일이 아니다.

미술, 문학, 영화 등 예술의 세계에서 아름다움과 정신의 고양만을 옹호하지 않는다고 일방적인 비난을 받는 일은 거의 있을 수 없다. 과학자들도 아무런 거리낌 없이 존재의 모든 측면을 조사하며, 비록 세상의 비참하고 추한 면을 발견하게 될지라도 자신의 열정적인 탐구를 주저 없이 밀고 나간다. 우주극의 기원과 목적을 깨닫는다면, 우리는 완전함과 아름다움에 대한 일반적 기준을 철저하게 수정해야만 한다. 놀랍거나 그저 그런 것들뿐만 아니라 속되고 추한 것들 속에서도 신성을 발견하는 능력은 우리의 영적 여행에서 중요한 과제다.

일상적 기준에 따르면, 앨버트 아인슈타인은 침팬지와 같은 영장류는 말할 것도 없고 동시대의 모든 인간보다도 훨씬 뛰어난 천재다. 하지만 우주적 관점에서 보면 아인슈타인과 원숭이 한 마리는 계획된 바 그대로의 완벽한 표본이기 때문에, 그 둘 사이에는 어떤 위계적 차이도 없다. 셰익스피어 희곡에서 왕은 궁전의 어릿광대보다 분명히 계급이 높다. 하지만 한 사람의 배우로서 로렌스 올리비에[1]라는 존재는, 완벽한 연기에 몰입해 있는 한 어떤 배역을 맡느냐에 좌우되지 않는다. 마찬가지로 아인슈타인은 감쪽같이 앨버트 아인슈타인으로 분장한 신이고, 한 마리의 침팬지 역시 완벽하게 한 마리의 침팬지 역할을 하고 있는 신이다.

우리는 미켈란젤로와 빈센트 반 고흐의 작품에는 감탄하지만 저속한 작품들에서는 크게 감동받지 않는다. 물론 이처럼 극적으로 다른 결과를 빚어내는 보통 인간들의 노력을 비교해보려는 것이라면 일반화된 미적 기준은 전혀 문제되지 않는다. 하지만 그 작품들의 진정한 창조자는 육신 속의 작가들이 아니라 특별한 목적으로 그들을 부리는 절대의식과 우주의 창조 에너지다. 만일 창조의 뜻이 위대한 예술작품을 만들어내는 것이 아니라 우주의 게임 속에다 일부러 '저질 작품의 세계'를 더하기 위한 것이었다면, 그 일은 나름대로 완벽하게 성공한 셈이다.

호랑나비, 공작, 가젤과 마찬가지로 못생긴 두꺼비도 특별한 목적 아래 우주의 설계도 속에 포함된 피조물이다. 이처럼 창조의 절대

---

1) Lawrence Olivier(1907~1989). 영국의 배우이자 연출가. 셰익스피어 희곡을 통해 명배우로 이름을 날렸다.

적 완벽성이야말로 우리를 '자신을 알지 못하게 하는 금기' 속에 가두는 원인인 듯 보인다. 섬세하고 정교하게 작동하는 가상현실은 너무나 감쪽같아 믿을 수밖에 없는 물질 우주를 빚어낸다. 그리고 위대한 연극의 주인공으로 발탁된 무수한 배역의 의식체들은 복잡하게 뒤엉킨 이 마법적 환영의 거미줄 속으로 얽히고 빠져든다.

조물주의 창조 놀이

우주적 게임의 역동성과 본질에 대한 통찰이 꼭 지고한 창조원리의 차원에서만 일어나는 것은 아니다. 메릴랜드 정신의학 연구소의 전문가 대상 훈련 과정에 참가했던 게일 목사는 환각 세션 중에 네 명의 초인적인 조물주가 경쟁적으로 창조 게임을 벌이면서 우주를 탄생시키는 장면을 목격했다. 그녀의 체험은 하나의 창조 원리가 아니라 여러 조물주가 등장했다는 점에서 매우 예외적이다. 하지만 이 이야기는 영적 존재의 윤회나 '자신을 알지 못하게 하는 금기'에 관련된 많은 문제들을 대단히 명쾌하게 설명해준다. 아래는 세션 가운데서 그에 해당하는 내용만을 발췌한 것이다.

나는 우리가 알고 있는 시공간을 초월한 듯한 차원에 있었다. 지금에 와서 다시 생각해보면, 현대 물리학자들이 말하는 4차원 이상의 초공간(hyperspace)이라는 개념과도 비슷한 것 같다. 하지만 어떤 표현으로도 이 체험의 신성하고 심오한 감정, 놀랄 만큼 신령스러운 느낌을 전달하지는 못할 것이다. 나는 나 자신이 엄청나게 큰 초인적 존재, 아마도 모든 한계를 초월했거나 그 한계들이 생겨나기 전에 존재했던 무엇이라는 사실을 깨달았다. 나는 어떤 형체도 없이 절대 공간 속을 떠다니며 지고한 지성을 갖춘 순수한 의식으로 존재했다. 거기에는 광원光源도 전혀 없었지만, 그렇다고 완전한 어둠 속에 있는 것은 아니었다.

나는 이 공간을 또 다른 세 존재와 공유했다. 그들도 나처럼 완전히 추상적이고 형체가 없었지만, 나는 그들이 나와 별개의 존재임을 분명히 느낄 수 있었고 복잡한 정신감응법(텔레파시)를 통해서 그들과 대화할 수 있었다. 우리는 찬란하고 지적인 온갖 게임으로 서로를 즐겁게 해주었고, 놀라운 아이디어의 불꽃들이 이리저리 날아다녔다. 이 게임들의 복잡함, 난해함, 상상력의 수준은 인간이 알고 있는 모든 것을 훨씬 뛰어넘는다. 우리의 존재 형태에서는 어떤 것에도 실질적 의미가 없었기 때문에, 그 게임들은 모두 순수한 오락, '예술을 위한 예술(l'art pour l'art)'일 뿐이었다.

나는 이 체험을 기억할 때마다 우리와 비슷하거나 더 나은 지성과 뇌를 갖고 바닷속을 돌아다니는 고래들을 떠올리게 된다. 자연은 불필요한 기관과 기능을 이유 없이 창조하거나 유지하지 않기 때문에, 이 고래들의 정신 활동도 분명 인간과 엇비슷한 수준일 것이다. 나는 고래들이 바닷속에서 수백 마일 너머까지 전달되는 놀라운 목소리를 통해 서로를 즐겁게 해주는 데 대부분의 시간을 사용한다는 한 연구자의 견해를 읽은 적이 있다. 고래들은 서로에게 이야기를 들려주고 예술적인 창작품을 주고받는 걸까? 고래들도 철학적인 토론을 하고 복잡한 게임을 즐길까? 또는 방이나 동굴 안에 홀로 앉아 깊은 명상에 든 인도나 티베트의 요기처럼, 고래들도 우주의 모든 역사와 그 외의 차원에 연결되는 체험을 하는 걸까?

체험의 배경과 전반적인 분위기를 묘사하고 순수한 영적 존재인 무형의 존재를 설명한 다음에, 그녀는 '자신을 알지 못하게 하는 금기'라는 우리의 논의와 밀접히 관련된 내용을 이야기하기 시작했다.

그 존재들 중 하나가 흥미로운 아이디어를 꺼냈다. 그 존재는 온갖 크기와 형태를 지닌 무수한 피조물로 가득 찬 창조 게임을 해보지 않겠느냐고 제안했다. 피조물들은 밀도가 높고 단단하며, 다양한 모양과 짜임새와 강도를 지닌 물체들로 채워진 세계 속에 존재하게 될 것이다. 그것들은 생겨나고, 진화하고, 서로 복잡하게 작용하는 모험을 마친 후에는 존재를 마감할 것이다. 남성과 여성이라는 두 가지 형태로 존재하면서 서로를 보완하며 번식에 참여하는 피조물 집단도 여럿 생겨날 것이다.
이 세계는 뚜렷한 시공간 좌표 속에 한정될 것이다. 시간은 과거에서 현재를 거쳐 미래로 가는 강제적인 흐름으로 작용하고, 뒤쪽 사건들은 앞선 사건들에 의해 발생한 듯 보일 것이다. 서로 다른 시대들이 생겨나 광대한 역사를 채워갈 것이다. 피조물은 수많은 경로들 중 하나를 통해서 이곳에서 저곳으로 공간을 이동할 수 있다. 다른 게임들처럼, 다양하고 엄격한 제한과 규칙과 법칙들이 이 세계의 모든 사건을 지배할 것이다. 그 속으로 들어가 다양한 역할을 맡아보는 일은 우리에게 매우 독특한 최고의 즐거움을 선사할 것이다.

영적인 세 존재는 흥미를 보였지만 그 계획에 강한 의구심을 표현했다. 듣기에는 흥미로웠지만 실제로 가능할지 미심쩍어 보였기 때문이다. 머리와 몸통, 사지가 있는 이상하고 단단한 모양의 몸뚱이 속에 갇혀 산소라 불리는 기체를 호흡하고 다른 죽은 피조물을 먹음으로써 아슬아슬하게 생존하는 모습을, 무엇이든 가능한 세계 속에 있는 무한한 영적 존재가 어떻게 쉽게 받아들일 수 있겠는가? 감각 기관 따위에 제한된 인식 능력과 지적 능력을 어떻게 그들이 수긍할 수 있겠는가? 진지하게 고려하기에는 너무나 공상적인 아이디어로 보였다. 이어지는 내용에서, 게일은 조물주적 존재가 어떻게 이 문제를 해결했는지 설명한다.

뒤이어 격한 논의가 일어났다. 이 계획의 주창자는 충분히 가능하다고 주장하면서 우리의 모든 반론에 응했다. 그/그녀는 충분히 흥미롭고 치밀한 시나리오, 특정한 상황들과 강력한 체험들의 일관된 연결성, 빠져나갈 모든 구멍을 꼼꼼히 감추는 것이 이 계획에 필요한 전부라고 설득했다. 그러면 참여자는 복잡한 환영의 그물에 붙잡히고 속아서 이 게임을 현실로 믿게 될 것이다. 우리는 그 모든 가능성에 점점 더 매혹됐고, 마침내 이 비범한 계획의 가능성을 확신하게 되었다. 우리는 의식의 신나는 모험을 보장하는 그 계획에 흥분해서 이 육화肉化 게임에 동참하기로 결정했다.
이 체험은 카르마에 대한 내 궁금증을 전부 해결해주었다. 나는 내 본질이 영적 존재이며, 이 우주극에 참여하게 된 것은 오직 내 자유로운 결정 때문이라고 확신했다. 육화를 선택했다는 것은, 우리가 이 게임을 하기로 마음먹은 동안 계속 작용할 수많은 제한과 규칙과 법칙을 자발적으로 받아들인다는 뜻이다. 그렇다면 삶에서 일어난 어떤 일로 누군가를 비난하는 것은 말이 되지 않는다. 우리가 높은 차원에서 우주적 게임에 참여할지 말지를 자유롭게 선택할 수 있다는 사실은, 그 안에서 벌어지는 모든 일의 의미를 새롭게 규정하는 철학적 틀을 제공한다.

귀향길의 함정과 굴곡

우리가 분리된 개체 생명이라는 물질계의 환영에서 벗어나기 어려운 것은 창조의 완벽함 때문만이 아니다. 신성한 근원과 재결합하는 길에는 고난과 위험과 시련이 가득하다. 신성한 게임은 완전히 폐쇄된 구조가 아니므로, 그 속의 주인공들은 자신의 우주적 본질을 비롯한 창조의 참된 본성을 발견할 수 있다. 하지만 자기기만의 함정에서 벗어나 근원과의 재합일로 향하는 샛길들은 대부분 교묘히 감춰져 있고, 심각한 어려움들로 가로막혀 있다. 이것은 우주가 안정과 균형을 유지하기 위해서 절대로 필요한 일이다. 영적인 행로의 이런 함정과 굴곡들은 '자신을 알지 못하게 하는 금기'의 중요한 부분이다.

또한 영적 열림의 기회를 제공하는 상황들은 십중팔구 강력하고 다양한 반대 세력들을 수반한다. 자유와 깨달음을 향한 길을 극도로 어렵고 위험케 하는 장애물들은 본질적으로 영혼의 내부에도 존재한다. 어두운 원형적 힘, 죽음의 공포, 광기 어린 망령과의 만남처럼 용기와 결심이 부족한 탐구자들을 단념케 하는 무서운 체험들이 여기에 속한다. 외부 세계에서 오는 온갖 방해와 간섭들은 상황을 더 어렵게 만든다. 중세에 자연발생적인 신비 체험을 겪은 사람들은 종교재판소의 고문과 심판, 처형이라는 위협에 처해야 했다. 우리 시대에는 마녀라는 비난과 고문, 화형을 대신하여 정신의학이 낙인 찍은 꼬리표와 과격한 치료 수단들이 횡행한다. 우리가 아무리 세련되고 결정적인 이론을 제시한다고 해도, 20세기의 과학만능주의는 그 모든 영적 노력을 비웃고 병리적 진단만을 강요할 뿐이다.

현대 사회에서 과학자들이 누리는 권위는 영성을 진지하게 추구하거나 영적 깨달음의 길을 따라가는 사람들을 괴롭힌다. 게다가 주류 종교의 교리와 활동들도 참된 영성을 발견할 수 있는 유일한 곳이 각자의 정신적 내면이라는 사실을 감추곤 한다. 심지어 조직화된 종교는 신성과의 연결을 돕기는커녕 진지한 영적 탐구를 심각하게 방해할 수도 있다.

서양인들은 여러 원주민 문화에서 발전된 신성한 기법들을 야만인들의 유치한 미신이자 마법적 사고의 산물로 무시해왔다. 탄트라에서 표현된 성의 영적 잠재력은 그저 강력한 동물적 본능의 차원으로 전락해버렸다. 초월적 차원으로 가는 문을 활짝 열어주는 환각물질들이 출현했지만, 곧바로 환락을 위한 무책임한 남용, 정신이상, 염색체 손상, 법적 처벌의 위협 등이 그 의미를 퇴색시켰다.

실패한 아스트랄 투사 실험

예측 가능한 물질계가 객관적으로 실재한다는 우리의 믿음은 너무나 확고해서, 익숙한 현실이 갑작스럽게 붕괴하거나 '자신을 알지 못하게 하는 금기'가 깨질 때 우리는 엄청난 정신적 공황에 빠질 수 있다. 앞서 소개한 볼티모어에서 프라하까지의 '아스트랄 투사' 체험의 뒷부분은 이런 혼란을 잘 드러내준다. 나는 내가 실제로 두 도시 중에 어디에 존재하는지 모르는 채로 시공의 순환 고리 속에 갇혀 맴돌던 부분에서 이야기를 중단했었다. 아래는 그 특별한 모험의 나머지 이야기다.

나는 내가 체험하는 것이 소위 '객관적 현실'인지 아닌지에 대한 더 확실한 증거가 필요하다고 느꼈다. 결국 나는 실험을 하나 해보기로 마음먹었다. 벽에 걸린 그림 하나를 떼어 내려놓고는, 그 시간에 부모님의 아파트에서 뭔가 이상한 일이 생기지 않았는지 나중에 여쭤서 확인해보려 했던 것이다. 나는 그림을 향해 다가갔지만 그 틀을 건드리기 직전에, 이 일이 몹시 위험하고 무서운 결과를 초래할지도 모른다는 불안함이 엄습해왔다. 불현듯 나는 사악한 힘과 위험한 흑마술의 공격을 느꼈다. 마치 내가 하려던 짓이 위험한 도박이며, 그 대가는 내 영혼인 듯 보였다.

나는 잠시 행동을 멈추고 지금 벌어지고 있는 일을 이해하려고 필사적으로 애썼다. 몬테카를로, 베네치아의 휴양지, 라스 베거스, 리노 등 세계적 카지노의 광경들이 눈앞에서 번쩍였고, 흥분되는 속도로 회전하는 룰렛 볼, 위아래로 움직이는 슬롯머신의 손잡이,

크랩 게임[2]이 벌어지는 녹색 테이블 위에서 구르는 주사위가 보였다. 둘러앉아 카드 패를 돌리는 노름꾼들, 바카라[3]를 하는 도박사들, 키노[4] 화면의 점멸하는 빛을 바라보는 사람들로 가득했다. 정치인, 권력가, 군관, 최고 과학자들이 비밀 회동을 갖는 장면도 보였다.

마침내 나는 그 메시지를 이해했고, 내가 아직 자기중심적인 태도를 극복하지 못했고 힘의 유혹을 견뎌낼 수 없다는 사실을 깨달았다. 시공간의 한계를 초월하는 능력은 나를 흥분시키는 위험한 유혹이었다. 만약 내가 시공간을 지배할 수 있다면, 엄청난 돈을 벌어 모든 것을 살 수 있을 것이다. 그저 가까운 카지노, 주식거래소, 복권 판매소를 찾아가기만 하면 그만이다. 시공간의 지배권을 획득한 내 앞에서는 어떤 비밀도 존재하지 않을 것이다. 정치지도자들의 정상회담을 엿듣거나 국가기밀을 빼돌릴 수도 있다. 그리고 그것은 세상사의 흐름을 예기치 못한 방향으로 돌려놓게 될 것이다.

나는 이 체험 속에 내포된 위험성을 알아차렸다. 에고의 한계를 극복하고 영적 성숙을 이루기 전에는 초자연적인 힘을 멋대로 사용하지 말라고 강조했던 영적 문헌들의 경고가 떠올랐다. 나는 생각보다 훨씬 더 심각한 상황에 처해 있었다. 나는 이 실험 결과에 대해서 극히 양면적인 태도를 보이고 있었다. 시공간의 속박에서 벗어나는 일은 대단히 매력적으로 보였다. 하지만 이 실험이 성공한

---

2) craps. 미리 예상한 숫자에 돈을 걸고, 두 개의 주사위를 굴려 나온 숫자에 따라 돈을 배당받는 카지노 게임.
3) baccara(t). 카드로 하는 도박의 일종.
4) keno. 빙고와 비슷한 도박의 일종.

다면 분명히 광범위하고 엄청난 결과가 초래될 것이다. 이것은 시공간의 틈새를 한 번 슬쩍 넘본 단발적 실험의 차원을 벗어난 일이기 때문이다.

만약 수천 마일 떨어진 곳의 물리적 환경을 실제로 조작하는 데 확실히 성공한다면, 이 실험의 결과는 나의 우주 전체를 무너뜨리고 나를 엄청난 형이상학적 혼란에 빠뜨릴 것이다. 지금까지의 세계는 더 이상 존재하지 않게 될 것이다. 나는 편리하게 의지했던 모든 지도를 잃어버릴 것이다. 내가 누구인지, 여기가 어디인지, 지금이 언제인지 모른 채로 나는 완전히 새롭고 섬뜩한 우주, 그 낯설고 이질적인 법칙들 속에서 길을 잃고 헤맬 것이다. 또한 내가 이런 힘을 가질 수 있다면 다른 사람들도 얼마든지 그럴 수 있다. 그때 우리에게는 사생활이 보장되지 않고, 현실의 문과 벽은 조금도 나를 보호해주지 못한다. 나의 새로운 세계는 예측과 상상이 불가능한 잠재적 위험들로 가득할 것이다.

나는 그 실험을 실행할 수 없었고, 결국 내가 실제로 프라하로 이동했던 것인지를 확인해보려는 마음을 접었다. 나는 정말로 시공간을 초월할 뻔했을 수도 있고, 그 모든 체험이 강력한 환각물질에 의한 독특한 속임수였을 수도 있다. 어쨌든 이 세상의 현실이 하루아침에 무너져버릴 수도 있다는 사실을 객관적으로 받아들인다는 것은 내 이성의 한계를 뛰어넘은 너무나 무서운 일이었다.

실험을 포기하는 순간, 나는 환각제를 복용했던 방 안으로 돌아와 있는 나 자신을 발견했고, 몇 시간 후에는 낯익은 '객관적 현실' 속으로 응결하며 평소의 상태로 돌아왔다. 나는 독특하고 놀라운 실험의 기회를 놓쳐버린 일을 두고두고 후회했다. 하지만 그때 휩싸였던 형이상학적 공포를 떠올려보면, 행여 미래에 비슷한 기회가 다시 찾아왔을 때 좀더 용감하게 행동할 수 있을지는 나로서도 알 수 없는 일이다.

거짓 정체성의 비밀

'자신을 알지 못하게 하는 금기'와 관련된 일체지향적 상태의 통찰들을 요약해보자. 창조의 모든 수준에서 우주적 게임에 참여하는 의식체들은, 자신의 진정한 정체성을 잊은 채로 분리된 개성을 취하고 다른 주인공들을 이질적 존재로 인식하고 대해야 한다. 창조 과정은 서로 다른 특징이 있는 많은 영역들을 낳고, 각각의 영역들은 아름다운 모험을 할 독특한 기회를 의식에게 제공한다. 하나의 유기체 생물과 동화하여 거친 물질계를 체험해가는 것은 그중에서 조금 극단적인 하나의 과정에 지나지 않는다.

다양한 존재의 세계를 생생하게 그려내는 창조 원리의 교묘하고 능수능란한 솜씨는 그 속의 배역들로 하여금 현실의 본질이 환영이라는 사실을 알아차리기 어렵게 한다. 어렵사리 분리라는 환영을 극복하고 재통합을 이루려 해도 엄청난 장애물과 모호함이 앞을 가로막는다. 궁극적으로 우리의 정체성은 고정되어 있지 않고, 우리는 절대의식과 육신을 지닌 자아 사이에 존재하는 어떤 것과도 동화될 수 있다. 이처럼 우리가 우주적 게임의 다양한 차원 속에서 발휘하는 자유 선택권의 정도와 범위는 의식이 절대자에서 물질적 존재로 하강할수록 줄어들고, 반대로 영적 귀환의 길에서는 점점 늘어난다. 우리는 본래 제약이 없는 존재이기 때문에, 자유 결정에 의해 우주적 게임에 참여하고 그 완벽성의 덫에 스스로 빠져든 것이다.

10

우주의 게임

같은 나무에 앉은 친구이자 동료인

아름다운 새 두 마리.

한 마리는 달콤한 열매를 먹지만,

다른 새는 먹지 않고 친구를 지켜본다.

— 《리그 베다Rig Veda》

우리는 자신에 대해 얼마나 모르고 있는지!

우리는 자신보다 얼마나 작은 존재인지!

— 조지 고든 로드 바이런George Gordon Lord Byron

티베트 불교가 말하는 세 가지 독

지금까지 우리는 일체지향적 상태에 관한 연구를 통해, 창조에 대한 확대된 시야와 인간 본성의 고양된 이미지를 발견하고 이를 자세히 살펴보았다. 우리는 논의를 마무리 짓기에 앞서, 이런 정보들이 일상 속에서 어떤 실제적 의미를 지니는지 검토해볼 필요가 있다. 예컨대, 일체지향적 상태를 이용한 체계적인 내면 탐구는 우리의 감정적, 신체적 안녕과 성격, 세계관, 가치 체계에 어떤 영향을 미치는가? 이 새로운 발견들은 기존의 지식으로부터 최대의 이득을 얻어내는 구체적인 지침을 제공해줄 수 있을까? 우리는 삶을 더 충만하고 보람 있게 만드는 데 그것들을 활용할 수 있을까?

역사상의 영적 스승들은 물질적 추구가 만족과 행복과 내적 평화를 가져다주지 못한다고 한결같이 말해왔다. 극심해지고 있는 세계적 위기, 도덕성의 타락, 산업사회의 물질적 풍요에 수반되는 부작용의 심화는 이 오랜 진리를 뒷받침하고 있다. 신비 문헌들은 내면으로 주의를 돌려 자신의 마음속에서 해답을 구하고 깊은 심령적 변성을 체험하는 것만이 인류를 괴롭히는 실존적 불안의 유일한 치유책이라고 공통적으로 말한다.

생존의 절대 조건이 '일반적 지성(general intelligence)' — 배우고 기억하고, 사고하고 판단하고, 물리적 환경에 적절히 대처하는 능력 — 임은 누구나 아는 사실이다. 덧붙이자면, 좀더 최근의 연구들은 '감성적 지성(emotional intelligence)' — 인적人的 환경과 대인관계에 적절히 대처하는 능력 — 을 새롭게 강조하고 있다.

일체지향적 상태의 연구들은 '궁극의 철학'의 기본 사상과 맥

그림 5 ◆ 티베트 생명바퀴

죽음의 신이 움켜쥐고 있는 윤회도의 한가운데에는 죽음과 재탄생의 순환을 영속시키는
힘들이 세 가지 동물 — 닭⟮鳥⟯, 뱀⟮蛇⟯, 돼지⟮豚⟯ — 로 상징되어 있다. 그 오른편에는 악업을
저지른 이들이 하강하는 어둠의 길이 있고, 왼편에는 선업을 쌓은 이들이 상승하는
빛의 길이 있다. 바퀴의 여섯 구획은 영혼들이 태어날 수 있는 존재의 영역들 — 천상계,
아수라계, 아귀계, 지옥계, 축생세, 인간계 — 을 나타낸다. 마지막으로 바퀴의 테두리는
재탄생으로 이끄는 인과의 사슬을 묘사한다.

을 같이 하면서, 소위 '영적 지성(spiritual inteligence)'에 의해 우리 삶의 수준이 결정된다고 말한다. 영적 지성은 자신의 본성과 현실에 대한 심오한 형이상학적, 철학적 이해를 일상 속에서 발현해내는 능력이다. 그러므로 우리는 이런 형태의 지성을 성취하는 데 필요한 심령적 변화의 특징, 우리의 지향점, 영적 성숙을 촉진하는 구체적인 방법들을 살펴보아야 한다.

이에 대한 가장 명쾌하고 구체적인 답은 마하야나 불교의 여러 종파에서 찾아볼 수 있다. 우선 생사와 윤회의 쳇바퀴를 묘사한 티베트의 유명한 탱화(thangka)를 들여다보자. 이 그림은 무시무시한 죽음의 신이 움켜쥐고 있는 삶의 쳇바퀴(윤회도)를 나타내고 있다. 그 바퀴는 다양한 로카loka — 우리가 태어날 수 있는 영역들 — 를 나타내는 여섯 개의 구획으로 나뉜다. 신들의 천상계는 인접한 질투 어린 무신武神(아수라)들의 영역으로부터 도전받고 있다. 끝없는 탐욕을 상징하는 가엾은 피조물인 아귀들(pretas)은 굶주린 원혼들의 영역에 거주한다. 아귀들은 커다란 배, 엄청난 식욕, 그리고 바늘구멍만 한 입을 가졌다. 바퀴의 나머지 부분들은 각각 인간계, 축생계, 지옥을 묘사한다. 또한 바퀴의 내부에는 두 개의 동심원이 있다. 그중 바깥의 원은 영혼들이 상승하고 하강하는 여행길을 나타낸다. 가장 안쪽의 원에는 세 가지 동물 — 돼지, 뱀, 닭이 그려져 있다.

불교의 가르침에 따르면, 바퀴 중심의 세 동물들은 우리 삶에 온갖 고통을 일으켜 탄생과 죽음의 순환을 영속시키는 '세 가지 독' 또는 힘을 나타낸다. 돼지는 우리의 본성과 현실에 대한 무지를, 뱀은 분노와 공격성을, 닭은 집착으로 이끄는 욕망과 갈애를 상징한다. 우리가 실존적 시련에 대처하는 능력과 삶의 질은 사바세계를 운행하는 이 힘들을 얼마만큼 제거하거나 변화시킬 수 있는지에 달려 있다. 이제부터 이 세 가지 힘에 초점을 맞춰서, 일체지향적 상태를 일으키는 내적 탐구 과정을 자세히 살펴보자.

실용적 지식과 초월적 지혜

우리가 심층적 체험을 통해 얻을 수 있는 가장 분명한 이득은 우리 자신, 다른 사람들, 자연, 그리고 우주에 대한 특별한 지식을 접하게 된다는 것이다. 우리는 일체지향적 상태에서 정신의 무의식적 역학을 깊이 이해할 수 있다. 이미 잊혀지고 억압된 영유아기, 탄생, 태내의 기억들이 우리 자신과 세상에 대한 인식에 어떤 영향을 주는지를 깨닫기도 한다. 또는 초개아적 체험 중에 다른 사람들, 온갖 동물, 식물, 무생물계의 원소들과 합일할 수도 있다. 이런 유의 체험은 이 세상에 대한 귀한 통찰을 제공해주는 매우 풍부한 자료의 원천이다.

이처럼 우리는 일체지향적 체험을 통해 일상생활에 유익한 지식을 꽤 많이 얻을 수 있다. 하지만 티베트 탱화에서 돼지가 상징하는 무지는 일상적 지식의 부족이나 부재를 뜻하지 않는다. 여기서 말하는 무지(avidya, 無明)란 단지 물질계의 여러 측면에 대한 불충분한 정보가 아니라 우리 자신과 현실의 본성에 대한 근본적 오해와 혼동이다. 이런 무지를 해소할 수 있는 것은 초월적 지혜(prajnaparamita, 般若波羅蜜)뿐이다. 즉, 일체지향적 상태를 수반하는 내적 탐구는 한갓 우주에 대한 지식의 증가보다 더 큰 이득을 제공한다. 또한 내적 탐구는 이 책에서 소개된 바와 같은 초월적 문제들을 통찰하게 해주는 독특한 방법이기도 하다.

공격성의 뿌리

같은 관점에서 두 번째 '독'인 인간의 공격성을 살펴보자. 단순히 인간의 동물적 기원을 언급하는 설명만으로는 공격성의 본질과 범위를 담아낼 수 없다. 저열한 본능, '이기적인 유전자'의 유전전략, '파충류 뇌'의 신호 등 몇몇 동물적 요인들에 의해 인간을 '벌거벗은 원숭이'로 이해하는 것은 인간이 저지르는 폭력의 성질과 정도를 설명해주지 못한다. 동물들은 배가 고프거나, 영역을 지키거나, 번식을 위해 경쟁할 때만 공격성을 드러낸다. 동물왕국에서는 에리히 프롬이 '악질적 공격성(malignant aggression)'이라고 불렀던 인간의 폭력성을 찾아볼 수 없다.

주류 심리학자와 정신의학자들은 인간의 공격성이 영유아기에 겪은 애정결핍, 학대, 욕구불만에서 비롯된다고 말한다. 하지만 이런 설명도 극단적 형태의 폭력성 — 보스턴 연쇄교살범[1], 제프리 다머[2], 나치즘이나 공산주의와 같은 대중적 현상 — 을 이해하는 데는 그다지 도움이 되지 못한다. 피로 얼룩진 전쟁, 혁명, 대량학

---

[1] Boston Strangler. 1960년대에 보스턴에서 일어난 연쇄살인의 범인에게 붙여진 이름. 앨버트 드 살보라는 사람이 자수하여 복역 중에 살해당했지만, 그가 진짜 범인인지에 대해서는 미심쩍은 부분이 많다.

[2] Geoffrey Dahmer(1960~1994) 1978년부터 1991년까지 최소한 15명을 살해한 혐의로 총 936년 형을 언도받은 엽기적 살인마.

살, 강제수용소 등 무수한 사람이 해를 입는 현상의 심리적 동기가 어린 시절의 개인적 경험에서 기인하는 것처럼 보이지는 않는다. 인간의 이 같은 폭력성에 대해, 일체지향적 상태를 이용하는 내적 탐구는 완전히 새로운 해석을 내리게 한다. 정신을 깊이 탐사해 들어갈수록, 이처럼 위험하고 심각한 인간의 본성이 원론적인 심리학자들의 생각보다 훨씬 더 깊고 방대하게 뿌리내리고 있음을 발견하게 되는 것이다.

영유아기의 정신적 충격과 욕구 불만은 분명히 공격성의 중요한 원인들 중 하나다. 하지만 그것은 이 문제의 표면을 건드린 것에 지나지 않는다. 체계적이고 진지한 내적 탐구는 생물학적 탄생의 정신적 충격 속에 자리한 인간의 또 다른 중요한 폭력성을 드러내준다. 출산 시에 수시간 동안 겪는 생명의 위협, 고통, 질식은 우리의 정신과 신체 안에 엄청난 불안과 지독한 공격성을 축적시킨다. 그리고 세상에 대한 근본적 불신과 적개심의 이 저장고는 C. G. 융이 '그림자'라고 불렀던 인간 성격의 어두운 측면에서 핵심적 요소로 작용한다.

앞서 살펴보았듯이, 우리는 일체지향적 상태에서 탄생을 재경험할 때 상상할 수 없을 만큼 폭력적인 장면들을 떠올리곤 한다. 여기에는 신체 훼손, 살인, 강간 등의 개인적인 장면과 피로 얼룩진 전쟁, 혁명, 인종 폭동, 강제수용소처럼 집단적인 장면도 포함된다. 사회정치적인 사건을 심층심리학적으로 연구하는 역사심리학의 선구자 로이드 드머즈Lloyd deMause는 정치·군사 지도자들이 전쟁과 혁명의 시기에 연설했던 내용들과 당시의 전단, 풍자만화 등을 조사했다. 놀랍게도 이 자료들은 생물학적 탄생과 관련된 다채로운 이미지와 은유, 표현들로 채워져 있었다.

정치적 위기에 처했거나 전쟁을 선포했던 군사·정치 지도자들은 주산기의 고통을 나타내는 다양한 표현들을 사용한다. 그들은 적들이 우리의 목을 졸라 숨을 막히게 하고, 폐에서 마지막 숨을 짜내고, 우리에게서 생존 공간[3]을 빼앗아간다고 비난한다. 마찬가지로 표사(漂砂)[4], 어두운 동굴, 복잡한 미궁, 떨어질지도 모르는 위험한 심연, 빨려들거나 삼켜질 위험 등도 흔히 언급되는 표현들이다.

마찬가지로 지도자들이 내세우는 승리의 약속도 주산기에 해당하는 이미지인 경우가 대부분이다. 그들은 위험한 미궁의 어둠에서 우리를 구출하여 터널 반대편의 빛으로 인도하겠노라고 맹세한다. 압제자만 물리친다면 모두가 다시 자유롭게 숨을 쉴 수 있으리라고 약속한다. 나는 다른 저술을 통해서, 주산기 체험을 묘사한 그림과 회화를 전쟁·혁명기의 포스터와 풍자만화에 나타난 상징들과 비교하여 그 유사성을 소개한 바 있다.

하지만 공격성의 원인을 주산기로 돌리는 설명도 인간 폭력성의 본질과 범위와 깊이를 충분히 설명해주지는 못한다. 공격성의 뿌리는 개인의 경계를 훨씬 넘어서는 초개아적 영역에까지 뻗어 있기 때문이다. 일체지향적 상태에서 그것들은 요한계시록, 라그나뢰크[5]처럼 분노한 신, 악마, 정령의 형태와 복잡한 신화적 주제를 띤다. 정신의 심층에서 작용하는 어두운 원형적 힘들에 대한

---

3) 생존공간(Lebensraum). 히틀러는 독일 국민이 살아남기 위해서는 새로운 '생존공간'을 확보해야 한다고 주장하며, 이를 영토 확장의 근거로 삼아 제2차세계대전을 일으켰다.

4) quicksand. 지하수의 압력에 의해 솟아올라 있는 모래층으로, 올라선 동물이나 사람을 빨아들이는 위험한 지반이다.

5) Rangarok. '신들의 황혼(the Twilight of the Gods)'이라고도 번역되며, 북유럽 신화에서 신과 거인들의 싸움으로 신들의 황금시대가 끝나고 인간세계도 혼란에 빠지게 되는 사건을 가리킨다.

사례들은 이 책의 앞부분에서 이미 소개한 바 있다. 계통발생적으로 물려받은 동물적 기반과 전생의 기억들도 초개아적 수준에 존재하는 공격성의 또 다른 저장소다.

이처럼 일체지향적 상태는 우리의 육체에 내재한 공격성의 깊이와 범위, 그리고 인간성의 몹시 실망스럽고 볼품없는 측면들을 드러내준다. 하지만 우리는 문제의 심각성을 알아차리는 동시에 완전히 새로운 관점과 희망도 얻는다. 인간의 폭력성에 대처하는 대단히 강력하고 효과적인 방법을 발견하는 것이다. 깊은 체험으로 주산기와 초개아적 차원에 도달하면, 아주 짧은 시간 동안 엄청난 폭력성을 안전한 방식으로 표출하고 변화시킬 수 있다. 또한 공격성이 인간의 정신에 미치는 영향도 분명하게 깨닫게 된다. 공격성은 우리의 본성이 발현된 결과가 아니라 우리를 진정한 본성으로부터 분리시키는 장막으로 작용하고 있을 뿐이기 때문이다.

본질적·본능적 힘들이 쳐놓은 어두운 장막을 뚫고 나가면, 우리는 우리 내면의 가장 깊은 알맹이가 야수성이 아니라 신성임을 깨닫는다. 이런 깨달음은 앞서 인용했던 인도《우파니샤드》의 유명한 구절과 완전히 일치한다.《우파니샤드》의 메시지는 대단히 명확하다. "그대가 바로 그것이다(Tat tvam asi/Thou art That) ─ 그대의 가장 깊은 본성은 신성과 동일하다." 이처럼 우리는 진지하게 일체지향적 상태를 연구함으로써 매우 고무적인 성과를 얻을 수 있다. 진지한 내적 탐구는 공격성과 파괴 성향을 눈에 띄게 줄여주고 관용과 연민을 길러준다. 또한 생명에 대한 경외심, 다른 종種에 대한 공감, 생태적 민감성도 크게 높아진다.

끝없는 탐욕의 심령적 원천

이제 티베트 불교의 세 번째 '독', 즉 갈애와 욕망과 끝없는 탐욕의 성질이 결합된 강력한 힘을 살펴볼 차례다. 끝없는 탐욕은 '악질적 공격성'과 더불어 인간의 역사를 어둡게 채색해온 원흉으로 볼 수 있다. 서양의 심리학자들은 탐욕에 해당하는 속성들을 지그문트 프로이트의 리비도 충동(libidinal drives)[6] 이론으로 설명하려 한다. 그에 따르면, 만족할 줄 모르는 탐욕의 원인은 수유기에 만족되지 못한 구순기 방출[7]이다. 마찬가지로 돈에 대한 지나친 열중은 억압된 항문 충동에서 기인하고, 과격한 성욕은 남근 고착이 반영된 것이다. 프로이트의 제자였으나 후에 뜻을 달리한 제자 알프레드 아들러[8]는 권력을 향한 욕망을 깊이 연구했는데, 그는 권력욕이 열등감과 무능감에 대한 보상이라고 보았다.

주산기와 초개아적 차원에 도달한 일체지향적 상태의 통찰들은 인간 본성의 또 다른 근원을 밝혀냄으로써 훨씬 더 풍부한 설명을 제공해준다. 내적 탐구가 주산기 수준에 도달했을 때, 우리는 지금까지 아무런 근거 없이 살아왔다는 충격적인 사실을 깨닫는다. 그간 우리가 실행해온 삶의 전략들은 모조리 잘못된 방향을 향

---

6) libido. 정신분석학에서 성충동, 성본능을 뜻하는 말로, 성교를 바라는 욕망(성욕)보다는 훨씬 포괄적인 에너지의 개념이다.

7) 정신분석학에 따르면, 리비도는 청소년기에 갑자기 나타나는 것이 아니라 구순기口脣期와 항문기肛門期를 통해 발달하다가 5세 이후에는 억압을 받아 잠재되며(잠재기), 사춘기에 이르러서 일반적인 '성욕'으로 다시 발현한다. 리비도가 각각의 시기에 맞게 발달되고 발현되지 못하면, 후에 이상성성욕이나 신경증 등의 원인이 된다.

8) Alfred Adler(1870~1937). 오스트리아의 정신의학자. '개인심리학'을 수립하였으며, 인간의 행동과 발달을 결정하는 것은 인간 존재의 보편적인 열등감·무력감과 이를 보상 또는 극복하려는 권력에의 의지, 즉 우월의 요구라고 설명했다.

하고 있었다. 우리가 추구해온 모든 것은 그저 몸과 마음에 내재한 무의식적 감정과 충동적 에너지에 휘둘린 결과일 뿐이다.

출산 시에 겪었던 몹시 불편하고 두려운 상황에 대한 기억은 우리 안에 그대로 남아 쉬지 않고 활동한다. 체계적인 내적 탐구를 통해 완전히 의식되고 다뤄지기 전까지, 그 기억들은 우리의 삶에 매우 큰 영향력을 행사한다. 즉, 우리의 모든 행위와 삶의 전략들은 탄생의 불완전한 게슈탈트(통합적 형태)와 죽음에 대한 두려움을 극복하려는 뒤늦은 노력으로 이해될 수 있다.

이런 정신적 충격은 정신의 표면으로 부상하면서 현 상황에 대한 불만을 일으킨다. 이처럼 대상과 형태가 정해져 있지 않은 불만은 광범위한 대상들을 향해 투사될 수 있다. 우리는 맘에 들지 않는 자신의 용모와 부족한 자원, 궁핍한 경제력에 불만을 느낀다. 지위가 낮고 권력이 주어지지 않는 데서 불평거리를 찾기도 한다. 힘과 명예, 지식과 기술이 부족한 것도 비난을 쏟아내기에 적당한 이유가 된다.

눈앞의 현실이 어떻든 간에, 상황이 만족스러워지는 법은 결코 없으며 해결책은 언제나 미래에 있는 듯 보인다. 마치 산도에 내몰려 몸부림치는 태아처럼, 우리는 지금보다 더 나은 상황으로 탈출하고 싶은 욕구에 휩싸인다. 미래의 성취에 대한 강한 충동 탓에 우리는 한시도 현실 속에서 충만하게 살지 못하고, 삶은 언제나 더 나은 무언가를 향한 준비 단계로만 여겨진다.

우리는 부족함과 단점이 바로잡힌 만족스러운 미래상을 상상해냄으로써 이런 실존적 불안에 반응한다. 실존주의자들은 이 메커니즘을 미래를 향한 '자기 투사(auto-projecting)'라고 부른다. 이런 전략을 일관되게 실천함으로써 우리는 '다람쥐 쳇바퀴' 또는 '과당 경쟁'이라 불리는 ― 지금 가능한 일들을 충분히 즐기지 못하면서 미래의 행복이라는 헛된 신기루를 쫓는 ― 생활 습관에 길들여진다. 이처럼 잘못되고 거짓되고 무모한 접근법은 죽음이 '진실의 순간'으로 데려가서 그 공성空性과 허망함을 가차없이 드러낼 때까지 평생 우리를 지배하기도 한다.

'미래를 향한 자기 투사'로 실존적 불만을 메꾸는 것은 그 목표가 이뤄지든 그렇지 않든 언제나 '패자의 전략'일 뿐이다. 그것은 우리의 욕구에 대한 전적인 몰이해와 잘못된 인식에 근거하고 있다. 우리는 기대했던 목표를 결코 얻을 수 없다. 우리는 상상했던 목표에 도달하지 못하고 불만이 지속되는 이유를 설정한 기준치에 도달하지 못했기 때문이라고 생각한다. 하지만 목표를 달성한다 해도, 그 성공은 우리가 희망했던 것을 가져다주거나 불편한 느낌에서 벗어나게 해주지 않는다. 게다가 우리는 불만이 지속되는 이유조차 정확히 파악할 수 없다. 우리는 성취 유무와는 관계없이 결코 충족될 수 없는, 즉 근본적으로 잘못된 생존 전략을 추구하고 있다는 사실을 깨닫지 못한다. 오직 목표가 너무 작았거나 목표의 설정이 잘못되었다는 식으로 결핍의 원인을 돌려버린다.

이런 습성은 온갖 과장된 목표를 맹목적이고 불합리하게 추구하여 세상에 많은 고통과 문제를 일으키도록 이끈다. 이 전략은 삶의 본질에서 동떨어져 있으므로 어떤 상황에서든 남용되기 십상이다. 맡은 배역이 가난뱅이든 아리스톨 오나시스[9]나 하워드 휴

---

9) Alfred Adler(1906~1975). 아르헨티나 국적의 선박왕으로, 제2차세계대전을 계기로 전 세계의 해운업계와 석유업계를 쥐락펴락했다.

즈[10] 같은 부류의 억만장자든 간에, 결국 진정한 성취를 이뤄내지 못하는 것에는 차이가 없다. 생존의 욕구가 충족된다는 가정하에, 실제로 우리 삶의 질은 외적인 환경보다는 의식 상태와 훨씬 더 크게 관련되기 때문이다.

외적 목표를 추구함으로써 만족을 얻고자 하는 그릇된 노력은 오히려 모순된 결과를 가져오는 경우가 많다. 나는 수십 년간 혹독하게 일하고 노력해서 평생 꿈꿔왔던 목표를 마침내 달성해 낸 바로 다음 날부터 심각한 우울증에 빠져버린 사람들을 연구한 적이 있다. 조셉 캠벨은 이런 경우를 "사다리 꼭대기에 올라가서야 그 사다리가 잘못된 벽에 서 있었다는 사실을 발견하는" 상황으로 묘사했다. 탄생의 기억을 의식 속으로 완전히 가져오고, 탄생과 관련된 죽음의 공포를 마주하고, 심령적 재탄생을 체험함으로써, 우리는 이런 실망스러운 습성들을 눈에 띄게 약화시킬 수 있다. 또한 출산 전후의 상황을 생생히 떠올려 출생 시의 고통스러운 충격에서 벗어남으로써, 우리는 미래의 성취에 대한 집착을 크게 줄이고 현재에서 더 큰 만족을 찾을 수 있다.

하지만 우리의 불만과 실존적 불안은 주산기보다 훨씬 깊은 수준에 뿌리내리고 있다. 즉, 인간의 삶을 조종하는 이 끝없는 갈망은 그 본질상 선험적이다. 르네상스 초기 이탈리아의 위대한 시인 단테 아길리에Dante Alighieri는 "이생에는 영혼의 목마름을 풀어 줄 만큼 커다란 기쁨이나 즐거움이 존재하지 않기에, 완벽하고자

---

10) Howard Hughes(1905~1976). 10대에 아버지의 공구회사를 물려 받는 것을 시작으로 영화, 방송, 항공, 호텔 등의 사업에서 큰 성공을 거둔 미국의 사업가. 레오나르도 디카프리오가 주연한 영화 〈에비에이터Aviator〉(2005)의 실존 인물이다.

하는 욕망은 언제나 모든 즐거움을 불완전한 것으로 보이게 한다"
고 표현했다. 가장 일반적인 관점에서 보면, 만족할 줄 모르는 탐욕
의 깊숙한 초개아적 뿌리는 '우주아宇宙我의 계획(the Atman Project)'이
라는 켄 윌버의 개념을 통해 가장 잘 이해될 수 있다.

　　윌버는 '궁극의 철학'의 기본 사상이 가리키는 구체적 결론을
탐사하고, 그것은 우리의 본성이 신성임을 단언한다고 설명했다.
우리는 이러한 우리 존재의 본질을 하느님(God), 우주 그리스도(the
Cosmic Christ), 케테르[11], 알라, 부처, 브라흐만, 도道, 그 외 여러 이름
으로 불러왔다. 창조 과정이 우리를 우주적 근원, 신성한 본성과 떼
놓고 분리시킬지라도 이런 연결성에 대한 자각은 결코 완전히 소
실되지 않는다. 인간 정신의 모든 발달 수준에 작용하는 가장 깊은
동력은 신성의 체험으로 돌아가고자 하는 열망이다. 하지만 우리
는 육신이라는 억압적 굴레 탓에 신 안에서의, 그리고 신으로서의
완전한 영적 자유를 체험하지 못한다.

　　세속적인 성취로는 견줄 만한 상대가 없는 알렉산더 대왕도
예외가 아니었다. 그는 모든 사람이 바라마지 않는 물질적 성취의
극한에 이르렀던 사람이다. "신이 내린 알렉산더"라는 별칭만 보아
도 잘 알 수 있다. 아래는 그와 관련되어 전해지고 있는 이야기다.

　　전쟁에서 승승장구하며 광대한 영토를 정복해가던 마케도니
아의 왕 알렉산더는 마침내 인도에까지 이르게 되었다. 거기서 그
는 비범한 힘[12], 특히 미래를 보는 능력이 있는 요기에 대한 소문을

---

11)　Keter. 유대 신비주의 철학인 카발라에서, 무한한 신이 방출한 열 가지 속성(세피로트) 중 첫
　　번째를 가리키는 용어. 본래의 뜻은 왕관이다.
12)　siddhis. 초월적 명상을 통해 얻어지는 초능력.

듣고 그 요기를 만나러 갔다. 알렉산더가 동굴에 도착했을 때 그 요기는 여느 때처럼 영적 수행에 빠져 있었다. 알렉산더는 성급하게 끼어들어서 요기의 명상을 방해하고는 정말로 미래를 보는 힘을 가졌느냐고 물었다. 요기는 침묵 속에서 고개를 끄덕이고는 다시 명상에 들었다. 알렉산더는 다시 집요한 질문으로 요기를 방해했다. "나의 인도 정복이 성공할지를 알려주실 수 있습니까?" 요기는 잠시 명상을 하더니 천천히 눈을 떴다. 그리고 온화한 눈길로 알렉산더를 한동안 바라보고는 측은한 듯이 말했다. "결국 당신에게 필요한 것은 6피트(1.8미터) 정도의 땅조각뿐입니다."

인간의 딜레마 ─ 물질적 수단으로 신성을 실현하고자 하는 절망적인 노력 ─ 를 이보다 더 신랄하게 드러내주는 예는 찾기 어렵다. 우리가 신성한 존재로서 잠재력을 완전히 실현할 수 있는 유일한 방법은 내적 체험뿐이다. 그러려면 분리된 자아의 죽음과 초월, 즉 '살가죽에 싸인 에고'라는 정체성이 소멸되어야만 한다. 하지만 소멸에 대한 두려움과 에고에 대한 집착 때문에, 우리는 우주아(Atman)의 대역이나 대체물로 만족해야만 한다. 그리고 이 대체물은 삶의 단계마다 특정한 대상으로 바뀌어간다. 그것들은 우리의 삶 속에서 툭하면 변덕을 부린다.

태아와 신생아에게는 훌륭한 자궁과 젖무덤의 경험이 주는 행복이 바로 우주아의 대체물이 된다. 유아는 안전하고자 하는 욕구와 생리적 욕구의 충족을 대체물로 삼는다. 우리가 성인기에 가까워질수록, 우주아의 계획은 점점 더 엄청나게 복잡해진다. 그때는 음식과 섹스는 물론이고 돈, 명성, 힘, 외모, 지식, 그 외 온갖 종류의 것들이 우주아의 대체물로 섬겨진다. 하지만 우리의 깊숙한 곳에서는 자신의 참된 본성이 우주 창조의 총합과 창조 원리 그 자체임을 느끼고 있다. 그래서 우리는 아무리 좋고 많은 대체물을 획득하더라도 항상 불만스러운 상태로 남게 되는 것이다. 만족할 줄 모르는 탐욕을 궁극적으로 해결하는 길은 무수한 종류와 범위의 세속적인 추구가 아니라 내면세계 속에서 발견된다. 비일상적 의식 상태에서의 신성 체험만이 우리의 가장 깊숙한 욕구를 충족시켜줄 수 있는 것이다.

페르시아의 신비주의 시인 루미는 이 진리를 매우 명쾌하게 표현했다. "아버지, 어머니, 친구, 천국, 지구, 궁전, 과학, 일, 음식, 술 등 온갖 것을 향해 사람들이 품는 희망, 욕망, 사랑, 애착들……. 성자는 이것이 신을 향한 욕망이며 그 모든 대상은 가리막에 불과함을 안다. 사람들이 이승을 떠나서 가리막 없이 왕(King)을 대면할 때, 모든 것이 가리막이자 덮개였으며, 자신이 욕망했던 대상들이 사실은 하나(One Thing)였음을 알게 되리라." 스스로 '지복(felicity)'이라 부른 삶의 길을 열렬히 따랐던 17세기 영국의 시인이자 성직자였던 토머스 트러헌Thomas Traherne은 그 체험을 이렇게 묘사했다.

거리도 내 것, 교회도 내 것, 사람들도 내 것이었다. 하늘도 내 것이었고, 해와 달과 별들도, 온 세상도 다 내 것이었고, 나는 그것의 유일한 목격자이자 수혜자였다. 나는 얄팍한 교양과 경계와 분별을 조금도 알지 못했다. 하지만 모든 교양과 분별도 내 것이었고, 모든 보물과 부자들도 내 것이었다. 나는 그 혼란 속에 타락했고 속세의 간계를 배워야 했으니, 이제 나는 그것을 잊어버리고 다시 신의 왕국에 들어갈 어린 아이가 된다.

신비의 길을 현실의 두 발로 걸어가기

물질 우주가 기계적 구조물이 아니라 절대의식이 창조한 가상현실이자 무한히 복잡한 경험들이 빚어내는 춤이라는 통찰은 우리에게 어떤 실질적인 결론을 줄 수 있을까? '나'라는 존재가 우주의 창조 원리와 동등하다는 인식은 우리의 가치 체계와 삶의 방식에 어떤 영향을 미칠까? 이런 질문들은 우리 자신뿐만 아니라 인류 전체와 지구 생명의 미래를 위해서도 이론적으로나 실질적으로나 중대한 의미를 지니고 있다. 일체지향적 상태를 체험한 사람들의 통찰에서 그 해답을 찾아보자.

대부분의 종교는 삶의 고난에 대처하는 방법으로서 세상사의 의미를 깎아내리고 초월적 세계로 마음을 돌리라는 처방을 제시한다. 물질계가 아닌 다른 차원에만 초점을 맞추도록 유도하는 교리들도 적지 않다. 지고한 존재들 또는 높은 세계와 소통하는 방법으로 기도와 헌신을 권장하기도 한다. 명상과 여러 영적 수행법을 통해 초월적 영역을 직접 체험하는 접근법을 제시하고 강조하는 종교들도 있다. 이런 종교들은 물질계를 불완전하고 부정^{否定}하고 고통과 비탄에 찬 하위 영역으로 묘사한다. 현실은 눈물의 골짜기이자 죽음과 재탄생의 진창 또는 저주 덩어리라는 것이다.

이런 교리를 받드는 사제들은 이상적 세계 또는 내세에서의 더욱 충만한 의식 상태를 신도들에게 약속한다. 원시적 종교들은 다양한 모습의 축복받은 장소, 즉 낙원 또는 천국에 대한 보편적인 믿음을 갖고 있다. 저마다의 신앙이 규정한 조건을 충족시킨 사람들은 죽은 후에 이런 곳으로 갈 수 있다. 이보다 좀더 정교하고 세련된 종교들에 따르면, 낙원과 천국은 영적 여행의 중간 단계일 뿐이며 최종 도착지는 개인적 경계의 소멸과 신성과의 합일, 또는 생명의 불을 끄고 무無 속으로 사라지는 것(nirvana)이다.

자이나교에서는 우리가 생물계 속에 얽혀들어 타락하면서 태초의 의식체(jivas)인 본질을 잃었다고 말한다. 따라서 자이나교 수행자들은 물질계와의 관계를 철저하게 줄이고 그 오염 세력에서 자유로워져서 본래 신분을 회복하는 것을 목표로 삼는다. 테라바다Thravada 또는 소승小乘(Hinayana)이라고 불리는 초기의 불교 형태도 크게 다르지 않다. 이 엄격하고 수도적인 불교 종파는 개인적 깨달음과 자유를 성취하는 데 필요한 영적 훈련과 가르침을 제시한다. 테라바다 수행자들의 이상은 아라한(arhat), 즉 진화의 최고 단계에 올라 세상으로부터 은둔해서 살아가는 성자 또는 현자가 되는 것이다. 힌두의 베단타 철학도 동일하게 개인적 깨달음(moksa)를 강조한다.

하지만 자연과 물질계를 신성이 내재한 존재로서 받아들이는 영적 가르침들도 존재한다. 자이나교, 힌두교, 불교의 일부 탄트라 분파들은 오히려 삶을 긍정하고 찬양한다. 마하야나Mahayana(대승불교) 스승들도 세 가지 독(무지, 공격성, 욕망)에서 해방된다면 일상 속에서도 자유에 도달할 수 있다고 가르친다. 그때 우리는 생사와 환영의 세계인 윤회계(samsara)로부터 해탈(nirvana)하게 된다. 마하야나 종파들은 영적 깨달음의 중요한 표현으로서 자비심을 대단히 강조한다. 그 수행자들은 테라바다 수행자들과는 달리 깨달음뿐만 아니라 모든 중생의 해방에 마음을 쏟는 보살(Bodhisattva)을 자신의 이상으로 삼는다.

일체지향적 상태의 통찰을 통해 이 같은 종교 간의 차이를 한 번 살펴보자. 일상의 물질적 차원에서 탈출하고 초월적 현실로 이동함으로써 우리는 무엇을 얻을 수 있을까? 반대로 일상적 현실에 전념하는 일에는 어떤 의미가 있을까? 영적 체계들은 개인적 경계의 소멸과 신성과의 재합일을 영적 여행의 목표로 정의한다. 하지만 내적 탐구를 통해 절대의식과의 합일을 실제로 체험한 사람들은, 영적 여행의 최종 목표를 존재의 지고한 원리와 동화되는 체험으로 규정짓는 관점이 심각한 문제를 일으킨다는 사실을 깨닫는다.

그들은 분화되기 이전의 절대의식(卒)이 영적 여행의 종착점일 뿐만 아니라 창조의 근원이자 원천이라는 사실도 알게 된다. 신성은 분리된 것들을 재통합하는 원리인 동시에 본체를 분열시키고 분리시킨 주체이기도 하다. 만약 신성이 스스로 완전하고 만족스러웠다면 굳이 창조를 해야 할 이유가 없으므로 현상계는 존재하지 않았을 것이다. 그러나 현상계는 존재하므로 절대의식의 이 창조 성향은 분명히 어떤 근본적인 '욕구'를 보여주고 있다. 그러므로 분화된 우주는 분화되지 않은 신성의 중요한 보완물이다. 카발라의 표현을 빌리자면, "사람에게는 신이 필요하고, 신에게는 사람이 필요하다."

우주극의 전체 계획에는 두 가지 근본적인 힘이 역동적인 상호작용으로 창조를 일으키게 되어 있는데, 원심적인(하일로트로픽 hylotropic 또는 물질지향적인) 힘과 구심적인(홀로트로픽holotropic 또는 전체지향적인) 힘이 바로 그것이다. 분화되지 않은 절대의식은 다양성의 세계를 창조하여 분리된 무수한 존재들을 낳으려는 본질적 성향을 보인다. 가상현실을 만들어내는 이 성향은 몇 가지 가능한

'이유'와 '동기'들에 대해서는 이미 앞에서 논의한 바 있다. 그와는 반대로, 분리와 소외를 고통스럽게 느끼는 개별 의식체들은 근원으로 되돌아가 재합일하려는 강한 욕구를 표현한다. 육신을 지닌 자아와의 동일시에는 신체적·감정적 고통, 시간과 공간의 제약, 일시성, 그리고 죽음이 뒤따르기 때문이다.

이런 역학적 갈등은 일체지향적 상태의 내적 탐구가 우리의 에고를 죽음 직전까지 몰고 갈 때 가장 극명하게 체험된다. 우리는 이 두 가지 강력한 힘 사이에서 흔들리며 찢겨 나간다. 우리의 일체지향적인 부분은 몸-에고와의 동일시를 초월하고, 소멸을 체험하고, 더 큰 전체와 통합하고자 한다. 반대로 물질지향적인 부분은 분리된 정체성에 집착하는 자기보전 본능과 죽음의 공포에 굴종한다. 쉽게 대처할 수 없는 이런 갈등은 심령적 변성 과정에서 심각한 장애물이 되기도 한다. 즉, 우리는 익숙한 정체성을 포기하면서까지 한치 앞도 보이지 않는 저쪽 세계로 스스로를 바쳐야 하는 것이다.

지금의 존재 방식이 그리 편안하지 않더라도, 그 대안이 확실치 않다면 우리는 기존의 방식에 힘을 다해 매달리고 싶어질 것이다. 한편으로는, 육신을 가진 물질계 속의 자아는 가장 근본적 욕구를 충족시킬 수 없으며 허상에 불과하다는 느낌도 솟구친다. 자신의 경계를 초월하고 진정한 정체성을 되찾으라는 강한 압력을 감지하는 것이다. 체계적인 내적 작업에 들어가기 전에 에고의 죽음을 경험하는 것은 실제의 죽음이나 존재의 소멸이 아닌 상징적 체험에 불과함을 지적으로 이해해두는 것이 좋다. 하지만 실제 체험에서는 죽음의 공포와 에고의 포기가 너무나 압도적이고 생생하기 때문에 이런 지식은 큰 위안이 되지 않는다.

이처럼 우리가 서로 대립하는 두 가지 강력한 힘 — 하일로트로픽과 홀로트로픽 — 에 의해 지배당하고 있다면, 이 상황에 가장 적절한 존재 방식은 무엇일까? 분리된 존재와 분화되지 않은 일체가 둘 다 만족스럽지 않다면 그 대안은 무엇일까? 우리는 이런 모순을 헤쳐나갈 생존 전략, 즉 최후의 해결책을 정말로 발견할 수 있을까? 우주적 힘의 거대한 충돌 속에도 태풍의 눈처럼 평화로운 차원이 존재할까? 우리는 서로 대립하는 힘들로 짜인 우주라는 직물 속에서 만족에 이를 수 있을까?

육신을 지닌 존재의 가치를 깎아내리고, 거부하고, 그로부터 벗어나려 애쓰는 태도는 전혀 해결책이 되지 못한다. 물질계를 포함한 경험계들은 그저 유용한 정도가 아니라, 분화되지 않은 창조 원리를 보완해주는 절대적이고 필수적인 요소다. 물질 영역의 대상과 목표만을 추구함으로써 마음의 평화와 성취를 이루고자 하는 시도 또한 우리를 십중팔구 자기 파멸과 실패의 길로 이끌 것이다. 만족스러운 해결책이라면 반드시 속세와 초월적 차원, 유형과 무형의 세계를 둘 다 품어야만 한다.

물질 우주는 놀라운 모험을 위한 수많은 가능성을 제공한다. 우리는 육화된 자아로서 수십억 개의 은하가 모인 하늘의 장관, 숨막히는 해돋이와 해넘이, 상현달과 하현달, 경이로운 일식과 월식을 볼 수 있다. 멋지게 펼쳐진 구름들, 아름답고 온화한 무지개, 흔들리며 빛을 내는 북극광도 마찬가지다. 태양, 강, 호수에서부터 거대한 산맥, 고요한 사막, 차갑게 아름다운 북극에 이르기까지, 자연은 지표면 위에 한없이 다양한 풍경을 창조했다. 놀랄 만큼 다양한 동식물계의 생명들과 더불어서, 이런 자연환경들은 독특한 체험을 위한 기회를 무한히 제공해준다.

사랑에 빠지고, 성적 쾌락을 즐기고, 자녀를 낳고, 베토벤의 음악을 듣고, 렘브란트의 그림에 감탄하는 것은 물질계의 육신에 게만 허락된 일이다. 지구 말고 그 어떤 곳에서 나이팅게일의 노래를 듣거나 '구운 알래스카'[13]를 맛볼 수 있겠는가? 운동, 여행, 악기 연주, 그림, 그 밖의 다른 많은 즐거움도 여기에 포함된다. 또한 물질계는 생물계와 무생물계, 지표면, 심해, 머나먼 우주 공간 등 무수한 탐구 대상을 우리에게 제공한다. 미시세계와 거시세계는 실로 무궁무진하다. 심지어 우리는 현실의 대상들 이외에도, 고대 문명과 대홍수 이전의 세계로부터 빅뱅의 첫 마이크로초[14] 동안 일어난 사건들에 이르기까지, 무한한 과거의 비밀들을 탐험해볼 수도 있다.

자기-탐구와 영적 수행에서 얻는 이익

현상계에서 다양한 의식적 모험을 즐기려면 어느 정도는 육신을 가진 자아와 물질계를 받아들여야 한다. 하지만 몸-에고를 절대적인 정체성으로 삼고 물질계를 파괴될 수 없는 유일한 현실로 믿어버린다면 창조에 참여하는 즐거움을 누릴 수 없다. 인간적 허무, 덧없음, 죽음이라는 망령이 삶의 긍정적 측면을 완전히 가려버리고 열정을 뺏어가 버리기 때문이다. 육신과 물질계라는 한계 속에서 신성한 가능성을 실현해보려는 헛된 시도는 우리에게 좌절만

---

13) baked Alaska. 케이크에 아이스크림을 얹고 머랭으로 감싸서 살짝 구운 디저트.
14) microsecond. 백만 분의 1초를 뜻하는 시간 단위.

을 거듭 안겨줄 것이다.

이 딜레마의 해결책은 우리의 내면에 있다. 일체지향적 상태를 자주 체험할수록 '살가죽에 싸인 에고'라는 우리의 신념은 더욱 헐거워진다. 우리는 점점 모호해지고 가벼워지는 몸-에고의 정체성을 단지 실용적인 이유로 취할 수 있게 된다. 우주의 초개아적 측면을 충분히 이해하고 자신의 참된 본성을 깨닫는 것은 우리의 일상을 훨씬 더 쉽고 뜻깊게 만들어준다. 우리는 내적 탐구를 지속함으로써 모든 형상의 배후에 있는 본질적 공성空性까지 발견하게 된다. 불교의 가르침에 따르면, 현상계의 참된 본질과 그 공성에 대한 지식은 고통으로부터 자유를 성취하도록 도와준다. 모든 분리된 자아가 궁극적으로 환영이라는 인식이 바로 그것이다. 모든 형상이 본질적으로 텅 비어 있으니 분리된 자아 따위는 존재하지 않는다는 깨달음을 불교에서는 '아나타anatta'라고 하는데, 이는 곧 '무아無我'라는 뜻이다.

심리학자이자 위빠사나 불교의 스승인 잭 콘필드Jack Kornfield는 티베트의 영적 스승인 故 깔루 린포체Kalu Rinpoche로부터 무아의 개념을 처음 배웠던 일을 이야기한 적이 있다. 이 위대한 분께 최대한 많은 가르침을 얻고자, 잭은 초심자의 열정으로 가득 차서 물었다. "불교 가르침의 진짜 정수를 몇 단어로 설명해주시겠습니까?" 깔루 린포체는 대답했다. "그럴 수 있어요. 하지만 당신은 나를 믿지 못할 테고, 내 말뜻을 이해하려면 수십 년이 걸릴 겁니다." 잭은 공손하게 다시 청했다. "어쨌든 설명해주실 수 있는 거죠? 부탁드려요. 정말 알고 싶습니다." 그에 대한 깔루 린포체의 대답은 짧고 분명했다. "당신은 실제로 존재하지 않습니다."

우리의 신성과 만물의 공성에 대한 자각은 일상적 혼란을 헤쳐 나가는 데 유용한 역할을 한다. 이러한 철학적 틀은 우리로 하여금 물질계의 모든 경험 ― 자연의 아름다움, 인간관계, 성교, 가족, 예술작품, 스포츠, 식도락, 그 외 수많은 것들 ― 을 온전히 받아들이고 충분히 즐기도록 큰 도움을 준다.

하지만 결국 삶은 장애물과 시련과 고통스러운 체험과 상실을 가져올 것이다. 우리는 이처럼 상황이 너무 힘겹고 지독할 때도 내적 탐구에서 발견한 드넓은 우주적 관점의 도움을 받을 수 있다. 더 높은 차원의 세계들과 연결됨으로써, 만물의 배후가 무아이며 텅 비었다는 지식을 통해 해방됨으로써, 우리는 예전이라면 견디기 어려웠을 상황들을 감내하는 능력을 얻는다. 즉, 초월적 자각(awareness)의 도움을 받아 우리는 삶의 모든 측면 ― 그리스인 조르바Zorba의 말로는 '그 모든 재앙' ― 을 온전히 경험하게 된다.

체계적인 내적 탐구로써 일체지향적 상태를 체험하는 것은 우리의 감각적 인식을 섬세한 수준으로 향상시키기도 한다. 올더스 헉슬리Aldous Huxley가 윌리엄 블레이크William Blake의 시를 인용해서 이름붙였듯이, "인식의 문을 정화"한 이후에는 육신을 지닌 존재로서 할 수 있는 모든 모험을 온전히 음미하고 즐기게 된다. 신비 체험 상태와 그에 잇따르는 수시간 또는 수일 동안, 우리의 내면에서는 엄청난 활력이 솟아난다. 이런 상태는 '잔광(afterglow)'이라고 불릴 만큼 강렬해지기도 한다. 이처럼 신비적 계시는 영속적으로 삶의 질을 높여주고 활력을 채워준다.

물질지향적 상태에 사로잡혀 있어서 신성하고 초월적인 차원을 체험해보지 못한 사람들은 죽음에 대한 뿌리 깊은 두려움을 이겨내고 삶의 심오한 의미를 발견하는 데 큰 어려움을 겪는다. 그들의 삶은 거짓 에고의 요구에 끌려다니느라 중심을 잃고, 외부의 자극에 대한 수동적 반응과 행위로만 채워질 것이다. 그러므로 초월적 세계를 체험하게 해주는 영적 수행으로써 우리의 일상을 보완해주는 것은 매우 중요한 일이다.

주술 의식, 성인식, 치유 의식으로부터 죽음과 재탄생에 대한 고대의 비전, 신비 전통과 일부 종교들의 명상 수행에 이르기까지, 산업화 이전의 사회에는 초월적 체험을 위한 다양한 기회가 마련되어 있었다. 서양에서도 지난 수십 년간 고대의 영적 수행법들이 크게 부활해왔다. 또한 심층심리학을 대표하는 현대의 학자들도 영적 열림을 촉진하는 효과적이고 새로운 방법들을 발전시켜왔기 때문에, 이제 심령적 변성과 의식 진화에 관심 있는 사람이라면 누구나 이런 도구들을 이용할 수 있다.

초개아 심리학의 선구자인 C. G. 융은 자신의 저술에서 존재의 세속적 차원과 우주적 차원을 함께 다루는 삶의 전략을 제시했다. 융은 체계적인 자아 탐구, 곧 정신의 가장 깊숙이 감춰진 곳까지 파고드는 내적 작업으로써 우리의 일상적·외부적 삶을 보완해야 한다고 주장했다. 우리는 내면으로 주의를 돌려 진정한 자신(Self), 즉 존재의 높은 차원과 연결되고 삶의 지침을 얻을 수 있다. 집단 무의식이라는 거대한 저장고 속에는 고금의 지혜가 잔뜩 담겨 있기 때문이다.

융의 말을 따르자면, 우리는 눈앞 상황의 겉모습에만 근거해서 삶을 운전해서는 안 된다. 내적 탐구가 집단 무의식에서 길어올린 깊은 지혜와 물질계의 실용적 지식이 빚어낸 창조적 결합에 의해 우리의 의사 결정이 이루어져야 한다는 것이다. 스위스의 이 위대한 정신의학자의 제안은 지난 수십 년간의 일체지향적 탐험에서 내가 이끌어낸 결론과 거의 일치한다.

나는 융의 방식이 삶을 더욱 충만하고 즐겁고 창조적으로 만들어준다는 사실을 거듭 확인해왔다. 이 전략은 일상 속에서 온전히 존재하면서도 자신의 신성과 존재의 신령한 차원을 깨닫도록 도와준다. 이처럼 삶의 두 가지 측면을 통합하고 융화하는 능력은 신비 전통들의 가르침에서도 가장 높은 목표에 속한다. 시크 알-알라위[15]는 수피 전통에서 최고의 영적 수준에 해당하는 '지고의 경지(Supreme Station)'를 '안으로는 신성神聖의 정수精髓에 흠뻑 취해 있으나 겉으로는 멀쩡한 상태'라고 설명한다.

개인의 변성과 지구의 미래

이러한 삶의 전략은 우리에게 개인적 관심사를 훨씬 뛰어넘는 이득을 선사한다. 적절한 규모로 적용되기만 한다면, 그것은 인간 사회와 지구의 미래에도 중요한 영향을 미칠 수 있다. 인류가 유례없는 위기에 직면하고 있다는 사실은 지난 수십 년 동안 더욱 명확해졌다. 그에 따라 현대 과학은 세계적으로 시급한 문제들을 해결할 효과적인 대책들 — 질병과의 전쟁, 굶주림과 빈곤의 퇴치, 산업폐기물의 감소, 재생 가능한 청정 에너지원을 이용한 파괴적

---

15) Sheikh Ahmad ibn Mustafa al-Alawii(1869~1934). 현대의 수피 교단을 창시한 지도자 중 하나. 시크Sheik(h)는 이슬람에서 족장, 장로, 교주 등을 이르는 호칭이다.

인 화석연료의 대체 등등 ― 을 제시해왔다.

하지만 인류의 위기는 경제 제도와 과학기술로 해결될 문제
가 아니다. 지구적 위기는 본질적으로 인성人性에서 비롯되었으며
인류 의식의 진화 수준을 나타내는 현상이다. 인간 정신의 길들지
않은 힘 때문에 불합리한 군비 경쟁과 권력 투쟁, 무조건적인 성장
이 자행되면서 상상할 수 없는 양의 자원이 낭비되고 있다. 인간
본성의 이런 요소들은 개인과 개인, 국가와 국가 간의 효과적인 부
의 분배를 가로막고, 지구 생명의 생존이 달린 생태학적 문제보다
경제적이고 정치적인 이해관계가 우선시되게 한다.

외교적 협상, 행정적·법적 수단, 경제적·사회적 처벌, 군사적
중재, 그 외의 유사한 노력들은 지금까지 거의 성공을 거두지 못했
다. 사실을 말하면, 그것들은 해결한 것보다 더 많은 문제를 만들어
내기 일쑤였다. 그 노력들이 실패한 이유는 점점 더 명확해지고 있
다. 애초에 그 위기들을 만들어낸 바로 그 이데올로기에 똑같이 근
거한 전략들은 사태의 해결에 도움이 되지 않는다. 결국 현재 지구
의 위기는 본질적으로 심령적 차원의 문제다. 인류가 내적으로 철
저히 변성되어 한 단계 높은 감정적 성숙과 영적 자각에 도달하지
않는 한, 이 위기가 해결되리라고는 상상하기 어렵다.

폭력과 탐욕이 지배해온 인류의 역사를 생각해보면, 인류가
다른 생물종은 차치하더라도 성별, 민족, 피부색, 종교적·정치적
신념을 초월하여 다른 이웃들과 평화롭게 공존할 수 있는 종으로
변할 가능성은 극히 적어 보인다. 우리는 심오한 도덕적 가치, 타인
의 욕구에 대한 민감성, 자발적 검소, 생태적 의무의 분명한 자각을
인류에게 심어주어야 한다는 만만찮은 과제에 직면해 있다. 얼핏

보기에 이런 말은 너무 공상적이고 이상주의적이어서 현실적인 희망이 되지 못할 듯 보일 것이다.

하지만 생각만큼 상황이 절망적이지는 않다. 앞서 보았듯이, 명상 수행이든 강력한 치유 체험이든 잘 통제된 환각물질의 투약이든 간에, 일체지향적 상태를 통한 체계적인 내적 작업은 반드시 이런 유의 깊은 변성을 일으킨다. 자상한 안내와 충분한 지원 속에서 자연발생적인 심령적 위기를 체험한 운 좋은 사람들도 동일한 변성을 겪는다.

충분히 큰 규모로 실천되기만 한다면, 진지한 내적 탐구에서 얻은 영감을 외부 세계에서 실천해가는 통합적 실존 전략은 지구의 위기를 해결하는 결정적 열쇠가 될 수 있을 것이다. 의식의 뚜렷한 변화와 내적 변성은 인류의 평화로운 공존과 생존을 보장해줄 것이다. 나는 이미 이 길을 걷고 있는 사람들과 곧 이 길을 선택할 사람들이 자신의 여행에서 유용하게 참고할 수 있기를 바라는 마음으로, 그동안 일체지향적 상태를 연구하며 얻은 통찰들을 체계적으로 모으고 설명해왔다.

지구를 치유할 비결: 아메리카 원주민 의식의 교훈

나는 수십 년 전에 한 무리의 사람들과 일체지향적 상태를 함께 체험하며 겪었던 깊은 치유와 변성 체험을 소개하면서 이 장을 마치고자 한다. 거의 사반세기가 지난 일이지만, 나는 아직도 그 일을 생각하고 말할 때마다 깊은 감동을 받고 눈시울이 붉어진다. 나는 이 사건 덕분에 증오가 세대를 건너 수십 세기나 이어지는 이 세상의 뿌리 깊은 문제를 알게 되었다. 하지만 언젠가는 우리를 갈라놓는 장벽을 부수고 이 저주에서 풀려나리라는 희망도 품게 되었다.

미국으로 이주했던 1967년 이후, 나는 정부의 후원 아래 환각 요법의 잠재력을 연구하고 있던 메릴랜드 정신의학 연구소에 몸을 담았다. 그 연구소의 사업 중 하나는 정신건강 전문가들을 위한 훈련이었다. 그래서 우리는 정신과의사, 심리학자, 사회복지사들을 대상으로 고용량의 LSD 세션을 세 번까지 실시할 수 있었다. 이 과정의 피험자 중에는 캔자스 주의 토피카 재향군인 병원에서 온 케네스 갓프리라는 정신과의사가 있었다. 나는 그가 신청한 세 번의 환각 세션을 담당했고, 우리는 아주 가까운 친구가 되었다.

나는 체코슬로바키아에 있을 때, 토착신앙과 그리스도교의 요소를 혼합한 종파로서 환각 작용을 일으키는 멕시코의 선인장 페요티peyote를 성찬聖餐으로 사용하는 '아메리카 원주민의 교회'에 대한 글을 읽은 적이 있었다. 나는 환각물질의 치료적 용도와 종교적 용도를 비교해볼 수 있는 페요티 의식儀式에 직접 참가해보고 싶었다. 하지만 미국에 도착한 후에, 나는 여러 노력에도 불구하고 이런 기회를 얻을 수 없었다. 그러던 중에 나는 케네스 부부가 아메리카 원주민 출신으로 원주민들과 좋은 관계를 유지하고 있다는 사실을 알게 되었다. 세 번째 세션이 끝나고 헤어질 때, 나는 그에게 페요티 의식에 참여할 수 있는지를 알아봐 달라고 부탁했고 그러겠다는 약속을 받았다. 그는 며칠 후에 내게 전화를 해서는, 자신의 좋은 친구인 '길 안내자(road chief)'가 나와 우리 직원 몇몇을 파타와토미Patawatome 부족의 페요티 의식에 초대했다고 말했다.

그다음 주말에 우리는 볼티모어에서 토피카로 날아갔다. 음악치료사인 헬렌 보니, 헬렌의 자매, 환각요법가인 밥 라이히, 종교학교수 월터 휴스턴 클락, 그리고 나까지 모두 다섯이었다. 우리는 토피카 공항에서 차를 한 대 빌려서 캔자스의 대초원 깊숙한 곳까지 운전해갔다. 그 미지의 장소 가운데에는 신성한 의식儀式이 펼쳐질 몇 개의 티피teepee(원뿔형 천막집)가 서 있었다. 해가 지고 있었고 의식은 막 시작될 참이었다. 우리가 의식에 참여할 수 있으려면 먼저 다른 참가자들에게 허락을 받아야 했는데, 그들은 모두 아메리카 원주민이었다. 우리는 집단 감수성 훈련[16]과 비슷한 과정을 통과해야 했다.

원주민들은 격한 감정과 함께, 아메리카 원주민에게 가해졌던 대량학살과 강간, 토지 몰수, 무분별한 들소 살육, 그 외 많은 잔혹 행위 등 백인 침입자들이 북아메리카를 침략하고 정복할 때의 고통스러운 역사를 토해냈다. 두어 시간의 극적인 감정교류 끝에 감정은 수그러들었고, 한 사람 한 사람의 원주민들은 우리를 의식에 받아들여 주었다. 결국 우리를 강하게 반대하는 사람은 키가 크고 피부가 검고 음침한 표정의 남자 한 명만이 남았다. 백인에 대한 그의 증오는 이루 말할 수 없었다. 그가 마지못해 우리의 참여를 허락하기까지는 많은 시간이 걸렸다. 그마저도 의식이 더 늦어질까 염려한 사람들에게 떠밀려서 겨우 내린 결정이었다.

적어도 표면적으로는 모든 것이 진정된 후에, 우리는 모두 큰 티피 안에 모였다. 불이 피워지고 신성한 의식이 시작되었다. 우리

---

16) 집단 감수성 훈련은 열 명 안팎으로 집단을 이뤄 진행되는데, 참가자들은 그 안에서 자유로운 교류를 통해 인간관계를 개선하고 과거의 상처가 아닌 지금-여기에 초점을 맞추어가게 된다.

는 페요티 봉오리를 먹고 나서 지팡이와 북을 차례대로 돌렸다. 원주민 관습에 따르면, 지팡이를 가진 사람은 노래 또는 개인적인 발언을 할 수 있었고 그냥 통과시킬 수도 있었다. 우리를 마지못해 받아들인 그 남자는 나의 맞은편에 앉아 있었다. 그는 분명히 이 의식에 건성으로 참여하고 있었다. 지팡이와 북이 한 바퀴 돌아서 자신에게 올 때마다, 그는 몹시 성을 내며 그것을 그냥 통과시켰다. 페요티의 효과 탓에 내게는 이런 상황이 극도로 민감하게 받아들여졌다. 그는 나의 세계에서 쓰라린 부분이 되었고, 그를 바라보기가 점점 더 고통스러워졌다. 그의 눈에서 증오가 퍼져 나와 이 티피를 가득 채우는 듯했다.

날이 밝아왔고, 해가 뜨기 직전에 우리는 마지막으로 지팡이와 북을 돌렸다. 모두들 그날 밤에 겪은 자신의 체험과 감상을 짤막하게 이야기했다. 그런데 월터 휴스턴 클락만이 유독 길고 매우 감상적인 이야기를 늘어놓았다. 그는 이 아름다운 의식에 우리를 초대해준 원주민 친구들의 관대함에 대해 깊은 고마움을 표현했다. 특히 그는 우리가 저질렀던 모든 소행 — 침략해서 땅을 빼앗고, 사람들을 죽이고, 여자들을 강간하고, 들소를 살육한 — 에도 불구하고 그들이 우리를 받아준 사실을 강조했다. 그리고 이야기 중에 나를 가리키면서, 정확히는 기억나지 않지만 이렇게 말했다. "스탠은 자신의 고국인 체코슬로바키아로부터 멀리 떠나와 있습니다."

월터가 체코슬로바키아를 언급하자, 밤새 우리의 존재를 불쾌히 여겼던 그 남자가 갑자기 어쩔 줄 몰라 하며 당황하는 모습을 보였다. 그는 일어나서 티피를 가로질러 오더니, 내 앞의 땅바닥에 쓰러졌다. 그는 내 무릎에 머리를 파묻고 나를 꽉 껴안고는 큰소리로 울며 흐느꼈다. 20분 정도 지난 후에, 조용해진 그는 자기 자리로 돌아가서 말하기 시작했다. 그는 의식이 시작되기 전의 저녁 내내 '창백한 얼굴'인 우리 모두를 아메리카 원주민의 원수로 여겼다고 고백했다. 그런데 월터의 말을 듣고 나서, 그는 체코슬로바키아 출신인 내가 원주민들의 비극과는 아무런 관계도 없다는 사실을 깨달았다. 그는 정당한 이유도 없이 신성한 의식 내내 나를 미워하고 있었던 셈이었다.

　　그는 비참하고 처량해 보였다. 그가 속을 털어놓고 나서 심한 내적 갈등을 겪는 동안 긴 침묵이 이어졌다. 분명히 더 할 말이 있어 보였다. 결국 그는 남은 이야기를 마저 털어놓았다. 그는 제2차 세계대전 동안에 미美 공군에 징집되었는데, 전쟁이 끝나기 며칠 전에 맥주와 자동차로 유명한 플젠니Pilsen라는 체코의 도시를 겨냥한 돌발적이고 불필요한 미국의 공습에 직접 참가한 적이 있었다. 나를 향한 그의 증오는 부당했을 뿐 아니라, 실제로는 입장이 뒤바뀌어 있었다. 그는 가해자였고 내가 피해자였던 것이다. 그는 내 나라를 침략하고 동족들을 죽였다. 이것이 그로서는 견디기 어려운 사실이었다.

　　내가 그에게 아무런 적개심도 품고 있지 않다고 안심시키자 더욱 놀라운 일이 벌어졌다. 그는 볼티모어에서 나와 함께 온 나머지 친구들, 즉 네 명의 미국인에게 다가갔다. 그는 의식을 전후한 자신의 행동을 사과했고, 내 친구들을 껴안고는 용서를 구했다. 그는 선조들이 저지른 과오 때문에 우리가 증오를 주고받는다면 이 세상에 미래가 없을 것이라는 사실을 깨우치게 되었다고 말했다. 이 일 덕분에 그는 인종과 국가와 문화 집단을 싸잡아 심판하는 것이 잘못된 일임을 깨달았다. 우리는 사람들을 대할 때 그가 속한 집단이 아니라 그가 누구인지에 근거를 두고 판단해야 한다.

그의 말은 시애틀 추장이 유럽의 식민지 개척자들에게 보냈던 유명한 편지의 훌륭한 후속편이었다. 그는 마지막으로 이렇게 말했다. "당신들은 나의 적이 아니라, 형제이자 자매입니다. 당신들은 나와 내 부족에게 어떤 짓도 하지 않았습니다. 모든 일은 선조들이 살았던 오래전에 일어났습니다. 그리고 사실 나는 그때 반대편에 있었는지도 모릅니다. 우리는 모두 위대한 영의 자녀이고, 어머니이신 땅에 속해 있습니다. 이 지구는 큰 어려움에 처해 있는데, 우리가 해묵은 원한을 간직한 채 서로 협력하지 않는다면 모두 죽게 될 것입니다."

이즈음에는 모임에 있던 대부분의 사람들이 울먹였다. 우리는 깊은 교감을 나누면서 모두가 한가족임을 느꼈다. 아침해가 하늘에 천천히 떠오를 때, 우리는 의식에 따라 아침을 나누어 먹었다. 우리는 티피 한가운데 밤새 차려져 있어서 의식에 의해 정화된 음식을 나눠 먹었다. 그리고 모두 긴 포옹을 나눈 후에, 아쉬움을 남긴 채 헤어져서 집을 향했다. 우리는 민족과 국가 간의 분쟁에 해답이 되어줄 귀중한 교훈을, 그리고 남은 생 동안 우리의 마음속에 깊이 간직될 추억을 얻었다. 일체지향적 상태에서 겪은 이 비범한 동시성 체험 덕분에, 나는 미래의 언젠가는 이와 같은 치유가 지구적 규모로 이 세상에서 일어나리라는 희망을 품게 되었다.

11

성^聖과 속^俗

'빅뱅'으로부터
박테리아 세포의 원자 속 입자에 이르기까지,
우리는 그 대부분을 이해하지 못한다.
우리에게는 다가올 수세기 동안 헤쳐 나가야 할
신비로운 미개척지가 남아 있다.

— 루이스 토마스 클레스Lewis Thomas

가치 있는 모든 것이 대접받는 것도 아니고,
대접받는 모든 것이 가치 있는 것도 아니다.

— 앨버트 아인슈타인Albert Einstein

현대 사회의 영성과 종교

　　현대의 과학기술 사회에서 공유되는 우주와 인간 본성에 대한 이해는 고대와 산업화 이전 문명들의 세계관과 뚜렷한 차이가 있다. 이것은 진보하는 역사의 자연스러운 산물로서 어느 정도는 기대된 바였다. 수 세기 동안, 여러 분야의 과학자들은 물질계의 온갖 측면을 체계적으로 탐구하면서 예전에는 알 수 없었던 정보들을 상당량 축적했다. 그들은 우주와 자연에 대한 예전 개념들을 엄청나게 보충하고 수정하고 대체했다. 하지만 이 두 세계관의 가장 결정적인 차이는 물질계에 대한 정보의 양에 있지 않다. 그 차이는 존재의 신성한, 또는 영적인 차원에 대한 시각의 근본적인 불일치에서 발생한다.

　　산업화 이전 시대의 인류 집단들은 일상적 삶의 토대가 되는 이 물질 세계가 유일한 현실이 아니라고 한결같이 이야기해왔다. 세세한 면에서는 가지각색이지만, 공통적으로 그 세계관들은 우주를 존재 차원들이 복잡하게 배열된 위계 구조로 설명했다. 아서 러브조이[1]가 '존재의 거대 사슬(the Great Chains of Being)'이라고 부른 우주관에 따르면, 거친 물질계는 우주의 마지막 고리에 해당한다. 산업화 이전의 우주론에 담겼던 존재의 상위 영역들에는 신, 악마, 무형의 존재, 조상령靈, 동물신神 등이 살았다. 고대와 산업화 이전의 문명에서는, 평소에는 숨겨져 있는 현실 차원들을 직접 접해서 그곳에서 중요한 정보와 도움을 얻고 심지어는 물질계의 사건들에

---

1) Arthur Lovejoy(1873~1962), 미국의 철학자

대한 개입을 이끌어내는 것도 가능했던 매우 의식儀式적이고 영적인 삶이 펼쳐졌다.

이런 세계관을 공유한 사회들 속에서의 일상적 활동은, 감각을 통해 얻은 정보만이 아니라 눈에 보이지 않는 영역들로부터 나온 정보에도 근거를 두고 있었다. 전통적인 서양식 교육을 받은 인류학자들은 토착 문명의 소위 '이중 논리(Double logic)'에 당황하곤 한다. 원주민들은 대단히 뛰어난 지성과 놀라운 기술로써 생존과 생계를 위해 정교한 도구를 제작할 능력을 갖추고 있지만, 이상하게도 사냥과 낚시, 집 짓기 따위의 실용적인 활동들을 굳이 복잡하고 골치 아픈 의식儀式과 결부시키곤 한다. 인류학자들에게는 존재하지 않는 상상물일 뿐이지만, 원주민들은 그 온갖 존재와 존재계들 앞에 간청한다.

이런 세계관의 차이는 죽음이라는 영역에서 가장 크게 드러난다. 산업화 이전 사회의 우주론, 철학, 신화, 의식儀式, 영적 삶에는 죽음이 절대적인 끝이 아니라 생물학적 사망 이후에도 삶 또는 존재가 지속된다는 매우 분명한 메시지가 담겨 있다. 이런 문명들의 종말론적 신화에서는 대개 몸이 죽은 후에도 영적 본질 또는 혼魂이 살아남아서 다른 세계 속으로의 복잡다단한 의식 모험을 겪는다.

영혼의 사후 행로는 지구와 비슷한 환상적 풍경을 통과해가는 여행으로, 또는 여러 원형적 존재들과의 만남으로, 때로는 일련의 다양한 비일상적 의식 상태를 거쳐가는 체험으로 묘사된다. 일부 문화에서 영혼은 그리스도교의 연옥煉獄이나 티베트 불교의 상승층(lokas)과 같은 내세의 일시적인 영역에 도달하고, 다른 문화에서는 천국, 지옥, 낙원, 태양권圈 등의 영원한 거처에 도달한다. 많은 문화들 속에서는 의식체가 또 다른 물리적 생애로 되돌아온다는 윤회 관념이 발전해왔다.

산업화 이전의 사회들은 죽음이 궁극적인 패배나 만사의 끝이 아니라 또 다른 존재 형태로의 변화라는 데 동의하는 듯 보인다. 죽음과 관련된 체험들을 겪어보고 연구하고 신중히 탐사할 가치가 있는 중요한 이^異차원 세계으로의 여행으로 여긴다. 죽음의 땅에 대한 샤먼의 안내든, 《바르로 퇴돌Bardo Thodol》(티베트 사자의 서)처럼 동양의 영적 체계가 전하는 정교한 묘사든 간에, 죽어가는 사람들은 각자의 문화권이 제공하는 내세의 지도를 잘 알고 있었다.

우리는 특히 《바르도 퇴돌》에 주목할 필요가 있다. 티베트 불교의 이 중요한 문헌은 죽음을 부정하고 생산적인 삶만을 배타적으로 강조하는 서양 산업문명의 특징과 흥미로운 대비를 이룬다. 이 문헌에 따르면, 아직 깨닫지 못한 사람들에게 죽음의 순간은 죽음과 재탄생의 순환에서 영적으로 해방될 유일한 기회이자 다음 생이 결정되는 시기다. 그렇다면 바르도, 즉 삶과 삶 사이의 중간적 체험은 육신을 가지고 살던 때보다 더 중요하게 여겨져야 할 단계인지도 모른다. 따라서 살아 있는 동안 체계적인 수행으로써 이 여행을 준비하는 일은 절대적으로 중요하다.

이처럼 신성한 차원을 묘사하고 영적 삶을 강조하는 것은 산업문명을 지배하는 신념 체계와 철저하게 충돌한다. 우리는 물질만이 존재한다고 단언하는 유물론적 과학이 형성한 세계관을 무심코 받아들여왔다. 과학 분야의 이론가들은 우주의 역사가 곧 물질이 전개되어온 역사라는 식의 관점을 제시했다. 그렇다면 생명과 의식과 지성은 이런 전개 과정에서 나타난 다소 우발적이고 부수적인 현상일 뿐이다. 그것들은 스스로 활동하지 못하는 수동적인 물질이 수십 억년의 진화를 거친 후에야 이 거대 우주의 아주 사소한 일부분으로 등장했다. 하지만 이런 전제들을 통해 우주와 인간의 본성을 이해하려는 관점은 그 어떤 형태의 영적 믿음과도 원칙적으로 양립할 수 없다. 우리가 이런 세계관에 동의한다면, 영성은 망상까지는 아니더라도 존재에 대한 그릇된 접근법으로 여겨질 것이다.

이처럼 과학과 영성은 매우 뚜렷한 차이를 보인다. 역사적으로 영성과 종교는 과학과 산업 혁명에 의해 영향력이 줄어들 때까지 인류의 삶에서 결정적이고 필수적인 역할을 맡아왔다. 종교와 과학은 각자의 방식으로 현재 인류의 삶에서 매우 중요한 부분을 담당한다. 과학은 이 세상에 대한 정보를 얻는 가장 강력한 도구이고, 영성은 삶에 의미를 부여하는 원천으로서 없어서는 안 될 요소다. 종교적 충동은 인류의 역사와 문명을 움직여온 가장 강력한 힘이다. 우리는 종교적이고 영적인 삶이 전혀 근거 없는 공상과 오류에 토대했다는 생각을 받아들이기 어렵다. 비록 종교의 힘이 종종 매우 왜곡되고 문제시되는 방식으로 표출되었던 것은 사실이지만, 인간사에 그처럼 막강한 영향력을 발휘할 수 있는 것은 종교가 인간성의 매우 근원적 측면을 반영하고 있기 때문이다.

만약 유물론적 과학이 창조한 세계관이 현실을 충분하고 정확하게 설명해준다면, 인류의 역사를 통틀어 인간 정신과 인간 존재를 올바로 이해한 유일한 집단은 유물론 사상을 따르는 기술과학 사회의 지식인들뿐일 것이다. 반면에 세계의 훌륭한 신비 전통과 동양의 영적 철학들이 제시하는 관점과 세계관들은 미개하고 유치하고 착각에 빠진 사고 체계로 전락할 것이다. 인간의 정신과

의식을 수십 세기 동안 깊숙이 탐구해온 결과물인 베단타 철학, 요가의 여러 분파들, 도교, 티베트 불교, 대승 불교, 소승 불교, 수피즘, 그리스도교 신비주의, 카발라, 그 외 수많은 정교한 영적 전통들도 모두 여기에 포함된다.

이 책에서 설명된 개념들은 '궁극의 철학'의 여러 학파들과 기본적으로 일치하므로, 당연히 같은 범주로 취급당할 것이다. 비합리적이고 근거 없고 비과학적이라고 퇴출당하고, 관련 증거들조차 제대로 고려되지 않을 것이다. 그러나 그 전에 우리는 종교와 과학 간의 관계를 명확하게 밝히고 이 두 가지 중대한 측면이 인간의 삶에서 정말로 양립할 수 없는지를 확인해보아야 한다. 그리고 종교와 과학을 화해시킬 방법이 있다면, 그 통합의 전제 조건을 밝혀내는 일도 필요할 것이다.

종교와 과학이 서로 모순될 수밖에 없다는 믿음은 그 둘을 완전히 잘못 이해하고 있다는 사실의 반증이다. 실제로 진정한 과학과 믿음직한 종교는 존재에 대한 두 가지 중요한 접근법으로서 서로를 보완할 뿐 어떤 식으로도 맞서지 않는다. 켄 윌버가 대단히 정확하게 지적했듯이, 순수한 종교와 진실한 과학 사이에는 어떤 충돌도 존재할 수 없다. 만약 그런 충돌이 보인다면, 그것들은 틀림없이 '가짜 종교'와 '가짜 과학'일 것이다.

과학의 역할과 본질에 대한 심각한 오해가 빚어낸 많은 혼란으로 인해, 과학적 사고방식은 적절히 활용되지 못해왔다. 종교의 역할과 본질에 대한 오해도 불필요한 문제들을 일으키는 원인으로 작용했다. 따라서 우리의 논의를 진전시키기 위해서는 먼저 진정한 과학과 과학만능주의를 구별하고, 조직화된 종교와 영성도 따로 가려내야만 한다.

과학 이론과 과학적 방법론

현대의 과학철학은 우주의 여러 측면을 탐구하는 이론들의 본질과 역할, 적절한 활용법을 규정해왔다. 여기에는 유물론이 서양의 과학은 물론이고 간접적으로는 산업문명의 세계관까지 좌우하도록 허용한 오류가 숨어 있다. 이것은 어찌 보면 당연한 일이었다. 물질계를 완전히 결정된 기계 구조로 보는 뉴턴식 관념은 실생활 속에서 너무나 잘 적용됨으로써 다른 모든 과학 분야의 본보기가 되었기 때문이다. '과학적'이라는 말이 기계론적 관점에서 사고한다는 말과 동의어가 된 것은 그 때문이다.

물리학에서 기술과학이 거둔 결정적인 승리는 철학적 유물론을 강력하게 뒷받침했는데, 사실 정작 뉴턴은 이런 입장을 옹호하지 않았다. 뉴턴은 창조주의 지고한 지성과 신성한 개입이 없는 우주 창조를 상상할 수 없었다. 뉴턴은 신이 우주를 기계적 법칙에 의해 운행되는 구조로 창조했다고 믿었다. 우주를 기계적 구조로 연구했지만 그 기원은 어디까지나 신의 창조로 이해했던 것이다. 하지만 뉴턴의 추종자들은 결정론적인 거대 기계로서의 우주상만을 간직하고, 지적인 창조 원리라는 개념은 비이성적인 암흑시대의 산물이자 불필요한 방해물로 치부해버렸다. 그들에게는 물질계에서 측정되는 감각적 자료만이 과학 분야에서 허용되는 정보의 유일한 원천이었다.

뉴턴의 기계론에 근거한 물질 관념은 생물학, 의학, 심리학, 정신의학, 그 외 모든 분야의 사고방식을 완전히 장악하며 현대 과학의 역사를 이끌었다. 철학적 유물론의 형이상학적 기본 가정이 과학 분야의 전반에 퍼져 나간 것은 당연한 결과였다. 만약 우주의 본질이 물질이라면, 물질을 연구하는 물리학자들은 만물의 본성에 대한 최고의 전문가이므로 다른 분야의 발견들은 물리학의 기초 이론에 위배되어서는 안 된다. 이런 논리가 엄격히 적용된 탓에, 유물론적 세계관과 일치하지 않는 여러 과학 분야의 발견들은 일관되게 무시당하거나 왜곡되어왔다.

하지만 현대 과학철학의 기본 원리는 이런 논리를 전면적으로 부정한다. 엄밀히 말하면, 과학 이론은 그 이론 자체의 토대와 근원이 된 관찰 결과에만 적용될 수 있다. 즉, 이론들이 자동으로 다른 분야에까지 확대적용되어서는 안 된다. 한 분야에서 구축된 이론이 다른 분야의 관찰 가능성과 관찰 대상을 제한할 수는 없다. 따라서 인간 정신에 대한 이론들은 물리학자들이 물질계에 대해 구축한 이론이 아니라, 심리적 과정에 대한 관찰 결과에만 토대해야 한다. 하지만 주류 과학자들이 지금껏 사용해온 방법은 17세기 물리학의 이론 틀과 정확히 일치한다.

물질적 세계관의 과도한 일반화는 문제의 일부에 지나지 않는다. 진부한 이론을 고집하면서 다른 분야에까지 일반화시킬 뿐만 아니라 그것만이 정확하고 최종적인 결론이라고 잘못 해석해버리는 과학자들의 성향은 상황을 한층 더 악화시킨다. 그들은 자신의 이론적 틀과 부합하지 않는 자료들을 그 이론을 바꿔야 할 근거로 보는 대신 묵살해버린다. 지도와 실제 영역 사이의 이같은 혼동을 현대 논리학에서는 '논리계형의 오류'[2]라고 부른다. 훌륭하고 박학다식하고 창조적인 사상가였던 그레고리 베이트슨Gregory Bateson은 많은 시간을 들여 이 현상을 연구했는데, 한번은 우스갯소리로 이런 식의 오류를 계속 반복하는 과학자라면 언젠가는 식당에서 저녁 대신 메뉴판을 먹을 거라고 말한 적도 있다.

유물론적 철학을 비판 없이 고집하고 주류 과학이 선포한 우주론에 절대적으로 충성하는 것은 진정한 과학자의 기본 자세가 아니다. 진정한 과학자라면 현실의 어떤 영역을 탐구하더라도 과학적 방법을 공정하고도 엄격하게 적용해야 한다. 즉 엄밀하게 정의된 조건에서 관찰한 결과들을 체계적으로 수집하고, 그러한 방법이 적용될 수 있는 상황 속에서 실험을 반복하고, 비슷한 환경에서 작업한 다른 사람들의 결과와 비교해보아야 한다는 뜻이다.

이론의 타당성은 학계의 관점과 일치하고 상식을 벗어나지 않으며 겉보기에 그럴듯해 보이는지가 아니라, 체계적으로 쌓인 관찰 결과들에 부합하는지의 여부로만 판단되어야 한다. 이론은 과학의 연구와 발달에 꼭 필요한 도구다. 하지만 아무리 좋은 이론도 있는 그대로의 사물을 철저하고 정확하게 묘사하지는 못한다. 따라서 진정한 과학자는 현재 가용한 자료를 최대한 담아내고 개념화하는 데 이론의 의미를 두고, 새로운 증거를 수용하지 못하는 이론은 언제든지 수정하거나 대체한다. 그렇다면 유물론적 과학의 세계관은 진보를 촉진하기는커녕 오히려 억압하는 구속복이 되어온 셈이다.

---

2) 100쪽 참고.

아무리 확실하고 자명해 보이는 이론이라 하더라도, 과학은 하나의 특정한 이론에만 안주하지 않는다. 우주에 대한 과학 이론들은 인류의 역사 속에서 수없이 바뀌어왔다. 얻어진 정보를 통해 이론을 실증하거나 반증하는 것이야말로 과학적 방법론의 주된 특징이다. 이론적인 공식과 가설 없이는 과학적 연구가 불가능하다. 현실은 통째로 연구되기에는 너무나 복잡하기 때문에, 이론들은 관찰할 현상의 범위를 감당할 수 있는 크기로 줄인다. 따라서 진정한 과학자는 이론을 사용하는 한편으로 그 상대적인 성질을 잘 알고, 새로운 증거가 등장한다면 언제라도 이론을 정비하거나 폐기할 준비가 되어 있다. 그는 비일상적 의식 상태와 초개아적 체험처럼 논쟁의 소지가 있고 난처한 현상일지라도, 과학적으로 연구될 수만 있다면 엄밀한 조사 대상에서 배제하지 않는다.

20세기의 물리학자들도 물질계에 대한 이해를 급격히 변화시켰다. 아원자와 천체물리학 분야의 혁명적인 발견들은 이 우주가 파괴되지 않는 물질 입자들로 이루어진, 즉 무한히 복잡하면서도 완전히 결정되어 있는 기계적 시스템이라는 관념을 깨뜨려버렸다. 우주에 대한 탐구가 소위 '중간지대'인 우리의 일상 현실계로부터 아원자 입자의 미시세계와 아득한 은하들의 거시세계로 변화하면서, 물리학자들은 기계론적 세계관의 한계를 발견하고 그것을 벗어나 버렸다.

거의 3백 년간 물리학을 지배해온 우주관은 새로운 관찰 결과와 실험증거들의 눈사태 속에서 무너졌다. 물질과 시공간에 대한 뉴턴식의 상식은 당황스러운 모순들로 가득 찬 상대론적 양자물리학의 낯설고 이상한 나라(wonderland)로 대체되었다. 일상에서 '단단한 사물'로 지각되던 물질이 눈앞에서 완전히 사라졌다. 깨끗이 분리되어 있던 시간과 공간의 절대적 차원이 융합되어 아인슈타인의 4차원 시공연속체가 되었다. 그리고 이전에는 순전히 객관적이고 비인격적인 것으로 보였던 현실을 창조하는 데 관찰자의 의식이 개입하고 있다는 사실을 인정할 수밖에 없게 되었다.

그 외의 많은 분야들에서도 비슷하게 큰 발전이 일어났다. 정보이론[3]과 시스템이론[4], 루퍼트 셸드레이크Rupert Sheldrake의 형태발생장[5] 개념, 데이비드 봄과 칼 프리브람의 홀로노믹 사상, 산일구조(散逸構造, dissipative structure)에 대한 일리야 프리고진Ilya Prigogine의 연구, 혼돈 이론, 어빈 라즐로Ervin Laszlo의 상호작용하는 통일장역학 등은 이런 새로운 발전의 두드러진 몇 가지 예일 뿐이다. 이이론들은 초개아 심리학의 관찰 결과와 신비주의적 세계관에 점점 더 가까워지고 융화되는 모습을 보여준다. 유물론적 과학이 부정하고 조롱했던 고대의 지혜가 새롭게 펼쳐질 장이 열린 것이다.

엄정한 과학의 세계관과 초개아 심리학의 관점 사이의 간극이 점점 좁혀지고 있다는 사실은 분명히 매우 고무적이고 흥분되는 일이다. 하지만 심리학자, 정신의학자, 의식 연구가들이 낡은 물

---

3) information theory. 물리계, 생체, 또는 양자를 포함하는 계係에서의 정보의 전달 및 처리에 관한 이론

4) systems theory. 유기체든 사회 조직이든 생태 구조든 간에, 모든 시스템은 분석에 의해서 해석될 수 없다는 관점을 취하는 이론. 부분은 고유한 특성을 띠기보다는 더 큰 전체와의 맥락 안에서만 이해될 수 있으므로, 기존의 분석적·환원주의적 접근은 한계에 무닛히고 관계론석 섭근의 필요성이 부각된다.

5) morphogenetic fields. 모든 사물이 각자 고유한 형태(shape)과 행태(behavior)를 갖게끔 형성된 공간상의 에너지장을 형태장(morphic field)라고 한다. 이것은 중력과 전자기력 등의 힘들이 통합되어 개체로서 조직화된 것을 가리키는 상위 개념인데, 그중에서 생명체에 해당하는 형태장을 형태발생장이라고 한다.

리학 대신 새로운 물리학의 이론에 다시금 자신의 사고 관념이 통제받고 구속되도록 내맡긴다면 그 또한 심각한 실수가 될 것이다. 앞서 말했듯이, 각각의 분야들은 자신의 연구 범위 내에서 관찰된 결과 위에 이론적 틀을 세워야만 한다. 특정 분야의 과학적 발견과 그 개념들의 타당성을 판단하는 기준은 다른 분야의 이론들에 얼마나 부합하느냐가 아니라, 엄밀한 과학적 방법론에 따라 그 발견을 이뤄냈는지의 여부에 달려 있다.

유물론적 과학의 세계관은 사실인가 허구인가

전반적으로 볼 때, 서양 과학은 물질 세계의 현상을 지배하는 법칙을 발견하고 그것을 통제하는 데 엄청난 성공을 거두었다. 하지만 존재의 근본적인 의문들 ― 예컨대 세계가 어떻게 존재하게 되었고 현재의 상태로 발전했는지 ― 에 답하려는 노력의 결과는 훨씬 보잘것없었다. 이런 상황을 제대로 이해하려면, 우리가 알고 있는 소위 '과학적 세계관'이 한 무더기의 대담한 형이상학적 가정에 근거한 우주관이라는 사실을 깨달아야 한다. 그것은 실제로는 아주 불확실한 배경 위에 서 있고 논쟁의 소지가 있거나 증거와 어긋나지만, 종종 의심의 여지가 전혀 없는 명백한 사실처럼 제시되고 또 그럴듯하게 보이기도 한다.

하지만 근본적인 철학적 질문에 대한 유물론 과학의 대답들은 궁극의 철학이 제시하는 대답들보다 더 논리적이지도, 덜 공상적이지도 않다. 따라서 우주의 기원에 관한 한, 아직도 많은 우주론들이 경쟁하고 있는 셈이다. 그중 가장 대중적인 이론은 150억 년 전의 빅뱅으로 인해 크기가 없는 한 점[6]으로부터 시공간을 포함한 우주의 모든 물질이 존재하게 되었다고 설명한다. 이에 대적하는 지속적 창조 이론은 물질이 무無로부터 지속적으로 창조되어 나오는, 시작도 끝도 없이 영원히 존재하는 우주를 주장한다. 이 두 이론은 둘 다 존재에 대한 근본적인 의문에 합리적이고 논리적인, 즉 설득력 있는 해답을 제공하지 못한다.

생물학 분야에 대한 유물론적 과학자들의 이론들도 투박하고 미심쩍기는 마찬가지다. 그들의 주장에 따르면, DNA를 포함한 생명현상들과 세포의 자기복제 능력은 태초의 해저에서 무기물들이 무작위로 화학적 상호작용을 하면서 자연발생적으로 생겨났다. 생명이 최초의 단세포 유기체로부터 동식물계를 이루는 엄청난 수의 종種으로 진화해온 원인이 유전자의 무작위적 돌연변이와 자연도태라는 것이다. 유물론적 과학의 더욱 황당한 설명은 진화의 뒷무렵에 등장한 의식이 중추신경계가 신경생리학적으로 발달한 결과물에 불과하다는 주장일 것이다.

현대의 과학철학과 과학적 방법론을 엄격하게 적용한 논리적 자료 분석으로 이런 개념들을 검증해본다면, 우리는 그 대부분이 냉정한 사실이 아닐뿐더러 오히려 관찰 결과의 충분한 뒷받침을 받지 못한다는 사실을 알게 될 것이다. 수십억 은하가 존재하는 이 우주를 구성하는 재료가 하나의 특이점으로부터 저절로 터져 나왔다는 이론은 우리의 이성을 만족시키지 못한다. 빅뱅으로 나타난

---

6) singularity 길이도 두께도 폭도 없는 하나의 특이점特異點.

물질의 근원은 무엇인지, 빅뱅의 계기와 원인은 무엇인지, 빅뱅을 일으킨 법칙들은 어디서 비롯되었는지 등등 수많은 아리송한 의문이 그대로 남겨진다. 우주는 무無로부터 끊임없이 창조되어 나오는 물질의 총합으로서 영원히 존재한다는 설명도 미심쩍기는 마찬가지다. 우주의 기원을 설명하는 현재의 과학 이론들은 모두 이런 수준에서 크게 벗어나지 못하고 있다.

우주는 스스로 창조되었고, 수소 원자로부터 호모 사피엔스에 이르는 우주의 역사는 지성의 개입을 필요로 하지 않았으며, 자연법칙에 따른 물질 현상의 산물로서 이를 충분히 이해할 수 있다는 것이 우리가 받아온 교육 내용이었다. 하지만 많은 물리학자들의 발견에 따르면 이것은 그다지 신뢰할 만한 가설이 아니다. 생존하는 최고의 물리학자로 인정받는 스티븐 호킹Stephen Hawking은 "우주가 빅뱅과 같은 무언가로부터 등장했다고 보기에는 그에 반하는 요소가 너무나 많다"고 고백한 바 있다. 프린스턴 대학의 물리학자인 프리먼 다이슨Freeman Dyson의 설명도 그와 다르지 않다. "나는 우주의 세부 구조를 연구해 들어갈수록, 우주가 어떤 면에서는 우리의 등장을 알고 있었다고밖에 생각할 수 없는 증거들을 더많이 발견하게 된다."

우주가 존재하게 된 처음 몇 분간의 초기 과정을 재현해보려는 연구들은 놀랍고 색다른 사실을 밝혀냈다. 최초의 조건이 아주 조금이라도 달랐다면, 예컨대 물리적 기초 상수들 중 하나가 단 몇 퍼센트라도 높거나 낮았다면 우주에서는 생명이 존재할 수 없었다는 것이다. 그렇다면 인간이라는 존재가 우주 속에 등장해서 관찰자 노릇을 하는 일도 없었을 것이다. 이런 우연성은 믿기 어려울 만큼 너무나 많이 발견되기 때문에, 소위 '인간 원리'[7]라고 불리는 설명까지 등장하게 되었다. 인간 원리는 우주가 특별한 목적과 의도를 지니고 생명과 인간이라는 관찰자를 창조했을지도 모른다는 점을 강력히 암시한다. 즉, 지고한 우주 지성이 창조 과정에 참여했거나 적어도 그렇게 해석할 만한 여지가 있음을 시사해준다.

자연력이 기계적으로 작용함으로써 놀랍도록 다양한 생명 형태가 등장하고 진화했다는 다윈의 이론에서는 점점 더 많은 오류가 발견되고 있다. 다윈설과 신다윈설[8]의 문제와 허점들은 필립 존슨[9]이 쓴 《심판대의 다윈》(Darwin on Trial)에 잘 정리되어 있다. 진화 현상 자체는 인정된 사실이지만, 그런 일이 지고한 지성의 인도 없이도 일어날 수 있다거나 (리처드 도킨스Richard Dawkins의 유명한 표현을 빌리면) '눈먼 시계공'의 작업에 불과하다는 말은 신빙성이 없다. 다윈의 자연관과 모순되고 대립하는 진화의 증거들이 너무나 많기 때문이다.

신다윈설이 진화를 설명하는 기본 관점은 유전자의 무작위적인 돌연변이인데, 실제로 대부분의 돌연변이는 유기체의 생존을 위협할 뿐 유리한 변화를 일으킨다고 보기 어렵다. 게다가 새로운

---

7) Anthropic Principle. 만약 수많은 우주가 존재하고 그것들이 저마다의 법칙을 가지고 있다면, 인간은 인간이 존재할 가능성을 내포한 세계에서만 존재할 수 있다. 따라서 인간은 인간을 존재하게 하는 자연법칙만을 발견할 수 있다. 이때의 진리는 불변하는 진실이 아니라, 인간이 존재한다는 가정하에서만 비로소 진리로 밝혀진다.

8) 다윈이 주장한 자연선택설은 개체변이 혹은 획득형질의 유선을 선세한 가실이다. 하지만 개체의 변이는 한 종류 내에서만 일어나는 변화로서 새로운 종의 출현을 설명해주지 못하며 유전 법칙에도 위배되는 측면이 많으므로, 후에 다윈의 주장 중에서 생식세포 내의 변이(돌연변이)와 자연선택만을 채택하여 보완한 신다윈설이 등장했다.

9) Phillip E. Johnson(1940). U. C. 버클리 대학의 저명한 법학교수 출신으로, 학계와 문화계를 지배해온 진화론을 반박하는 책들을 발표했다.

종이 출현하려면 매우 특별한 돌연변이들이 거의 불가능한 확률로 조합되어야만 한다. 예컨대 파충류가 조류로 진화하려면 반드시 깃털이 발달하고, 뼈가 속이 비어 가벼워지며, 새로운 골격 구조가 생겨나는 변화가 동시다발적으로 일어나야 한다. 하지만 이처럼 새로운 기관으로 변천해가는 중간 형태는 진화적인 이점을 제공하지 못하거나(일부분만 발달한 눈이 그 예다), 심지어는 장애까지 초래할 수 있다(불완전하게 형성된 날개가 그 예다).

진화론자들을 더 곤혹스럽게 하는 것은, 자연이 진화적으로 명백하게 불리한 형태를 출현시키곤 한다는 점이다. 예컨대 공작새 수컷의 아름다운 꼬리는 천적들로부터 공격당할 가능성을 훨씬 높인다. 진화론자들은 아름다운 꼬리가 암컷을 유혹하여 교미로 유전자를 전달할 기회를 높여준다는 사실이 이런 단점보다 더 중요하다고 주장한다. 그들은 공작 암컷이 매우 놀라운 미적, 예술적 감각을 가졌다고 인정하는 대가를 치르고서라도 유물론적 관점을 지켜내고자 애를 쓴다. 하지만 필립 존슨의 지적처럼, 맹목적인 물리력에서 모든 근거를 찾는 진화론보다는 신성한 지성의 존재를 인정하는 창조론이 확실히 더 모순이 없어 보인다. "수컷과 암컷 공작은 별난 창조주가 좋아했음직한 창조물로 보일지언정, 결코 자연선택과 같은 '무심한 기계적 과정'이 초래한 진화의 산물로는 생각되지 않는다."

다윈주의자들의 진화론은 고생물학의 해부 결과로부터도 심각한 도전을 받는다. 엄청난 시간과 노력을 들였음에도, 현존하는 화석 증거는 종種과 종 사이의 '잃어버린 연결고리'를 채워 넣는 데 조금도 성공하지 못했다. 거기서 발견된 막연한 윤곽들은 한 종에서 다른 종으로의 단일한 변화조차 설명하지 못하고 있다. 지질학적으로는 찰나에 불과한 천만 년 동안 엄청나게 다양한 신체 구조를 지닌 다세포 유기체들이 일제히 등장한 '캄브리아기 폭발(생물학적 빅뱅)'을 설명하려면 분명히 자연도태와는 다른 관점이 필요하다.

해부학과 생리학의 수준에서 제기되는 다윈설과 신다윈설에 대한 반박은 시작에 불과하다. 생명의 과정을 생화학적으로 이해하려 할 때 등장하는 문제들과 비교하면 아직 빙산의 일각이 드러난 것에 지나지 않는다. 진화론을 지지하는 생물학자들은 생명의 비밀이 분자 수준의 현상 속에 숨어 있다고 설명해왔다. 그리고 최근까지는 과학적 접근의 한계로 인해 분자로 생명을 설명하는 데까지 신경 쓸 필요가 없었다. 하지만 속속 밝혀지는 생명현상 배후의 구조와 생명 메커니즘을 이루는 분자 배열의 복잡다단함은 정말 장관이어서, 다윈론에 연일 치명타를 가하고 있다. 생화학자 마이클 베히Micheal J. Behe는《다윈의 블랙박스 ― 진화에 대한 생화학의 도전》[10]이라는 최근 저서에서, 분자 구조와 생명의 역동성에 대한 다윈의 설명이 실패했음을 논증했다. 해부학과 화석 자료가 제기하는 진화의 수수께끼가 사소해 보일 만큼, 그의 주장에는 대단히 압도적인 설득력이 있다.

세계적인 천체물리학자 프레드 호일Fred Hoyle과 DNA 구조를 발견한 사람 중 하나인 프랜시스 크릭Francis Crick을 위시한 과학자들은 무작위적인 화학 반응에서 생명이 비롯했을 가능성이 통계적으로 거의 불가능하다는 점을 분명하게 설명했다. 고도로 분

---

10) Darwin's Black Box: The Biochemical Challenge to Evolution

화된 생화학적, 생리적 기능을 지닌 단백질이 생명체 안에 20만 개 이상 존재한다는 사실은 그 자체가 풀기 어려운 문제다. 프레드 호일은 미생물이 우주로부터 유입되었으며, 아마도 혜성의 꼬리 속에서 별들 사이를 여행하다가 지구로 들어왔을 거라는 범종설汎種說(panspermia)로써 이 딜레마를 해결했다. 호일은 "생명은 우주적인 현상이며, 아마도 우주 그 자체의 가장 근본적인 일면일 것"이라고 결론지었다.

프랜시스 크릭은 한술 더 떴다. 그는 미생물이 우주 공간 속 극한의 조건을 견뎌내기 위해 수십억 년 전 어딘가에서 발달했던 문명이 쏘아보낸 우주선의 앞머리에 실려 지구로 여행해왔다고 주장한다. 이 유기체들이 번식을 시작하면서 지구상의 생명도 시작되었다는 것이다. 물론 호일과 크릭의 접근법은 생명의 기원이라는 비밀을 풀지 못한 채로 초점을 또 다른 시간과 장소로 옮겨놓았을 뿐이다. 그 둘은 생명이 어떻게 처음으로 존재하게 되었는가 하는 문제를 회피하고 있다.

생명이 자연발생적으로 기원할 수학적 확률을 계산해보려고 시도했던 정보이론가 휴버트 요키Hubert Yockey는 생명이 시작될 때 요구되는 정보가 우연히 나타났을 수는 없다고 결론지었다. 그는 물질이나 에너지처럼 생명도 이미 결정된 사실이었다고 주장한다. 이처럼 현재의 과학적 증거들에 따르면, 무작위적이고 기계적인 힘들이 지구 위에서 생명을 출현시키고 무수히 많은 종으로 발전하게 했다는 주장에는 심각한 결함이 있다. 지고한 우주 지성의 개입이나 참여 없이 생명이 나타났으리라고는 상상하기 어려운 것이다.

우리는 물질만이 유일한 현실이며 의식은 그 결과물에 불과하다는 유물론적 과학의 주장을 부정하는 증거들을 살펴보았다. 이런 주장은 타당한 논의를 거쳐 확증된 사실인 양, 대단한 권위를 지니고 제시되어왔다. 하지만 정작 면밀한 조사에 부쳐지자, 중요한 과학적 진술이 되지 못하며 오히려 허울만 좋은 추상적 가설일 뿐임이 명백해졌다. 진화론은 결코 증명될 수 없는 주장이며, 과학적 가설의 기본 요건인 검증가능성(testability)을 충족시키지 못한다.

의식과 물질

의식을 중추신경계의 복잡한 물질적 작용이 만들어낸 부산물로 생각하기에는 물질과 의식 사이의 간극은 너무나 깊고 근본적이다. 우리는 뇌의 해부구조·생리·생화학과 의식 과정 간의 깊은 관계를 나타나는 임상적, 실험적 증거들을 많이 가지고 있다. 하지만 그것들은 의식이 실제로 뇌에서 발생한다는 명백한 증거가 되지 못한다. 의식이 물질에서 기원했다는 주장은 물질을 우선시하는 우주론에 토대를 두었을 때만 그럴듯하게 보일 뿐이다. 지금껏 그 어떤 과학자도 물질의 작용으로 의식이 탄생하게 된 과정과 밑그림을 타당성 있게 설명하거나 제시하지 못했다.

서양의 과학이 이 문제를 대하는 태도는 유명한 수피 우화와 닮았다. 어느 어두운 밤에, 한 남자가 양초가 꽂힌 등불 아래서 무릎으로 기고 있었다. 다른 남자가 그에게 물었다. "지금 무얼 하세요? 뭘 찾고 계세요?" 남자는 잃어버린 열쇠를 찾고 있다고 답했고, 물어본 남자는 자신도 돕겠다고 했다. 둘이서 한참을 찾았는데도 열쇠가 보이지 않자, 도와주던 남자는 뭔가가 이상해서 설명을 들어야겠다고 생각했다. "아무것도 안 보여요! 그걸 어디서 잃어버리신 거죠?" 대답은 정말 어이가 없었다. 열쇠 주인은 등불로 밝혀진 장소 바깥의 어두운 곳을 가리키면서 중얼거렸다. "저기요." 돕던 남자는 당황하며 다시 물었다. "그런데 왜 저기가 아니라 여기서 열쇠를 찾으세요?" "여기는 불빛이 있어서 보이지만 저기에서는 아무것도 안 보여요!"

유물론적 과학자들은 기존의 인식 틀로는 풀 수 없는 수수께끼, 즉 의식의 기원에 대한 문제를 의도적으로 회피해왔다. 뇌-의식 문제에 대한 해답을 찾았다고 주장한 연구자들도 일부 있었지만, 그들의 시도는 면밀한 검증 과정을 통과하지 못한다. 이런 유의 가장 최근 사례로는, 제임스 왓슨James Watson과 함께 DNA의 화학 구조를 밝혀냈으며 노벨상을 받은 영국의 생리·생화학자 프랜시스 크릭Francis Crick의 대표적 저서 《놀라운 가설》(The Astonishing Hypothesis)를 꼽을 수 있다. 이 책을 읽어보면, '놀라운 가설'은 유물론적 과학의 추상적인 근본 가설을 재진술한 것에 지나지 않는다. "당신, 당신의 즐거움과 슬픔, 기억과 야망, 개인적 정체성과 자유의지란 사실 신경세포와 그 속의 분자들이 거대하게 조합되어 이뤄내는 활동에 지나지 않는다."

크릭은 우선 의식이라는 문제를 시각적 인식 과정으로 축소하고 단순화시켰다. 그러고는 시각적 인지가 시신경의 뉴런과 망막의 활동과 연계되어 일어남을 밝히는 실험들을 길게 나열했다. 여기에는 전혀 새로운 사실이 없다. 어떤 대상을 볼 때 망막과 시신경계와 후두피질(suboccipital cortex)에 화학적, 전기적 변화가 일어난다는 사실은 이미 오래전부터 알려져 있었다. 시각적 과정을 더 정교하고 구체적으로 연구하고 분석하는 일은 궁극의 비밀을 푸는 데 아무런 도움이 되지 못한다. 대뇌피질의 화학적·전기적 변화를 통해 외부 대상과 똑 닮은 복제물을 우리의 의식 체험 속에 등장시켜주는 주체가 무엇인지는 여전히 수수께끼로 남기 때문이다.

유물론적 과학이 우리에게 주입하는 관점에 따르면, 물질적 자극이 일으킨 화학적·전기적 변화를 모종의 방법을 통해 의식의 주관적 인식으로 옮겨놓는 능력은 뇌 자체에 내재된 것이다. 하지만 이런 현상은 본질적으로 과학적 분석을 벗어난 원리에 의해 작동된다. 뇌가 이런 일을 할 수 있다는 주장은 과학적 진술이 아니라 얼토당토않은 억측일 뿐이며, 확고한 증거에 의해 뒷받침되지 못한 채 추상적 편견에만 기대고 있다. 크릭의 책은 중요한 핵심 주제를 회피하면서 의식과 신경생리학적 현상 간의 상관관계를 드러내는 실험적 증거들만 나열한다. 수피 우화 속의 남자와 다를 바가 없는 것이다.

의식이 뇌의 산물이라는 개념이 완전히 틀린 것은 아니다. 크릭과 같은 주장을 하는 사람들은 일반적으로 수많은 신경학, 정신의학 실험결과들과 신경과, 신경외과, 정신과의 매우 구체적인 임상관찰 결과를 인용해서 설명하곤 한다. 그들의 뿌리 깊은 신념과 맞서기 위해서 그 관찰 결과들의 정확성을 의심할 필요는 없다. 뇌의 해부적·신경생리학적 구조와 의식 사이의 밀접한 관련성은 의심할 여지가 없는 확실한 사실이다. 문제는 제시된 증거 그 자체가 아니라 그 결과에 대한 해석과 주장의 논거, 그로부터 도출된 결론이다.

이런 실험들이 증명해주는 뇌의 신경생리적·생화학적 작용과 의식 간의 깊은 관련성은 의식의 본질 또는 기원과 거의 관계가 없다. 실제로는 완전히 반대되는 증거들, 즉 의식이 때로는 물질의 작용과 무관하게 뇌의 능력을 벗어난 기능을 수행한다는 증거들도 적잖이 존재하기 때문이다. 그중에서도 유체이탈 체험은 가장 명백한 실례다. 유체이탈 체험은 자연발생적으로 일어나기도 하지만 샤먼의 황홀경, 환각 세션, 최면, 경험적인 심리요법, 또는 임사체험을 비롯한 여러 자극적인 상황들 속에서 일어날 수도 있다.

이때 의식은 몸에서 분리되어 가깝거나 먼 여러 곳을 자유롭게 오가면서도 지각 능력을 유지한다. 특히 흥미로운 것은 '진성眞性 유체이탈 체험'으로, 몸을 떠난 상태에서 지각한 주변 환경에 대한 정보가 독립적인 검증을 통해 정확하다고 밝혀지는 경우다. 그 밖에도 우주의 다양한 측면에 대한 정확한 정보, 이전에는 경험하고 기억한 바 없는 정보를 전달해주는 초개아적 현상들이 수없이 존재한다.

전통 과학이 찾아낸 증거들, 즉 임상 관찰과 연구 실험들을 좀더 자세히 살펴보자. 뇌 속의 여러 현상들이 의식의 특정한 변화와 깊이 연관되어 있다는 사실에는 의심의 여지가 없다. 뇌진탕을 일으키는 머리의 충격 또는 뇌로의 산소 공급을 제한하는 경동맥 협착증은 의식을 잃게 할 수 있다. 또한 뇌의 측두엽에 생긴 종양이나 손상은 매우 뚜렷한 의식 변화를 일으키곤 하는데, 이는 전두엽에 병을 앓는 사람의 변화와는 현격히 다르다. 신경과의사들이 이런 변화를 보고 이상이 생긴 뇌 부위를 진단할 수 있을 만큼 그 차이는 뚜렷하다. 간혹 신경외과적 치료가 성공할 때면 문제가 해결되고 의식 체험이 정상으로 돌아오기도 한다.

이런 사실들은 인간 의식이 뇌에서 비롯한다는 결정적인 증거로 제시되어왔다. 얼핏 보기에는 설득력 있고 확실한 관찰 결과처럼 보인다. 하지만 더 면밀하게 살펴보면 상황이 달라진다. 엄밀하게 말해서, 이 모든 자료가 분명하게 보여주는 것은 뇌 기능의 변화가 의식의 변화와 긴밀하고 구체적으로 관련되어 있다는 사실뿐이다. 그것들은 의식의 본질이나 기원에 대해서는 거의 알려주지 않으며, 이런 문제를 해결되지 않은 채로 남겨둔다. 따라서 우리는 같은 자료를 가지고도 전혀 다른 결론을 이끌어내는 대안적 해석을 얼마든지 생각해볼 수 있다.

뇌와 의식의 관계를 TV 수상기와 TV 프로그램 간의 관계에 비유해보자. TV는 뇌보다 훨씬 더 간단한 기계 구조이므로 이해하기가 훨씬 쉬울 것이다. TV 프로그램의 최종적인 수신(영상과 음성) 상태는 TV 수상기의 작동과 각 부품들의 상태에 의해 결정된다. 수상기의 각 부분이 고장나면 그에 따라 화질에도 매우 뚜렷하고 구체적인 변화가 생긴다. 경우에 따라 형태나 색깔이나 소리가 왜곡되거나 채널 간에 혼선이 생기기도 한다. 의식의 변화에 따라 진단을 달리하는 신경과의사처럼, TV 수리공은 이 같은 특징에 근거하여 고장난 부분과 부품을 추정할 수 있다. 그리고 우리는 그 요소를 고치거나 교체함으로써 일그러짐을 바로잡게 될 것이다.

TV 수상기는 그저 방송 내용을 전달할 뿐이지 프로그램을 만들거나 제작에 관여하지 않는다는 TV 기술의 기본 원리를 우리는 아주 잘 알고 있다. TV 프로그램의 제작 과정을 알아내려고 TV 수상기의 트랜지스터와 중계기, 전기회로와 전선을 조사하고 시험하려는 사람은 비웃음거리가 될 뿐이다. 이런 잘못된 노력을 분자, 원자, 아원자 수준까지 쏟아붓더라도, 우리는 왜 특정한 시간에 〈미키마우스〉 만화, 〈스타트렉〉의 장면, 또는 할리우드 고전 영화가 화면에 펼쳐지는지에 대해서는 아무런 실마리도 얻지 못할 것이다. 이처럼 TV 수상기의 작동과 TV 프로그램의 상영이 밀접히 관련되어 있다는 사실은 방영 프로그램의 모든 비밀을 밝혀주지 않는다. 그런데도 유물론적 전통 과학은 TV의 경우와 유사한 뇌와 의식 간의 관계에 대해 바로 이런 식의 접근법을 취하고 있다.

유물론적 과학은 뇌 속의 신경생리학적 작용이 의식을 만들어낸다는 확실한 증거를 단 하나도 제시하지 못했다. 서양의 과학은 의식이 신체의 감각과는 독립적으로 기능하고 존재할 수 있음을 보여주는 숱한 관찰 결과들을 무시하고, 비난하고, 심지어 조롱함으로써만 현재의 입장을 지켜올 수 있었다. 이런 관찰 결과들은 초심리학, 인류학, LSD 연구, 경험적 심리요법, 사망학, 그리고 자연발생적으로 일어나는 비일상적 의식 상태 연구들로부터 발굴된다. 그 분야들은 인간의 의식이 (주류 과학의 이해에 따르면) 뇌가 하지 못하는 많은 일들을 해낸다는 사실을 보여주는 설득력 있는 자료들을 축적하고 있다.

과학과 종교

유물론적 과학이 현대 사회에서 누리고 있는 권위 덕분에 무신론은 산업사회에서 가장 영향력 있는 이데올로기가 되었다. 최근 수십 년 사이에 이런 경향이 뒤집힌 듯 보이기도 하지만, 진지하게 종교를 수행하고 자신을 '신자信者'라고 생각하는 사람들의 수는 과학의 진보에 반비례해서 뚜렷이 감소해왔다. 유물론적 과학이 산업사회에 걸어놓은 주술 때문에, 신자들조차 종교를 침식하여 불신을 심어놓는 서양 과학의 영향에서 벗어나기 못한다. 종교적인 환경에서 자란 사람들이 과학적 교육을 받으면서 모든 종교를 거부하게 되는 일이 매우 흔하게 일어나는 것은, 모든 영적 성향을 미개하고 논할 가치조차 없는 것으로 생각하는 관점에 빠져들기 때문이다.

한편 깊은 영적 근원과의 연결이 끊어지고 체험적 요소들을 잃어버린 조직화된 종교는 공허하고 무의미해지면서 삶과 점점 더 조화를 이루지 못하게 되었다. 깊은 개인적 체험에 토대한 살아 있는 영성은 독단주의, 의식儀式주의, 도덕주의로 대체되었다. 주류 종교의 극단적인 종파는 현대의 교육관으로 봤을 때 너무나 불합리하고 유치한 신앙, 즉 공인된 경전의 글자 뜻 그대로의 고지식한 믿음만을 주장한다. 종교가 현대적 삶의 중요한 문제들에 대해 권위를 유지할 수 없게 됨으로써 상황은 더욱 혼란스러워졌다. 예컨대 여성에게 목회자가 될 권리를 주지 않는 것은 민주주의의 본의에 어긋나고, 에이즈의 위험과 인구 과잉을 막아줄 피임을 금지하는 일은 불합리하고 무책임한 태도로 비춰지게 되었다.

유물론적 과학이 발전시킨 우주와 자연, 인간에 대한 해석은 세계의 주요 종교들이 내세우는 경전의 내용과 극명하게 대비된다. 과학적 기준에 철저히 근거해서 판단한다면 세계창조 이야기, 인류의 기원, 성모의 원죄 없는 잉태, 거룩한 주의 죽음과 부활, 악마적 힘의 유혹, 사후의 심판 따위는 옛 이야기로 치부되거나 정신의학 논문에서나 언급되는 것이 마땅할 것이다. 우주 의식, 윤회,

영적 깨달음 등의 개념들도 유물론적 과학의 기본 사상과 조화를 이루지 못하고 있다. 하지만 과학과 종교를 둘 다 정확히 이해한다면, 그 간격을 메우는 일이 결코 불가능하지만은 않다.

앞서 살펴보았듯이, 이처럼 큰 혼란은 과학 이론의 역할과 본질에 관한 심각한 오해 때문에 일어났다. 영적 세계에 대한 과학의 반박은 과학이 아니라 과학론에 토대한다. 경전들 속의 영적 상징들을 심각하게 오해하고 오역하는 것도 불필요한 종교 문제를 일으키는 주된 원인이다. 이는 주류 종교들의 근본주의 사조에서 발견되는 특징이다.

과학주의와 종교적 근본주의가 서로 대립하는 모습을 보면, 그들은 논쟁거리가 되는 영적 문헌들의 많은 구절들이 구체적인 인물, 지리적 장소, 역사적 사건에 대한 언급이 아니라 초개아적 체험에 대한 설명이라는 사실을 전혀 알지 못하는 듯 보인다. 우주에 대한 과학적 설명과 종교 문헌의 설화들은 동일한 세계에 관한 것이 아니며, 하나의 영토를 두고 경쟁하지도 않는다. 신화학자 조셉 캠벨이 특유의 말투로 지적하듯이, "원죄(성교) 없는 잉태는 산부인과에서 따질 문제가 아니고, 약속받은 땅은 부동산에 속하지 않는다."

현대의 천문학자들이 최고의 망원경으로 찍은 사진에 신과 천사들의 모습이 없다고 해서, 그것이 그들이 존재하지 않는다는 과학적 증거가 되는 것은 아니다. 마찬가지로, 지구 내부가 액체 상태의 철과 니켈로 구성되어 있다는 지식은 하계下界와 지옥의 존재를 조금도 부정하지 못한다. 영적 상징은 우리가 일체지향적 상태에서 체험하는 현실과 사건들을 정확히 묘사하고 있을 뿐, 일상적 물질계에서 벌어지는 일들을 나타내지 않는다. 올더스 헉슬리는 뛰어난 수필《천국과 지옥》(Heaven and Hell)에서 이를 아주 분명하게 표현한 바 있다. 따라서 영적인 문제에 과학적으로 접근할 수 있는 분야는 비일상적 의식 상태를 체계적이고 편견 없이 집중적으로 탐구하는 의식 연구뿐이다.

많은 과학자들은 현대 과학의 개념틀을, 과학자라기보다는 마치 근본주의 종교인들처럼 적용한다. 그들은 그것이 현실에 대한 최종적인 설명이라고 오해하며, 과학의 기본 가설과 어긋나는 모든 관찰 결과를 묵살하고 무시하는 정당한 도구로 삼는다. 그리고 과학이 우리 사회에서 누리는 절대적 권위로 인해, 조직화된 종교의 이론들은 유물론적 과학의 세계관에 위배된다는 심각한 비난에 직면한다. 서양 문화권의 사람들 대부분은 종교와 영성의 차이점을 알지 못하므로, 이런 유의 '과학'은 종교뿐만 아니라, 영적인 모든 활동에 파괴적인 영향을 끼친다. 이런 갈등의 근본적 논점을 분명히 알아차리고자 한다면, 우리는 '과학'과 '과학주의'는 물론이고 '종교'와 '영성' 간에도 뚜렷한 구분을 지어야 할 것이다.

영성과 종교

영성과 종교를 구분하지 못하는 것은 아마도 과학과 종교의 관계를 오해하게 하는 가장 결정적인 원인일 것이다. 영성은 현실의 비일상적 차원을 직접 체험하는 데 토대를 두고 있으므로, 신성과의 접촉을 중재하도록 임명된 사람이나 특별한 장소가 필요하지 않다. 영성은 개인과 우주 사이에 특별한 관계를 일으키며, 본질적으로 혼자만의 비밀스러운 일이다. 신비가들은 체험적 증거에 확신의 근거를 둔다. 그들에게는 교회나 사원이 필요치 않다. 자신의 신성, 그리고 현실의 신성한 차원을 체험한 내용이야말로 영성의 본체이자 본질이다. 임명된 성직자 대신, 그들은 든든한 도반들의 모임이나 자신보다 더 내적 여행에 숙달된 스승의 지도를 원한다.

훌륭한 종교들의 기원에는 한결같이 창시자, 예언자, 성자, 또는 평신도의 계시적인 체험이 있다. 베다, 우파니샤드, 팔리어 대장경, 성경, 코란, 모르몬경, 그 외 중요한 영적 문헌들은 모두 직접적이고 개인적인 계시에서 비롯된 것이다. 하지만 조직화된 종교는 영적 근원과의 연결을 완전히 잃고, 인간의 영적 욕구를 충족시켜주기보다는 오히려 착취하는 세속적 단체가 되어버리기 십상이다. 권력, 통제력, 정치, 돈, 재산, 그 외 세속적 관심사에 힘을 쏟는 위계 조직을 만들어내는 것이다.

조직화된 종교는 교회나 사원 등의 정해진 장소에서 일어나는 제도화된 단체 활동으로서 임명된 사람들에 의한 조직을 필요로 하는데, 그들은 영적 현실을 체험했을 수도 있고 그렇지 않을 수도 있다. 종교적 조직들은 개인의 독립성이 커지면 효율적 통제가 불가능해질까 봐 소속원들이 직접 영적 체험을 하지 못하도록 적극적으로 방해하고 억압한다. 따라서 참된 영적 삶은 각 종교의 신비주의 종파나 수도회, 법열法悅을 추구하는 분파에만 남아 근근이 유지된다.

뉴턴-데카르트를 모범으로 삼는 과학이든 최근의 패러다임에 근거한 과학이든 간에, 조직화된 종교들의 교리가 과학과 근본적으로 대립한다는 사실은 분명하다. 하지만 영적 체험을 고려할 때는 상황이 완전히 달라진다. 지난 25년간, 초개아 심리학이라는 독특한 분야에서는 영적 체험의 체계적 연구를 핵심 주제로 삼아 왔다. 현실의 다른 측면들과 마찬가지로, 영적 체험도 신중하고 편견 없는 탐구의 대상으로서 과학적으로 연구될 수 있다. 유물론적 세계관에 도전하는 이런 현상들을 공정하고 엄밀하게 연구하는 데는 어떤 비과학적인 요소도 없다. 신비 체험은 존재의 본질을 드러내주는가, 아니면 미신과 공상, 또는 정신병의 산물에 불과한가? 우리에게 가장 중요한 문제는 바로 신비 체험의 본질이 무엇인가, 그리고 그것이 과연 실재하는가 하는 점이다.

전통 심리학과 정신의학이 유물론에 사로잡히고 종교와 영성을 제대로 구분해내지 못하는 것은 영적 체험을 연구하는 데 가장 큰 장애물이다. 그런 사람들은 원시적인 민속 신앙과 정교한 신비 전통을, 또는 근본주의자들의 표피적인 경전 해석과 동양의 신비 철학을 구분하지 않고 막무가내로 종교를 거부한다. 서양의 유물론적 과학자들은 수십 세기에 걸쳐 체계적으로 내면과 정신을 탐구해온 결과인 영적 사상과 수행체계까지도 무조건 부정한다. 하지만 훌륭한 신비 전통들은 영적 체험으로 이끄는 구체적인 기법들을 발전시키면서, 그 관찰 결과와 이론적 성찰을 현대 과학과 견줄 만한 수준까지 통합시켜왔다.

포괄적이고 정교한 과학적 우주관의 배경 위에서 비범한 영적 시야를 제공해주는 탄트라Tantra 체계를 무시하는 것은 서양 과학의 좁은 시야를 극명하게 드러내준다. 탄트라 학자들은 현대 과학이 수많은 방법으로 실증해온 심오한 우주관을 이미 전개해왔다. 정교한 시공간 모형, 빅뱅이라는 개념, 태양중심설(지동설)과 일치하는 요소들, 행성들 간의 인력引力, 공처럼 둥근 지구와 행성, 엔트로피 등이 여기에 포함된다.

탄트라의 또 다른 공로는 0의 개념을 포함한 십진법을 고안하고 수학을 진보시킨 것이다. 심령적 중심(chakra)과 그 통로(nadis)가 반영된 미세체 또는 에너지체의 구조에 근거한 수준 높은 심리학 이론과 구체적 요법들도 탄트라에서 시작되었다. 또한 탄트라는 대단히 세련된 추상적, 상징적인 영성 미술과 복합적인 의식儀式을 발전시켜왔다.

종교에 대한 정신의학의 관점

원론적인 서양 과학자들의 관점에 따르면, 물질계만이 유일한 현실이며 모든 형태의 영적 믿음은 낮은 교육 수준, 원시적인 미신, 마법적 사고, 유아적 수준으로의 퇴행을 뜻한다. 사후 세계에 대한 관념들은 부정될 뿐 아니라 조롱당하기까지 한다. 유물론적 관점은 몸의 죽음, 그중에서도 뇌의 죽음을 곧 모든 의식 활동의 종식으로 의심 없이 받아들인다. 영혼의 사후 여행, 내세, 윤회 따위는 사망이라는 생물학의 언도를 받아들이지 못하는 사람들의 미련이 빚어낸 결과일 뿐이다.

서양에서는 영적 세계를 직접적으로 체험한 사람들을 마치 정신병자처럼 바라본다. 주류 정신의학자들은 신비 체험과 정신병을 구분하지 않고, 그 둘을 모두 정신이상을 나타내는 징후로 치부한다. 지금껏 학계에서 신비주의에 대해 공식적으로 내놓은 가장 관대한 판단은 '정신의학 발전을 위한 정신의학·종교 협의회'[11]의 "신비주의: 영적인 추구인가, 정신병인가?"라는 성명이다. 1976년에 발표된 이 문서는 신비주의가 정상과 정신이상 사이의 중간 현상쯤 될지도 모른다며 한발 양보했다.

지금의 분위기로는, 틀에 박힌 교육을 받은 과학자들은 영적 체험이 체계적으로 연구될 가치가 있고 철저하게 검증되어야 한다는 주장조차 어리석게 여기는 것 같다. 이 분야에 진지한 관심을 보이는 태도 자체가 지적 미숙함을 드러내는 신호이며 연구자로서의 전문성에 흠을 내는 짓으로 평가되는 것이다. 실제로는 영적 차원이 존재하지 않는다는 과학적 '증거'가 그 어디에도 없는데 말이다. 서양 과학은 그 철학적 가정 자체가 영적 차원의 존재를 부인하는데, 이는 낡은 패러다임을 잘못 적용한 결과다. 실제로 일체지향적 상태, 그중에서도 초개아적 체험에 대한 연구는 영적 차원이 존재한다고 가정해야 마땅할 자료들을 넘치도록 제공해준다.

세계의 훌륭한 종교들은 모두 교의를 제정하고 퍼트린 계시자(visionary) — 신성하게 출현한 예언자, 신비가, 성자들 — 들의 강력하고 개인적인 체험으로부터 피어났다. 신성한 차원을 드러내는 이런 체험들은 모든 종교 운동의 참된 원천이자 영감이었다. 보리수나무 아래서 명상하던 고타마 붓다는 극적이고 꿈같은 체험 속에서 환영계幻影界의 지배자 까마 마라Kama Mara, 영적인 추구를 훼방하려는 마라의 매력적인 세 딸, 그리고 깨달음을 얻지 못하도록 겁주고 위협하는 마라의 부하들을 보았다. 붓다는 그 모든 장애를

---

11) the Committe on Psychiatry and Religion of Group for Advancement of Psychiatry

극복하고 깨달음과 영적 각성을 성취했다. 또한 자신의 무수한 전생을 간파하고 카르마의 힘에서 완전히 벗어나는 체험을 했다.

마호메트의 '초자연적 여행', 즉 대천사 가브리엘[12]이 그를 이슬람의 일곱 천국, 낙원, 지옥으로 안내한 강력한 계시 체험은 〈코란〉과 이슬람교의 영감이 되었다. 〈구약〉은 불붙은 나무에서 여호와를 본 모세의 극적인 체험을 기록하고, 〈신약〉은 사막에서 악마의 유혹을 견딘 예수를 묘사한다. 다메섹으로 가는 길에 그리스도의 계시로 눈이 먼 사울[13], 파트모스 섬의 동굴에서 종말을 계시받은 성 요한, 불수레를 본 에스겔, 그 외 많은 일화들은 분명히 비일상적 의식 상태에서 일어난 초개아적 체험이다. 《성경》에는 하나님이나 천사와 직접 소통한 수많은 사례가 포함되어 있다. 성 안토니우스[14]의 유혹과 그 외 성자들과 사막 교부[15]들의 계시 체험들도 그리스도교 역사 속에서 충분히 확인된 기록들이다.

서양의 정신의학자들은 정확한 의학적 설명이나 검증 결과도 없으면서 이런 계시 체험을 심각한 정신질환의 징후라고 판단한다. 주류 정신의학의 문헌들 중에는 영적 역사에서 손꼽히는 인물들에게 가장 적절한 진단이 무엇인지를 논한 논문과 저술이 있다. 여기에서 십자가의 성 요한[16]은 '유전적 퇴행'으로 불리고, 아빌라

---

12) Gabriel. 이슬람에서는 지브릴(Jibreel)로 표기한다.
13) Saul. 사도 바울의 히브리어 이름으로, 다메섹으로 가는 길에 빛 속에서 그리스도의 음성을 듣고 눈을 떴으나 아무것도 보이지 않았고, 후에 아나니아의 안수를 받아 다시 볼 수 있게 되었다.
14) St. Antonius(251?~356?). 이집트의 은수사로 금욕생활을 하며 악마의 많은 유혹을 견뎌냈으며, 후에 그리스도교 수도생활의 기반이 될 지침들을 남겼다.
15) Desert Fathers. 그리스도교가 로마제국의 국교로 정해지며 그 세력이 커졌을 때, 이런 외적이고 세속적인 흐름에 반대하며 철저한 금욕생활과 복음 실천을 위해 사막으로 들어간 초기 수도사들.
16) St. John of the Cross(1542~1591). 스페인의 신비가로, 갈멜 수도회를 개혁하여 맨발의 갈멜 수도회를 세웠다.

의 성녀 테레사[17]는 히스테리 정신이상으로, 마호메트의 신비 체험은 간질 증상으로 치부되었다.

붓다, 예수, 라마크리슈나, 스리 라마나 마하르쉬 등 수많은 종교적, 영적 인물들도 그들의 계시 체험과 '망상' 때문에 정신이상을 앓았던 것으로 간주되었다. 마찬가지로, 전통적 교육을 받은 일부 인류학자들은 샤먼들을 정신분열, 경계성 인격장애, 간질, 히스테리로 진단하는 문제를 놓고 논쟁을 벌어왔다. 저명한 정신분석가이자 정신신체 의학 분야의 창시자 중 하나인 프란츠 알렉산더 Franz Alexander는 불교 명상을 정신병리적 관점에서 "만들어진 긴장병"(artificial catatonia)이라고 표현했다.

종교와 영성은 인류사와 문명사에 대단히 중요한 영향을 미쳐왔다. 종교 창시자들의 계시 체험을 뇌의 병리 탓으로 돌린다면, 그들이 수십 세기에 걸쳐 수백 만의 사람들을 깊이 감화시킨 일과 그들에게 영감을 얻은 훌륭한 건축, 그림, 조각, 문학 작품들을 설명해낼 수 없을 것이다. 고대 또는 산업화 이전의 문화에서는 언제나 종교적이고 영적인 삶이 중심추 역할을 해왔다. 따라서 현대의 서양 심리학과 정신의학이 내세우는 접근법은 영성뿐만 아니라 역사상 모든 인류 집단의 문화생활을 병리로 치부해버리고, 오직 유물론적 세계관을 공유하는 서양 산업문명의 지식인층만을 예외로 두는 셈이다.

영적 체험에 대한 정신의학의 공식적 입장은 우리 사회에 큰

---

17) St. Teresa of Avila(1515~1582). 스페인의 신비가로 십자가의 성 요한과 함께 맨발의 갈멜 수도회를 세웠고, 교리 정립에 큰 기여를 한 학자에게만 부여되는 교회학자(the doctor of the Church)로 승인된 최초의 여성이다.

분열을 초래하기도 한다. 미국에서 종교는 공식적으로 용인되고, 법적으로 보호받으며, 심지어 일부 집단에서는 도덕적으로 권유받기도 한다. 여관방에는 어김없이 《성경》이 있고, 정치인들은 연설 중에 빈말로라도 하느님을 거론하며, 대통령 취임식에서는 하나의 엄연한 절차로 집단 기도를 올린다. 하지만 유물론적 과학에 비추어 보면, 그처럼 진지한 종교적 신념을 나타내는 사람은 교육 수준이 떨어지거나 집단적 망상과 감정적 미숙에 시달리는 것으로 여겨진다.

만약 서양 문화 속에서 누군가가 세계 주요 종교들의 발단이 된 종류의 영적 체험을 한다면, 평범한 목사들은 그를 곧바로 정신과의사에게 보내버릴 것이다. 강렬한 영적 체험 때문에 정신과를 찾은 사람들이 입원해서 진정제를 투여받거나 심지어는 충격요법을 받고, 결국 평생 정신병자라는 낙인을 달고 다니는 일은 이미 수없이 벌어져 왔다.

일체지향적 상태와 세계관의 변화

서양 과학이 발전시켜온 우주, 자연, 인류, 의식에 대한 이해와 고대·산업화 이전 사회의 관념 간의 차이는 유물론적 과학이 원주민 문화의 원시적이고 마법적인 사고와 미신보다 월등하다는 관점에서 설명되곤 한다. 하지만 면밀히 들여다보면, 이런 차이가 서양 과학이 우월하기 때문이 아니라 산업사회가 일체지향적 의식 상태에 대해 무지하고 이해가 부족하기 때문에 생겨났음을 알 수 있다.

산업화 이전의 모든 문화는 일체지향적 상태를 높이 인정했고, 이 상태에 이르는 안전하고 효과적인 방법을 발전시키는 데 많은 시간과 노력을 들였다. 그들은 이 상태에 대한 깊은 지식을 지니고 있었고, 그것을 체계적으로 양성했으며, 종교적·영적 삶의 주요 수단으로 활용했다. 이런 문화들의 세계관에는 일상적 의식 상태뿐만 아니라 깊은 계시 상태에서 이뤄진 체험과 관찰도 다 함께 반영되었다. 현대의 의식 연구와 초개아 심리학은 이 체험들 중 상당수가 현실의 숨겨진 차원을 드러내주는 믿을 만한 이야기이며, 병적 왜곡으로 치부될 수 없는 것임을 입증해왔다.

계시 상태에서는 다른 현실의 체험이나 일상에 대한 새로운 관점을 얻는 경험이 매우 생생하고 강력하게 일어나기 때문에, 당사자들은 그것을 자신의 세계관에 포함시키는 수밖에 다른 도리가 없다. 따라서 비일상적 의식 상태를 체계적이고 구체적으로 체험했는가 그렇지 않은가에 따라 과학기술 사회와 산업화 이전 문화는 지금까지 사상적으로 분리되어 있었다. 나는 초월적 세계를 깊이 체험하고 나서도 계속해서 서양의 유물론적 과학관에 동의하는 사람을 여태까지 단 한 명도 만나지 못했다. 이런 현상은 지적 수준, 학력과 분야, 취득한 전문 자격과는 아무 관계 없이 일어난다.

일체지향적 상태와 인류의 역사

우리는 일체지향적 상태의 본질, 내용, 가치 체계, 생존 전략 등을 살펴보면서 그것이 우리의 세계관에 미치는 깊은 영향을 자세히 탐구해보았다. 우리가 일체지향적 체험을 연구하며 배운 내용들은 인류의 영적 역사를 완전히 새롭게 조명해준다. 그 빛은 영성이 인간 정신과 존재의 중요한 차원이며, 유물론적 과학이 파놓은 병리학의 함정으로부터 직접적인 체험에 토대를 둔 믿을 만한 종교들을 구출해낸다.

서양의 산업문명을 제외한 인류 역사상의 모든 문명은 일체지향적 상태를 대단히 중요하게 다뤄왔다. 그들은 신, 다른 현실 차원, 자연력과 연결되고 싶으면 언제든지 이 상태를 유도해낼 수 있었다. 또한 진단과 치료, 초감각적 지각력 계발, 예술적 영감을 위해서도 이 상태를 이용해왔다. 그들은 이 상태를 안전하고 효율적으로 촉진하는 방법을 발전시키는 데 많은 시간과 노력을 들였다. 머리말에서도 말했듯이, 이런 '신성한 기법들', 즉 고대와 토착 문화에서 종교적, 영적 목적으로 발전시킨 향정신성 기법들은 다양한 토착 문화의 무속적 입신 상태에서부터 여러 신비 전통의 정교한 수행법과 동양의 영적 철학에까지 널리 분포되어 있다.

일체지향적 상태를 이용하는 관습의 기원은 인류 역사가 시작되는 시기까지 거슬러 올라간다. 일체지향적 상태는 가장 오랜 종교이자 치유술인 샤머니즘의 주된 특징이다. 일체지향적 상태는 몇 가지 중요한 방식을 통해 샤머니즘과 밀접히 연결되어 있다. 많은 샤먼들은 전형적인 서양식 편견을 가진 인류학자들이 소위 '무병巫病(shamanic illness)'이라고 부르는 계시 상태와 심령적 위기를 자연발생적으로 겪으면서 주술 세계에 입문한다. 또는 강력한 향정신적 기법을 사용하는 의식, 그중에서도 북 두들기기, 지껄이기, 노래, 춤, 또는 환각식물 등으로 유도된 체험을 통해 샤먼 훈련을 받고 활동을 시작하기도 한다. 숙달된 샤먼들은 특정한 방법을 통해

그림 6 ◆ 트루아 프레르 동굴의 흑마술사　　　　　그림 7 ◆ 짐승 지배자

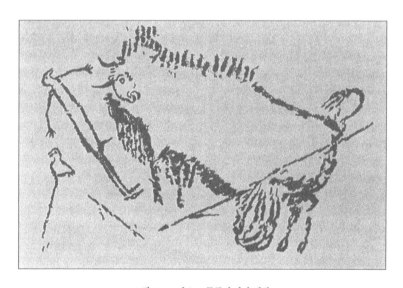

그림 8 ◆ 라스코 동굴의 사냥 벽화

뜻대로 일체지향적 상태에 들어갈 수 있다. 그들은 치료, 초감각적 지각, 또 다른 현실 차원의 탐구, 그 외 여러 목적을 위해 이 상태를 이용한다. 또한 부족의 다른 사람들을 이 상태로 유도하여 그들이 필요로 하는 도움을 제공해줄 수도 있다.

샤머니즘은 최소한 3~4만 년에 이르는 엄청난 역사를 보유하고 있다. 샤머니즘의 가장 깊은 뿌리는 구석기 시대까지 거슬러 올라간다. 라스코Lascaux, 퐁드곰Font de Gaume, 트루와 프레르Trois Freres, 알타미라Altamira, 그 외 프랑스 남부와 스페인 북부의 유명한 동굴들에는 동물들이 아름답게 그려진 벽화가 있다. 그 벽화들에는 대부분 들소, 야생마, 수사슴, 야생 염소, 매머드, 늑대, 무소, 순록 등 석기 시대에 번성했던 동물들이 그려져 있다. 하지만 라스코 동굴의 '동물 마법사'(Wizard Beast)와 같은 그림들은 분명히 주술적이고 종교적인 의미를 띤 신화적 생물로 보인다. 또한 고대 샤먼을 나타내는 것이 틀림없는 인간과 동물이 합쳐진 묘한 형상이 그려지거나 조각된 동굴들도 상당수 발견되었다.

그중에서도 '트루아 프레르 동굴의 흑마술사'라고 불리는 여러 남성적 상징들이 조합된 알 수 없는 존재의 그림은 특히 유명하다. 그 존재는 수사슴의 뿔, 올빼미의 눈, 야생마 또는 늑대의 꼬리, 인간의 턱수염과 성기, 사자의 발을 가졌다. 이 동굴 지대의 또 다른 샤먼 조각으로는 아름다운 동물들로 가득 찬 행복한 사냥터[18]를 주재하는 '짐승 지배자'가 잘 알려져 있다. 라스코 동굴의 사냥하는 장면 벽화도 빼놓을 수 없다. 이 그림에는 상처 입은 들소와 성

---

18) Happy Hunting Ground. 사후세계를 마음껏 사냥할 수 있는 곳으로 묘사한 아메리카 원주민들의 표현에서 유래된 말로, 모든 것이 풍요로운 천국 또는 낙원을 뜻한다.

기를 곧추세우고 누운 샤먼이 그려져 있다. 가빌로^{La Gabillou} 동굴에도 고고학자들이 '춤꾼'(The Dancer)이라고 부르는 역동적인 자세의 샤먼 형상이 조각되어 있다. 게다가 한 동굴의 흙바닥에서는, 지금도 많은 원주민 문화에서 입신 상태를 유도하기 위해 그러는 것처럼, 고대의 거주자들이 추었던 춤을 나타내는 발자국들이 둥글게 배열된 상태로 발견되었다.

그림 9 ◆ 가빌로 동굴의 춤꾼

샤머니즘은 오래되었을 뿐만 아니라 매우 보편적인 문화이기도 하다. 우리는 북아메리카와 남아메리카, 유럽, 아프리카, 아시아, 호주, 미크로네시아¹⁹⁾, 폴리네시아²⁰⁾에서도 샤머니즘을 찾아볼 수 있다. 이처럼 인류사의 수많은 문명들이 주술적 기법을 유용하고 의미롭게 여겼다는 사실은, 일체지향적 상태가 인류학자들이 '원시 마음'(primal mind) — 인종, 성별, 문화, 시대를 초월한 인간 정신의 근본적, 원시적 측면 — 이라고 부르는 것과 맞물려 있음을 알려준다. 주술적 기법과 절차들은 서양 산업문명의 뿌리 깊은 영향을 피할 수 있었던 문화들 속에서 오

---

19) Micronesia. 태평양에서는 서쪽, 적도에서는 북쪽에 있는 섬들을 함께 부르는 지명으로, 섬들이 대부분 매우 작아 이런 이름이 붙었다. 적도 남쪽에 있는 섬들은 까맣다는 뜻의 멜라네시아로 불린다.
20) Polynesia. 태평양 동쪽 부근의 섬들을 함께 부르는 지명으로, 하와이와 뉴질랜드 이스터 섬을 잇는 삼각형 안의 섬들을 가리킨다.

늘날까지 이어지고 있다.

가장 원시적인 사회 속에서는, 다양한 목적과 경우에 따라 벌어지는 종교적·치유적 의식儀式들을 통해 일체지향적 의식 상태를 유도해내는 것이 곧 종교적이고 영적인 삶을 뜻했다. 특히 네덜란드 인류학자인 아널드 반 게넵Arnold Van Gennep이 처음으로 명명하고 설명한 소위 '통과의례'는 대단히 중요한 의식이었다. 통과의례는 산업화 이전 문화들에서 중요한 생물학적, 사회적 변화가 일어나는 시기 ― 할례, 사춘기, 결혼, 출산, 폐경, 죽음 등 ― 에 치러졌던 강렬한 의식이다.

샤먼이 되는 과정처럼, 통과의례에서도 강력한 향정신성 기법들이 사용된다. 입문자들을 심령적 죽음과 재탄생을 오가는 일체지향적 체험으로 이끄는 통과의례는 낡은 역할로서 죽고 새로운 역할로서 다시 태어나는 과정으로 여겨진다. 예컨대, 가장 중요한 의식 중 하나인 성인식에서 청년들의 심령적 죽음과 재탄생은 소년과 소녀로서 죽고 성인 남녀로서 다시 태어난다는 뜻으로 이해된다. 또한 이런 의식은 체험을 통해 초월적 세계를 접하고, 부족의 우주관과 신화를 받아들이고, 다른 현실과 개인적이고 지속적인 관계를 맺게 하는 중요한 기능을 한다.

일체지향적 상태는 죽음과 재탄생이라는 고대의 비밀 의식, 즉 강력한 심령적 변성을 일으키는 신성하고 신비한 과정에서도 결정적인 역할을 한다. 이런 비밀 의식들은 죽음과 변성을 상징하는 신화를 토대로 삼고 있다. 고대 수메르에서는 이난나Inanna와 타무즈Tammuz, 이집트에서는 이시스Isis와 오시리스Osiris, 그리스에서는 아티스Attis, 아도니스Adonis 바쿠스Bacchus, 페르세포네

Persephone가 그에 해당했다. 중앙아메리카에서는 아즈텍의 케찰코 아틀Querzalcoatl(깃털 달린 뱀), 마야 경전 〈뽀뽈 뿌〉의 쌍둥이 영웅의 신화가 있었다. 이런 비밀 의식은 수메르와 이집트의 입회식, 미트라Mithra 의식, 그리스의 퀴벨레Cybele 의식, 바커스Bacchus 축제, 엘레우시스Eleusis 제전에서 알 수 있듯이 지중해와 중동 지역에서 특히 성행했다.

엘레우시스 제전이 거의 2천 년간이나 아무런 제약 없이 공공연하게 벌어지며 고대의 걸출한 인물들을 매료시켰다는 사실은 일체지향적 체험의 영향과 효과를 보여주는 분명한 증거다. 입문자 중의 상당수가 당대의 뛰어나고 유명했던 사람들일 만큼, 이 의식은 고대 사회에 문화적으로 상당한 영향을 미쳤다. 그 입문자 명단에는 플라톤, 아리스토텔레스, 에픽테토스 등의 철학자와 알시비아데스 장군, 극작가 에우리피데스와 소포클레스, 시인 핀다로스가 속해 있다. 이름난 정치가 키케로는 이 의식에 참여한 후에, 그것의 효과와 고대 문명에 대한 영향력을 높이 평가하는 글을 〈법률론〉(De Legibus)에 싣기도 했다.

엘레우시스 제전에서는 성전 안의 거대한 입문 회랑에 모인 3천 명의 입문자가 동시에 깊은 심령적 변성을 체험했다. 걸출한 철학자, 예술가, 정치인들을 포함한 대규모 집단을 강렬한 일체지향적 상태로 빠뜨린 이 의식은 그리스 문화에, 더 나아가 유럽 문화 전반에 엄청난 여파를 미쳤음이 분명하다. 하지만 놀랍게도, 이처럼 중요했던 고대 사회의 일면은 역사가들에게 거의 알려지지 않거나 주목을 받지 못했다.

엘리우시스 제전에서 중요한 역할을 했던 신성한 음료 키케

온kikeon은 LSD와 유사하게 맥각 알칼로이드가 섞인 혼합물이고, 바커스' 축제를 비롯한 다른 의식에서도 이런 환각물질들이 쓰였으리라 짐작되지만, 비밀 의식에서 사용된 향정신성 기법은 대부분 비밀로 전해 내려왔다. 엘리우시스 제전에서 쓰인 '신성한 기법'이 뭐였든 간에, 그것이 입문자의 정신에 미친 영향은 고대 사회가 거의 2천 년간이나 관심과 흥미를 기울일 만큼 심오했음이 분명하다.

일체지향적 상태는 세계의 유수한 종교들에서도 중요한 역할을 한다. 나는 모든 주류 종교의 원천이자 생생한 영감이 되어준 창시자의 계시 체험들을 앞에서 언급했다. 비록 첫 체험은 다소 자연발생적이고 기초적인 수준에 지나지 않았겠지만, 많은 종교들은 시대를 거치면서 신비 체험을 유도하도록 특별히 고안된 정교한 절차를 발전시켜왔다. 요가의 여러 기법들, 비파사나 명상, 선禪, 티베트 불교는 물론 도교의 영적 수련들과 복잡한 탄트라 의식들을 그 예로 꼽아볼 수 있다. 이슬람의 신비가인 수피들이 사용해온 까다로운 방법들도 여기에 포함된다. 그들은 신성한 의식儀式(ziker) 속에서 격한 호흡을 하고, 찬송을 하고, 입신 상태를 유도하는 회전춤을 췄다.

유대-그리스도교 전통에서는 에세네파의 호흡 훈련과 물에 반쯤 담그는 세례, 예수 기도(헤자카즘), 이그나티우스Ignarius의 예배, 카발라와 하시디즘의 다양한 의식들이 전해 내려왔다. 이처럼 직접적인 영적 체험을 유도하고 촉진하도록 고안된 기법들은 유수한 종교들의 신비주의 분파와 수도회가 가진 주된 특징이다.

일체지향적 상태를 유도하는 데는 환각식물·환각물질을 사용하는 것도 매우 효과적인 기법이다. 이 강력한 도구에 대한 지식은 인류 역사가 시작되던 저 옛날부터 있었다. 중국의 의학에 따르면, 환각식물에 대한 기록은 3천 년 이상 거슬러 올라간다. 고대 페르시아의 《젠드아베스타》(Send Avesta)에 기록된 '하오마haoma'라는 전설 속의 성수聖水와 수천 년 전 인도-이란족이 썼던 인도의 '소마soma'는 아마도 베다 철학과 종교의 가장 중요한 원천이었을 것이다. 동양, 아프리카, 지중해 지역에서는 다양한 대마 조제품들이 하시시, 차라스, 방, 간자, 키프, 마리화나 등의 이름으로 피워지거나 섭취되면서 기분전환과 쾌감, 종교적 의식儀式을 위해 사용되었다. 이것들은 브라만, 특정 수피 교단, 고대 스키타이인, 자메이카의 레스터패리언Rastafarian 신앙처럼 다양한 집단들 속에서 공통적으로 중요한 성찬聖餐의 역할을 했다.

중앙아메리카에서도 오랜 역사를 통해 다양한 환각물질이 의식儀式에 사용되었다. 유럽이 침략하기 전의 아즈텍, 마야, 올메크Olmec, 마자텍Mazatec 등 여러 문화에서는 매우 효과적인 향정신성 식물들이 알려져 있었다. 멕시코의 페요테 선인장, 신성한 버섯인 테오나나카틀teonanacatl, 올로류퀴ololiuqui, 변종 나팔꽃의 씨 등이 대표적이다. 이 물질들은 오늘날에도 휘촐Huichol, 마자텍, 치치메카Chichimeca, 코라Cora, 그 외 멕시코 원주민 부족과 아메리카 원주민 교회에서 사용되고 있다.

남아메리카에서 알려진 야제yaje와 아야후아스카ayahuasca는 정글 리아네와 여러 식물들을 뒤섞은 혼합물이다. 아마존 지역도 환각을 일으키는 다양한 담배로 유명하다. 아프리카의 원주민 부족들은 이보가iboga 나무의 껍질로 만든 조제물을 씹고 흡입한다. 그들은 흥분제로서는 적은 양을 사용하지만, 남녀의 성인식에서는 꽤 많은 양을 복용한다. 이 목록은 전 세계의 다양한 집단들이 종교적이고 영적인 삶에서 수백 년 넘게 사용해온 합성 환각제 중 극히 일부에 지나지 않는다.

일체지향적 상태와 정신의학의 역사

일체지향적 상태는 심층 심리학과 심리요법의 발전에도 매우 중요한 역할을 했다. 이 흐름의 초기 역사를 설명하는 책들은 대부분 오스트리아의 의사이자 신비가였던 프란츠 안톤 메즈머Franz Anton Mesmer를 기원으로 삼는다. 비록 메즈머 자신은 환자에게 일어난 의식 변화를 '동물 자기론[21]'으로 해석했지만, 그가 파리에서 행했던 유명한 실험은 최면 시술을 이용한 광범위한 심리요법의 첫걸음이었다.

파리 살페트리에르에서 장 마르텡 샤코트Jean-Martin Charcot가 히스테리 환자에게 적용한 최면 시술, 그리고 히폴리테 베른하임Hippolyte Bernheim과 앙브루와즈 오귀스트 리에보Ambroise Auguste Liebault가 낭시에서 실시한 최면 연구는 지그문트 프로이트의 공부에 큰 영향을 미친 것으로 알려져 있다.

프로이트는 프랑스에서 유학하던 중에 샤코트와 낭시의 모임을 찾아가서 최면을 배웠다. 그리고 환자의 무의식을 연구하기 시

---

21) animal magnetism. 메즈머는 자력에 의해 건강이 좌우된다고 믿었고, 환자들로 하여금 자력을 띤 물체를 만지게 하는 치료법으로 파리에서 이름을 날렸지만, 후에 그것이 자력이 아니라 암시의 효과라는 사실이 밝혀졌다.

작할 때 최면을 사용했다. 하지만 일체지향적 상태는 또 다른 방식으로 정신분석의 역사에 기여했다. 프로이트 초기의 분석적 방법론은 함께 히스테리 환자를 치료했던 친구 요제프 브루이어Joseph Breuer와의 공동 연구에서 비롯한 것이었다. 프로이트가 저서에서 '안나 오Anna O'라고 불렀던 이 환자는 어린 시절로의 심리적 퇴행을 반복하는 자연발생적인 일체지향적 상태를 겪었다. 이 상태에서 되살아나는 충격적인 기억과 그 과정의 치료 효과는 프로이트의 사상에 큰 영향을 주었다.

여러 가지 이유로, 후에 프로이트는 자신의 방법을 철저하게 바꿨다. 그는 최면을 포기하고 직접 체험이 아닌 자유연상을, 실제 트라우마가 아닌 오이디푸스 환상을, 무의식적 요소의 의식적 재체험과 감정적 해방이 아닌 전이 역학에 중점을 두기 시작했다. 돌이켜보면, 이런 변화는 성공하지 못했고 서양의 정신분석을 이후 50년간 구속하고 오도하는 결과를 낳았다. 상황이 이렇게 전개되는 바람에, 20세기 전반기의 심리요법은 거의 담화談話 ─ 일대일 대담, 소파 위의 자유연상, 행동주의적 탈조건화 ─ 수준을 벗어나지 못했다.

정신분석과 그 외 담화식 심리요법들이 세력과 평판을 얻어가면서, 직접적인 무의식 체험의 입지는 극적으로 변했다. 처음에는 잠재적 치료력이 있으며 인간 정신에 대한 가치 있는 정보를 제공해준다고 여겨졌던 일체지향적 상태는 점차 병리 상태로 취급되기 시작했다. 그 이후로는, 자발적으로 일어난 일체지향적 상태를 모든 수단을 동원해서 억압하는 치료법이 공공연하게 행해지게 되었다. 전문가들이 다시 일체지향적 상태와 직접적인 감정 체험의 가치를 발견하기까지는 많은 세월이 흘러야 했다.

일체지향적 상태와 현대의 의식 연구

일체지향적 상태에 대한 학문적 관심은 LSD-25가 발견된 직후인 1950년대 초반, 환각요법의 출현과 함께 부흥하기 시작했다. 그 흐름은 심리학과 심리요법의 획기적인 발전과 더불어 몇 년간 지속되었다. 행동주의와 프로이트 정신분석에 크게 실망한 심리학자와 정신의학자가 모인 한 집단은 의식 연구에 새로운 방향이 필요하다고 느끼고 행동으로 옮겼다. 그리고 에이브러햄 매슬로우 Abraham Maslow와 앤소니 수티치Anthony Sutich는 그 부름에 동조하여 인본주의 심리학이라는 새로운 심리학 분파를 만들었다. 잠깐이었지만, 이 운동은 큰 인기를 얻었다.

인본주의 심리학은 혁신적인 요법들이 자유롭게 발전할 수 있는 토대를 마련해주었다. 전통적인 심리요법들은 주로 상담과 지적 분석을 사용했지만, 소위 새로운 '체험적' 요법들은 감정 표현과 직접 체험을 강조했다. 또한 다양한 방식의 바디 워크도 필수 과정의 일부로 활용되었다. 그중에서도 널리 알려진 프리츠 펄스 Fritz Perls의 게슈탈트 요법은 큰 인기를 얻었고, 지금도 학계 바깥에서는 널리 사용되고 있다.

주류 치료법과의 철저한 차별화에도 불구하고, 체험적 요법들의 대부분은 대화를 통한 소통에 여전히 많은 비중을 두고 있으며 환자를 일상적 의식 상태에 머물도록 한다. 하지만 새로운 접근법들 중 일부는 환자의 의식 상태를 크게 변화시킬 만큼 강력하다. 환각요법들 이외에도 신라이히안neo-Reichian 기법 중 일부와 프라이멀 요법, 리버싱, 홀로트로픽 요법, 그 외 몇 가지를 꼽을 수 있다.

아직 주류 학계는 이런 새로운 체험법들을 받아들이지 않았지만, 이 요법들의 발전과 적용은 이미 심리요법의 역사에 새 장을 쓰기 시작했다. 이런 방법들은 인류의 종교적, 영적, 문화적 역사에서 중대한 역할을 해온 고대인과 원주민들의 심령적 기법과 밀접한 관계를 맺고 있다. 만약 미래에 이것들이 공인되고 가치를 인정받는다면, 분명히 정신의학의 이론과 실제를 획기적으로 변화시키게 될 것이다.

20세기의 후반부에는 치료 작업뿐만 아니라 실험 연구도 일체지향적 상태를 촉진하는 기법의 발전에 의미 있는 기여를 했다. 생화학자들은 많은 환각물질에 포함된 활성 알칼로이드를 찾아냈고, 그것들을 실험실에서 만들어내는 조건을 갖췄다. 페요테에서 추출한 메스칼린mescaline, 멕시코의 신비한 버섯에서 추출한 실로시빈psilocybine, 아프리카 이보가 나무에서 추출한 이보가인ibogaine이 그 대표적인 예다. 아야후아스카의 하르말린harmaline, 하시시의 테트라히드로칸나비놀tetra-hydro-cannabinol, 남아메리카 담배와 특정한 두꺼비의 피부 분비물에서 나오는 트립타민tryptamine 파생물도 덜 알려졌지만 주목할 가치가 있다.

화학 분야에서도 매우 강렬한 반半합성 LSD-25와 MDA, MDMA(엑스터시 또는 아담), 2-CB, 그 외 암페타민amphetamine 파생물을 비롯한 수많은 합성 물질을 이 풍부한 환각물질 목록에 보탰다. 그 덕분에 우리는 이런 합성물들의 효과를 대규모로 실험하여 임상에 체계적으로 적용하고, 뒤따르는 생리적·생화학적·심리적 과정을 연구할 수 있었다.

유효한 감각 자극을 현저하게 감소시키는 감각 차단법도 매우 효과적으로 일체지향적 상태를 유도해낼 수 있다. 그 극단적인 방법은 완전히 깜깜하고 방음처리된 커다란 탱크를 염기 용액으로 가득 채운 후에 공기흡입관이 달린 특수한 방수 마스크를 쓰고 그 속에 들어가는 것이다. 수면 박탈과 꿈 박탈도 의식을 크게 변화시킬 수 있다. 우리는 꿈꾸고 있음을 나타내는 빠른 눈동자 움직임(REM)이 나타날 때마다 피험자를 깨움으로써 잠은 재우지만 꿈만을 박탈할 수 있다. 또한 자각몽을 익히게 해주는 실험 도구들도 이미 개발되어 있다.

또 다른 향정신성 실험실 기법으로는, 전기적 신호를 주어 피험자를 특정 뇌파가 우세한 어떤 구체적 경험 세계로 유도하는 방법인 바이오피드백이 널리 알려져 있다. 수요가 빠르게 늘어나면서 청각적, 시각적, 운동감각적 자극을 다양하게 결합하여 일체지향적 상태를 촉진하는 향정신성 기법들도 풍성하게 등장했다. 또한 새로운 의식 연구법들을 설명할 때 임사체험(NDEs) 연구를 주제로 삼는 사망학을 빼놓아서는 안 된다. 초개아 분야의 가장 놀라운 견해들 중 일부는 사망학 연구에서 나왔기 때문이다.

우리가 지난 수십 년간 목격해온 일체지향적 상태 연구의 부흥기는 엄청난 양의 혁명적인 자료들을 낳았다. 서로 다른 분야의 의식 연구자들은 의식의 본질에 대한 유물론적 과학 이론에 심각하게 도전하는 중요한 증거들을 수집해왔다. 물질이 우선이며 의식은 그 파생물이라고 주장하는 현대의 과학관이 관찰 결과들로부터 제대로 지지받지 못한다는 사실에는 의심의 여지가 없다.

뇌의 신경생리학적 과정의 부산물이 곧 의식이라는 현재의 관념은 실제로 초개아 심리학의 관찰 결과와 완전히 모순된다. 임사 상태에서 '진성 유체이탈 체험'이 존재한다는 사실만으로도 유물론적 과학의 주된 통념을 흔드는 데 부족함이 없을 것이다. 이런 체험들은 몸에서 분리된 의식이 감각의 매개 없이도 주변 환경을 정확히 인식할 수 있는 특별한 상황들을 제시해준다.

아마도 현 상황에서 가장 놀라운 것은, 유물론적 과학의 사상적 기반을 뒤흔드는 이 모든 새로운 증거를 여전히 묵살하고 무시하려 드는 학계의 태도일 것이다. 인본주의 심리학의 창시자인 에이브러햄 매슬로우와 앤소니 수티치는 기존의 관념틀이 이 혁명적인 새로운 자료들을 감당하지 못함을 깨닫고 초개아 심리학이라는 새로운 심리학 분야를 창립했다. 지금 이 분야는 일체지향적 상태를 포함한 인간의 모든 경험을 연구하면서 과학과 영성을 융합하고자 진지하게 노력하고 있다.

결론

이 마지막 장을 쓴 주된 목적은, 이 책에서 설명한 우주관이 과학의 발견들과 모순되는 것이 아니라 그 발견에서 부적절하게 추론된 철학적 결론들과 모순된다는 사실을 명확히 하기 위해서였다. 이 책에서 소개한 체험과 관찰 결과들은 과학이 아니라 유물론에 이의를 제기한다. 나는 유물론적 세계관이 과학적 증거와 사실로부터 뒷받침되지 못하는 의심스러운 사상적 기반에 의존한다는 점이 잘 설명되었기를 바란다.

전통적인 관점에서 그것이 얼마나 어리석어 보이든 상관없이, 개방적이고 자유로운 태도의 과학적 방법론으로써 제약 없이 접근 가능한 현실 영역을 탐구하는 것이야말로 진정한 과학의 특징이다. 나는 여러 분야에서 활동하는 현대 의식 연구의 선구자들이 정확히 그 일을 해왔다고 믿는다. 그들은 용감하게 일체지향적 상태의 넓은 영역을 탐구했고, 그 과정에서 엄청난 양의 놀라운 자료들을 축적했다. 그들이 관찰한 대부분의 현상들은 오랫동안 확실한 과학적 사실로 잘못 받아들여진 뿌리 깊은 신념들에 정면으로 도전한다.

40년이 넘도록 의식 연구에만 전념해오면서, 나는 일체지향적 상태에 관련된 모든 자료를 체계적으로 왜곡하고 검열하는 것만이 유물론적 과학이 현재의 세계관을 유지할 수 있는 유일한 방법임을 확신하게 되었다. 이 반증 자료들의 원천이 역사 연구든, 비교종교학, 인류학, 또는 현대 의식 연구의 다양한 분야든 간에, 지금까지 그들의 전략은 확실히 성공적으로 먹혀들었다. 초심리학, 환각요법, 체험적 심리요법들에는 두말할 필요가 없다. 사망학과 향정신성 실험 기법들도 마찬가지다.

나는 그들의 전략이 영원히 지속될 수 없다고 믿는다. 유물론의 주춧돌인 기본 가정들은 오늘날의 과학적 자료들로부터 제대로 지지받지 못하고 있다. 반대로 묵살하고 무시해야 할 의식 연구의 증거들은 그 양이 빠르게 늘고 있다. 초개아 심리학의 주장들이 유물론적 과학관과 양립할 수 없다는 말만으로는 부족하다. 이런 사상적 반론을 잠재우려면, 먼저 초개아 심리학과 의식 연구의 관찰 결과들 — 이 책에서 소개된 것들을 포함해서 — 을 유물론적 패러다임 안에서 제대로 따져보고 설명할 수 있어야 한다.

유물론을 따르는 주류 비판가들이 초개아 분야의 연구자들이 해온 것보다 그 작업을 더 성공적으로 해낼 수 있을지는 심히 의심스럽다. 나는 초개아 분야의 연구자들을 개인적으로 알고 지내는 특권를 누렸다. 그들은 전통 학문을 배경으로 삼고 있고, 자신들의 발견을 담아낼 기존의 설명을 찾는 데 많은 노력을 쏟다가 결국 근본적인 대안을 찾기로 결심한 사람들이다. 나 자신의 경험으로 보아도, 초개아 심리학이 태동한 것은 드러난 관찰 결과를 설명하기에는 낡은 패러다임이 고통스러울 정도로 부적절하고 혼란스럽기 때문이었지 그저 과거를 타파하는 일이 즐겁고 신나서가 아니었다.

이 책에서 설명한 우주관이 그 어떤 과학 분야의 관찰 결과나 사실과도 충돌하지 않는다는 점은 거듭 강조되어야 한다. 미심쩍고 의심스러운 것은 오히려 이런 관찰 결과들로부터 추론된 철학적 결론의 타당성이다. 이 책에서 제시된 개념들은 유물론적 과학의 세부사항들을 조금도 변화시키지 않는다. 다만 이 세계를 구성하고 있는 현상들을 설명해주는 상위 개념구조를 제공할 뿐이다. 유물론적 세계관에 따르면, 우주는 본질적으로 스스로 창조된 하나의 기계적 시스템이고, 의식은 물질의 작용으로부터 비롯된 현상이다. 하지만 초개아 심리학과 의식 연구의 발견들은 우주가 지고한 우주 지성의 창조물이고 의식이야말로 존재의 본질이라는 주장을 분명하게 뒷받침한다.

의식보다 물질이 우선하고, 우주 만물의 설계도 속에 창조 지성 따위는 존재하지 않는다는 과학적 발견은 지금까지 어디에도 없었다. 유물론적 과학의 발견에 의식 연구의 통찰을 더함으로써, 우리는 지금까지 불만스럽고 설득력 없는 설명만 난무했던 우주의 여러 중요한 측면들을 더욱 완전히 이해하게 된다. 우주 창조, 지구 생물의 기원, 종의 진화, 의식의 본질과 기능 등에 관한 근본적인 의문들이 여기에 해당한다.

덧붙이자면, 이 새로운 우주관은 필연적으로 풍부한 대역의 일체지향적 체험들과 그 관련 현상들을 품어 안는다. 유물론적 과학은 이 넓고도 중요한 존재 영역에 대해 논리적이고 설득력 있고 합리적인 설명을 제시하는 데 실패했다. 나는 실망스러운 노력을 거듭한 끝에, 학교 교육을 받는 동안 습득했던 관념 틀 안에서 내 체험과 관찰을 설명할 수 있으리라는 희망을 스스로 포기했다. 만약 초개아 심리학을 비판하는 사람들 중 누군가가 일체지향적 체험이라는 놀라운 세계에 대한 설득력 있고 균형 있고 현실성 있는 유물론적 설명을 제시하는 데 성공한다면, 나는 기꺼이 그것을 환영하고 축하하는 첫 번째 사람이 될 것이다.

◇ 감사의 말 ◇

이 책은 인간 정신의 미답지를 개척해온 내 여행, 사적인 동시에
직업적이었던 그 40년간의 탐험에서 수확한 철학적, 영적인 통찰
들을 집대성하기 위한 시도다. 그것은 혼자서는 해낼 수 없을 만큼
복잡하고 혹독하고 때로는 도전적인 순례였다. 수십 년간, 나는 많
은 사람들로부터 이루 헤아릴 수 없는 도움과 영감과 용기를 얻었
다. 그중 일부는 가까운 친구들이었고, 다른 일부는 훌륭한 스승들
이었지만, 대부분의 사람들은 그 두 가지 역할을 함께하며 내 인생
에 커다란 영향을 미쳤다. 그 모두에게 일일이 감사를 표할 수는
없지만, 적어도 몇 사람만큼은 특별히 언급을 해야겠다.

　　인류학자이자 바스크[1] 신비 전통의 영적 교사(vision maker)의

---

1)　Basque. 프랑스 국경과 접한 스페인의 피레네 산맥 서부.

딸인 엔젤레스 에리엔Angeles Arrien은 오랫동안 나의 참된 벗이자 훌륭한 스승이었다. 그녀는 40년간의 영적 훈련을 통해, 남성성과 여성성을 정신적으로 통합하고 '신비주의 행로를 현실의 두 발로써 걸어가는' 훌륭한 본보기가 되어주었다.

기발하고 독창적인 사상가 그레고리 베이트슨Gregory Bateson은 캘리포니아 빅써의 에살렌 연구소(Esalen Institute)에서 2년 반 동안 함께 주재 학자로 지내면서 수백 시간에 걸쳐 사적·직업적 토론을 나눌 특별한 기회를 주었고, 나의 위대한 교사이며 특별한 친구였다. 그는 나와의 대화에서 신비적인 요소가 눈곱만큼 끼어드는 것조차 허용하지 않았다. 그러나 그의 집요한 논리와 탐구적인 자세는 기계론적 과학관에 예리한 비평을 제공함으로써 초개아적 통찰의 문을 활짝 열어주었다.

데이비드 봄David Bohm은 내 연구 결과를 인간 의식의 차원과 본질, 다른 한편으로는 과학적 세계관과 연결 짓는 데 매우 결정적인 도움을 주었다. 그가 제시한 홀로그램 우주 모델은 내 이론을 펼치는 데 무척 중요한 역할을 했다. 칼 프리브람Karl Pribram의 뇌 모델이 홀로그램 원리에서 비롯되었다는 사실 또한 이런 연결 작업에 큰 도움을 주었다.

조셉 캠벨Joseph Campbell은 뛰어난 사상가, 이야기꾼, 큰 스승이자 오랫동인 절친한 벗으로서 신의 세계로 건네주는 다리인 신화의 가치를 이해하도록 나를 인도해주었다. 그는 내 생각에 큰 영향을 주었고, 또 그만큼 내 사생활에도 도움을 주었다. 오늘날 나는

C. G. 융과 조셉 캠벨이 구축한 신화학이, 영성과 종교에서 중요한 역할을 하고 있는 만큼이나 심리학에서도 매우 중요한 의미를 지니고 있다고 생각한다.

프리초프 캐프라Fritjof Capra의 명저 《물리학의 도》(the Tao of Physics)는 나의 지적 탐구에 극적인 영향을 미쳤다. 그가 상대론적 양자물리학과 동양의 영적 철학들을 함께 제시했기에, 나는 언젠가는 영성과 초개아 심리학이 미래 과학의 보편적인 패러다임에서 빼놓을 수 없는 한 분야가 되리라는 희망을 품게 되었다. 이 책은 마치 구속복을 입은 듯이 학교에서 배운 내용에만 얽매였던 내게 엄청난 자유를 주었다. 오랫동안 이어진 그와의 우정은 영감의 큰 원천이 되었다.

데이비드 스테인들래스트David Steindl-Rast 형제는 베네딕트 수도사이자 철학자로서, 내게 영성과 종교의 차이점을 가르쳐주었다. 그리고 더 나아가, 내가 어렸을 때는 그리스도 교회의 복잡하고 혼란스러운 역사 탓에 제대로 알지 못했던 예수 가르침의 본질과 그리스도교의 신비적 핵심을 제대로 이해할 수 있게 도와주었다.

마이클 하너Michael Harner는 인류학자로서의 학문적인 소양과 아마존에서의 샤먼 입문 체험을 독창적으로 통합해왔으며, 내게는 가장 가까운 친구이자 훌륭한 선생이다. 나는 그를 통해 인류의 가장 오랜 종교이자 치유 기법인 샤머니즘을 이론과 경험 양면에서 깊이 이해하고 받아들이게 되었다. 그 덕분에 북아메리카 원주민, 멕시코 원주민, 남아메리카 원주민, 아프리카 원주민 샤먼들과도 함께 작업할 수 있었다.

앨버트 호프만Albert Hofmann은 내 사생활과 일에 간접적으로, 그러나 그 어떤 사람보다 깊은 영향을 미쳤다. 그가 '우연히' 발견한 LSD의 강력한 환각 효과는 초보 정신과의사였던 나를 LSD 체험으로 이끌었다. 이 실험은 그 후 내 사생활과 직업을 완전히 변화시켰고 비일상적 의식 상태에 대한 깊은 흥미를 일으켰다.

잭 콘필드Jack Kornfield는 사랑하는 친구이자 동료, 영적 선생이며 명상실 안에서는 물론이고 일상생활에서도 (불교적) '방편'의 진정한 스승이다. 그는 서양 심리학의 학술적인 훈련과 불교 승려로서 수행해온 세월을 하나로 비범하게 통합했다. 친구들이든 제자들이든, 그를 아는 모든 사람은 그의 자비심과 지혜와 멋진 유머에 감탄한다. 서로 알고 지내온 20여 년간, 우리는 많은 워크숍과 명상회를 공동으로 진행해왔다. 아마도 나는 지금껏 읽어온 영성·불교 서적들보다도 그에게서 더 많은 것을 배웠으리라.

어빈 라즐로Ervin Laszlo는 전 세계에서 시스템 철학과 일반 진화론의 으뜸가는 학자로서, 내 일에 커다란 영향을 미쳤다. 물질과 생명과 마음을 하나의 통합된 과학으로 개괄하고 서술해낸 그의 저서들, 그리고 그와 개인적으로 나누었던 토론들은, 내가 보고 경험한 것들을 이해하는 데 가장 만족스러운 개념 체계를 제공해주었다. 그 덕분에 나는 연구 결과를 통합하여 영성과 과학을 함께 아우르는 포괄적인 세계관을 구축하게 되었다.

랄프 메츠너Ralph Metzner는 정밀한 학식과 인간의 본성과 미

래에 대한 관심, 대담한 정신까지 두루 갖춘 보기 드문 심리학자이
자 심리치료사로서, 처음 만났던 30여 년 전부터 지금까지 늘 훌륭
한 친구이자 도반이었다. 그는 내게 자극적이고 흥분되는 경험과
관찰 앞에서도 감정의 균형과 지적인 엄밀함을 잃지 않는 훌륭한
본보기였다.

람 다스Ram Dass는 특별한 친구들 무리의 또 다른 일원으로
서, 내게는 가장 중요한 영적 스승 중의 하나였다. 야나 요가[2], 박
티 요가[3], 카르마 요가[4], 라자 요가[5]를 독창적으로 통합하여 수행
해온 그는 영적인 탐구에서 겪은 모든 승리와 실패를 숨김없이 드
러내 보임으로써, 우리 문화에서 영적 구도자의 전형이 되었다. 그
와 수없이 만나는 동안에 내가 그에게서 독특한 통찰과 아이디어
를 얻지 못한 경우는 한 번도 없었다.

루퍼트 쉘드레이크Rupert Sheldrake는 날카롭고 명확한 시선으
로 주류 과학의 결점을 찾는 데 도움을 주었다. 덕분에 나는 연구
결과가 기존 개념 체계의 기본 가정에 어긋나더라도, 새로운 관찰
결과에 더욱 마음을 열고 나 자신의 판단을 신뢰하게 되었다. 그는
내가 체험의 양상과 규칙, 의미를 적절하게 설명해내야 하며 그것
이 내 연구에서 특별히 중요하리라는 사실을 일깨워주었다.

릭 타나스Rick Tarnas는 심리학자, 철학자, 점성가로서 내게는

---

2) 지혜와 철학을 강조하는 요가
3) 신적인 대상에 대한 믿음과 헌신을 강조하는 요가
4) 욕망과 집착에 얽매이지 않는 행위를 강조하는 요가
5) 몸과 마음의 통제를 강조하는 요가

가장 가까운 친구들 중 한 명이자 새로운 아이디어와 영감의 끊임 없는 원천이었다. 캘리포니아 빅써의 에살렌 연구소에서 함께 지내던 몇 년간, 그리고 최근에 캘리포니아 통합학문연구소(California Institute of Integral Studies)에서 합동 강의를 해오는 동안 우리는 일체 지향적 의식 상태, 원형 심리학, 자오선 점성학 사이의 놀라운 상관관계를 조사해왔다. 그의 꼼꼼한 조사를 통해 나는 우주 창조의 이면에 숨겨진 거대한 밑그림을 이해하게 되었다.

찰스 타트Charles Tart는 자신의 신념만이 옳다는 유혹에 흔들리지 않고 설혹 초심리학이나 영성과 같이 오해받고 물의를 일으키는 비정통적인 연구일지라도 끝내 수행해내고야 마는 성실함과 정직함, 용기를 두루 갖춘 훌륭하고 수준 높은 학자의 본보기였다. 나는 그에게 감탄하며 많은 것을 배웠다.

프랜시스 본Francis Vaughen과 로저 월시Roger Walsh는 초개아 심리학 분야의 중요한 선구자이며 인도자이다. 연구 동료이자 삶의 동반자이기도 한 이 두 사람에게 나는 감사의 마음을 전한다. 그들은 내게 지속적으로 영감과 지원과 용기를 주었다. 그들은 강의, 세미나, 저술, 그리고 사적인 삶을 통해서, 내게 과학과 영성과 온건한 삶이 통합될 가능성을 직접 보여주었다. 이 부부가 내 친구이자 동료라는 사실은 아주 멋진 일이다.

켄 윌버Ken Wilber는 과학과 영성이 조화될 미래를 위해 단단한 철학적 기반을 다지는 데 그 누구보다도 커다란 기여를 했다. 세계 곳곳의 대단히 다양한 수행 체계들로부터 취합해낸 자료들을 비범하게 통합한 그의 명저들은 실로 역작으로 불릴 만하다. 그와 나는 때때로 세부적인 면에서 의견이 엇갈렸지만, 그의 연구는 내게 풍부한 정보와 자극을 주고 개념적 문제를 제시해주었다. 그리고 나는 지금 이 책에 대한 그의 날카로운 비판도 매우 반갑게 받아들이고 있다.

나는 수년간 내 연구를 아낌없이 지지해주고 내 삶에 유머와 영감을 가져다준 존 부캐넌John Buchanan에게 깊은 고마움을 느낀다. 마지막으로, 열린 마음과 넓은 아량으로 초개아 심리학 분야에서 논란이 될 법한 개념들을 자유로이 주고받도록 지지하고 격려해준 캘리포니아 통합학문연구소장 로버트 맥델못Robert McDermott에게 깊은 존경을 표한다. 또한 그가 이 책의 초고를 읽고 보내준 사려 깊고 귀중한 조언에도 진심으로 고마움을 느낀다.

폭풍과도 같았던 지난 여정에서 그 부침과 소동을 함께 겪어온 아내 크리스티나Christina, 동생 파울Paul, 그리고 돌아가신 부모님께 특별히 감사드린다. 크리스티나와 나는 이 책에 중요한 자료들을 제공한 홀로트로픽 요법을 함께 개발하여 세계 각지에서 열린 워크숍과 훈련에서 사용해왔다. 나는 우리가 오랫동안 함께 겪어온 영적 여정 속에서 그녀가 이바지한 모든 부분에 깊이 감사한다. 그리고 유능하고 믿음직하고 헌신적인 동료이자 소중한 친구로서 내 인생에 중요한 역할을 해온 캐리Carry Sparks와 탑 스파크Tav Sparks 부부에게도 고마움을 전하고자 한다.

이 책에 절대적이고 결정적인 도움을 준 많은 사람들의 이름을 다 밝히지는 못한다. 나는 오랫동안 함께 일해온 사람들, 그리고 비일상적 의식 상태에서의 통찰과 경험을 내게 공개해준 수천 명의 사람들에게 이 책을 바친다. 현실의 숨겨진 영역을 탐사하는 그들의 용기에 깊은 존경을, 자신의 놀라운 모험을 내게 나누어준 솔직하고 열린 태도에 깊은 감사를 표한다. 그들이 없었다면 이 책은 탄생하지 못했을 것이다.

삶이 끝없는 인연의 연속이듯이, 확실히 저자와 역자도 보이지 않는 인연으로 맺어져 있는 것 같다.

　　나는 대학교 2학년 때 처음으로 스타니슬라프 그로프를 알게 되었다. 취향이 같았던 한 친구와 함께 고리타분한 심리학 전공 수업 — 졸업할 때가 다 되어서야 재미를 느끼기 시작했다 — 보다는 명상과 요가, 탄트라와 쿤달리니, 채널링과 ESP 등에 대한 이야기를 나누는 데 푹 빠져 있던 시절이었다. 우리는 심리학사史 수업의 조별 발표에다 수업 내용과 전혀 관련 없는 초개아 심리학의 역사와 의미를 덧붙이는 대담한 짓을 벌이기도 했다. 예상외로 담당 교수님은 기특하게 봐주셨지만, 예상대로 반半 수면 상태에 빠져 있던 동기와 선후배들은 아무 반응이 없었다. 어쨌든 그 일로 더욱 한마음이 된 우리는 '인사이트Insight'라는 학과 내 소모임까지 만드는 성과를 이뤘다. 지금 생각해도 너무나 멋진 이름에, 아마도 국내 심리학과에서는 최초의 비주류 심리학 연구 모임이었을 텐데, 내가 군입대를 하기 전까지도 회원은 계속 우리 둘뿐이었다. (사실은 한 명의 명예 회원이 더 있었지만, 그 친구는 무예와 사주명리학에 관심이 더 많았다.)

그때 우리는 《트랜스퍼스널 심리학》(정인석 지음)이라는 책에 빠져 있었다. 대체 몇 부나 팔렸을까 걱정될 만큼 출간되자마자 서점의 구석 자리로 밀려나 버린 책이었지만, 그 안에는 우리의 허기를 달래줄 내용이 잔뜩 담겨 있었다. 그중에서도 나는 에이브러햄 매슬로우의 인간적인 매력과 켄 윌버의 압도적인 지성에 매료되었고, 그 친구는 스타니슬라프 그로프의 홀로트로픽 요법에 큰 관심을 보였다. 어느 날인가 그 친구는 내게 이런 제안을 하기도 했다.

"여기 나온 설명이 짧긴 하지만, 한번 시도해볼 수는 있겠어. 날짜를 정해서 여관방을 하나 잡자. 너는 그냥 누워서 호흡만 격하고 빠르게 유지하면 돼. 그러면 뇌의 산소량이 많아지면서 뭔가 정신적인 체험이 일어날 거야. 내가 옆에서 보호해줄 테니까 걱정할 것 없어. 이건 정말 둘도 없는 기회야. 꼭 해봐야 한다고!"

다행히 내가 겁을 집어먹고 이런저런 핑계를 대는 통에 거사는 성사되지 않았지만, 아마 우리 둘 중에 한 명이 자취라도 하고 있었다면 나는 꼼짝없이 첫 번째 실험대상이 되어야 했을 것이다. (비록 시간이 많이 지나긴 했지만, 국내에서 홀로트로픽 세션이 정식으로 열린다면 그 친구와 함께 꼭 참여해보고 싶다. 아쉽게도 정보가 늦어 몇 번의 기회를 놓치고 말았다.)

우리는 그렇게 과내 아웃사이더의 길을 걷다가 졸업을 했고, 나는 한동안 명상 프로그램을 기획하는 일과 회보지를 편집하는 일을 ─ 말처럼 거창한 작업은 아니다 ─ 맡으면서 나름대로 많은 명상가와 수행자, 구도자와 요법가들을 만나게 되었다. 그들이 말하는 영적 세계는 내 생각보다 훨씬 흥미롭고 드넓은 곳이었지만, 그만큼이나 실망스럽고 앞뒤가 맞지 않는 부분도 많았다. 속내를 말하자면, 특별한 체험은 했을지언정 전혀 성숙한 영혼으로는 보이지 않는 사람들을 보면서, 나는 이 모든 것이 또 하나의 문화적 허구가 아닌가 하는 회의에 빠지기도 했다.

그런 나의 흔들림을 잡아준 것은, 감성적으로는 존경할 만한 몇몇 수행자들의 모습이었고, 이성적으로는 초개아 심리학의 통합적 사상이었다. 말하자면 영적 분야에서 빚어지는 갈등과 모순은, 서로 다른 차원에서 존재하므로 충돌할 수 없는 체험이나 개념들을 하나의 평면 속에 몰아넣음으로써 빚어진 결과였다. 따라서 우리에게는 그 모든 요소를 끌어안은 더 입체적인 지도가 필요하다. 이 책에서도 그로프가 거듭 강조하듯이, 영성을 삶의 새로운 가치로 삼기로 결심한 사람들에게 얼마나 유용한 지도가 제공될 수 있느냐에 따라 개인의 행복은 물론이고 인류의 미래까지 크게 달라질 것이다.

어쨌든 이런 과정을 거쳐서, 한때 무허가 세션을 벌일 뻔했던 나는 저자와 역자의 관계로서 그로프를 다시 만나게 되었다. 내가 옮긴이의 글에서 이런 사적인 감상과 이야기를 늘어놓은 이유는, 그로프의 열정적인 연구와 사상를 직접 평하는 것이 내게는 주제넘은 일로 여겨지기 때문이다. 이미 국내에서도 자아초월상담학 대학원 과정이 개설되고 트랜스퍼스널 학회가 생겨나 매달 세미나를 여는 등 많은 전문가들의 꾸준한 노력이 이 분야에서 조금씩 결실을 맺어가고 있다. 초개아 심리학의 대표적 이론가인 켄 윌버의 저서들이 속속 소개되고 있는 것도 한 사람의 독자로서 참 반가운 일이다. 그로프의 연구에 대한 평가와 비판은 그분들의 몫이 되어야 한다고 생각한다.

그런 전문가들의 노력에 감히 비할 바는 아니지만, 초개아 심리학 분야에서 켄 윌버에 못지 않은 영향력을 갖고 있는 그로프의 대표작을 소개하는 데 손을 보탰다는 사실만으로도 나는 행복하고 뿌듯하다. 부족한 번역 실력을 꼼꼼하게 메워주신 이균형 주간님과 번역 용어를 선택하는 데 도움을 주신 한국화이트헤드학회의 이현휘 선생님께 깊이 감사드린다. 비록 완벽한 지도까지는 아니라고 할지라도, 이 책은 정신세계 애호가들에게 귀중한 이정표 노릇을 톡톡히 해줄 것이다. 모쪼록 내가 대학생일 때 '인간 의식의 미개척지'에 대해 느꼈던 호기심과 흥분이, 이 책을 통해 독자 여러분들의 마음속에서도 솟아난다면 역자로서 더 바랄 것이 없겠다.

◇ 참고문헌 ◇

Alexander, F. 1931 "Buddhist Training as Artifcial Catatonia." *Psychoanalyt. Rev.* 18: 129.

Ash, S. 1967. *The Nazarene.* New York: Carroll and Graf.

Aurobindo, Sri. 1976. *The Synthesis of Yoga.* Pondicherry, India: Sri Aurobindo Ashram, Publication Department.

Aurobindo, Sri. 1977. *The Life Divine.* Pondicherry, India: Sri Aurobindo Ashram, Publication Department.

Bache, C. M. 1980. *Lifecycles: Reincarnation and the Web of Life.* New York: Paragon House.

———. 1996. "Expanding Grof's Concept of the Perinatal." *Journal of Near-Death Studies* 15: 115.

———. 1997. Dark Night, Early Dawn: *Death-Rebirth and the Field Dynamics* (unpublished manuscript).

Barrow, J. D. and Tipler, F. J. 1986. *The Anthropic Cosmological Principle.* Oxford: Clarendon Press.

Behe, M. 1996. *Darwin's Black Box: The Molecular Challenge to Evolution.* New York: The Free Press.

Bohm, D. 1980. *Wholeness and the Implicate Order.* London: Routledge & Kegan Paul.

Bolen, J. S. 1984. *Goddesses in Everywoman. A New Psychology of Women.* San Francisco: Harper & Row.

———. 1989. Gods in Everyman: *A New Psychology of Men's Lives and Loves.* San Francisco: Harper & Row.

Campbell, J. 1968. *The Hero with a Thousand Faces*. Princeton, NJ: Princeton University Press.

———. 1972. *Myths to Live By*. New York: Bantam.

Chittick, W. 1983. *The Sufi Path of Love*. Albany State University of New York Press.

Cicero: *De Legibus*. Newburyport, MA.: Focus Information Group, Inc.

Crick, F. 1981. *Life Itself, Its Origin, and Nature*. New York: Simon & Schuster.

———. 1994. *The Astonishing Hypothesis: The Scientific Search for the Soul*. New York: Scribner.

Dante, A. 1989. *The Banquet* (C. Ryan, trans.). Saratoga, CA: Amma Libri & Co.

Dawkins, 1986. *The Blind Watchmaker*. Harlow, UK: Longman.

deMause, L. 1975. "The Independence of Psychohistory." In *The New Psychohistory*(L. deMause, ed.). New York: The Psychohistory Press.

Einstein, A. 1962. Mein Weltbild. Berlin: Ullstein Verlag.

Fromm, E. 1973. Anatomy of Human Destructiveness. New York: Holt, Rinehart & Winson.

Gennep, A. van. 1960. *The Rites of Passage*. Chicago: University of Chicago Press.

Goleman, D. 1995. *Emotional Intelligence: Why It Can Matter More Than IQ*. New York: Bantam Books.

Grof, S. 1975. *Realms of the Human Unconscious: Observations from LSD Research*. New York: Viking Press.

———. 1980. *LSD Psychotherapy*. Pomona, CA: Hunter House.

———. 1985. *Beyond the brain: Birth, Death, and Transcendence in Psy-chotherapy*. Albany: State University of New York Press.

———. 1988. *The Adventure of Self-Discovery*. Albany: State University of New York Press.

———. 1994. *Books of the Dead: Manuals for Living and Dying*. London: Thames & Hudson.

———. 1996. "Planetary Survival and Consciousness Evolution: Psychological Roots of Human Violence and Greed." *World Futures* 47: 243.

Grof, S. and Bennett, Z. 1992. *The Holotropic Mind: The Three Levels of Human Conscious and How They Shape Our Lives*. San Francisco: Harper Publications.

Grof, S. and Grof, C. 1980. *Beyond Death: The Gates of Consciousness*. London: Thames & Hudson.

Grof, C. and Grof, S. 1990. *The Stormy Search for the Self*. Los Angeles: J. P. Tarcher.

Hahn, T. N. 1993. "Please Call Me by My True Names." In Collected Poems. Berkeley, CA: Parallax Press.

Harman, W. 1984. *Higher Creativity: Liberating the Unconscious for Breakthrough Insights*. Los Angeles: J. P. Tarcher.

Hines, B. 1996. *God's Whisper, Creation's Thunder: Echoes of Ultimate Reality in the New Physics.* Brattleboro, VT: Threshold Books.

Hoyle, F. 1983. *The Intelligent Universe.* London: Michael Joseph.

Huxley, A. 1945. *Perennial Philosophy.* New York and London: Harper and Brothers.

———. 1959. *The Doors of Perception and Heaven and Hell.* Harmondsworth, UK: Penguin Books.

Johnson, P. E. 1993. *Darwin on Trial.* Downer's Grove, IL; Intervarsity Press.

Jung, C. G. 1956. *Symbols of Transformation. Collected Works,* vol. 5, Bollingen Series XX. Princeton, NJ: Princeton University Press.

———. 1959. *The Archetypes and the Collective Unconscious. Collective Works,* vol. 9, 1. Bollingen Series XX. Princeton, NJ: Princeton University Press.

———. 1960. *Synchronicity: An Acausal Connecting Principle. Collected Works,* vol. 8, Bollingen Series XX. Princeton, NJ: Princeton University Press.

———. 1973. Letter to Carl Selig, February 25, 1953. C. G. *Jung's Letters,* vol. 2, Bollingen Series XCV. Princeton, NJ: Princeton University Press.

Koestler, A. 1978. *Janus.* New York: Random House.

Lao-tzu. 1988. *Tao Te Ching* (Stephen Mitchell trans.). New York: Harper & Row.

Laszlo, E. 1993. *The Creative Cosmos.* Edinburgh: Floris Books.

Leibniz, G. W. von. 1951. *Monadology.* In *Leibniz:* Selection (P. P. Wiener, ed.). New York: Scribner.

Lovejoy, A. O. 1964. *The Great Chain of Being: A Study of History of and an Idea.* Cambridge, MA: Harvard University Press.

Maslow, A. 1964. *Religions, Values, and Peak Experiences.* Columbus, OH: Ohio State University Press.

Monroe, R., 1994. *The Ultimate Journey.* New York: Garden City, NY. Doubleday.

Mookerjee, A. and Khanna, M. 1977. *The Tantric Way.* London: Thames & Hudson.

Murphy, M. and White, R. A. 1978. *The Psychic Side of Sports.* Menlo Park, CA: Addison-Wesley.

Odent, M. 1995. "Prevention of Violence or Genesis of Love" Which Perspective?" Presentation at the Fourteenth International Transpersonal Conference in Santa Clara, California, June.

O'Neill, E. 1956. *Long Day's Journey into Night.* New Haven, CT: Yale University Press.

Origenes Adamantius (Origen). 1973. *De Principiis (On First Principles).* (G. T. Butterworth, trans.). Gloucester, MA: Peter Smith.

Pagels, H. 1990. *The Cosmic Code*. New York: Bantam Books.

Perls, F. 1976. *The Gestalt Approach and Eye-Witness to Therapy*. New York: Bantam.

Pistis Sophia. 1921. (G. R. S. Mead, trans.). London: John M. Watkins.

Plato. 1961a. *Laws. The Collected Dialogues of Plato*. Bollingen Series LXXI. Princeton, NJ: Princeton University Press.

———. 1961b. *The Republic. The Collected Dialogues of Plato*. Bollingen Series LXXI. Princeton, NJ: Princeton University Press.

Plotinus. 1991 *The Enneads*. London: Penguin Books.

Ring, K. 1982. *Life at Death: A Scientific Investigation of the Near-Death Experience*. New York: Quill.

———. 1985. *Heading toward Omega: In Search of the Meaning of the Near-Death Experience*. New York: Quill.

Ring, K. and Cooper, S. 1996. "Seeing with the Senses of the Soul (Sehen mit den Sinnen der Seele)." *Esotera* 12: 16-21.

Roberts, J. 1973. *The Education of oversoul-7*. Englewood Cliffs, NJ: Prentice Hall.

Ross, C. *Multiple Personality Disorder: Diagnosis, Clinical Features, and Treatment*. New York: John Wiley.

Sartre, J.-P. 1960. *The Devil and the Good Lord*. New York: Alfred A. Knopf.

Schuon, F. 1969. *Spiritual Perspectives and Human Facts*. London: Perennial Books.

Smith, H. 1976. *The Forgotten Truth: The Common Vision of The World's Religions*. San Francisco: Harper & Row.

Smoot, G. and Davidson, K. 1993. *Wrinkles in Time*. New York: W. Morrow

Stevenson, I, 1966. *Twenty Cases Suggestive of Reincarnation*. Charlottesville, VA: University of Virginia Press.

———. 1984. *Unlearned Language*. Charlottesville, VA: University of Virginia Press.

———. 1987 *Children Who Remember Previous Lives*. Charlottesville, VA: University of Virginia Press.

———. 1997. *Reincarnation and Biology: A Contribution to the Etiology of Birthmarks and Birth Defects*. Westport, CT: Praeger.

Tarnas, R. (In press). *Cosmos and Psyche: Intimations of a new World View*. New York: Random House.

Thorne, K. 1994. *Black Holes and Time Warps: Einstein's Outrageous Legacy*. New York: W. W. Norton.

Traherne, T. 1986. *Centuries of Meditation*. Ridgefield, CT: Morehouse Publishers.

Wambach, H. 1979. *Life before Life*. New York: Bantam.

Wasson, R. G., Hofmann, A., and Ruck, C. A. P. 1978. *The Road to Eleusis: Unveiling the Secret of the Mysteries*. New York: Harcourt, Brace, Jovanovich.

Watson, B. (trans.). 1968. *Complete Works of Chuang Tzu*. University of Colorado Press.

Watts, A. 1966. *The Book about the Taboo against Knowing Who You Are*. New York: Vintage Books.

———. 1969. "Murder in the Kitchen." *Playboy, December 1969. Also in Does It Matter: Essays on Man's Relation to Materiality*. New York: Vintage Books, 1968.

Whitehead, A. N. 1929. *Process and Reality*. New York: Macmillan.

———. 1967. *Science and the Modern World*. New York: Free Press.

Wilber, K. 1980. *The Atman Project: A Transpersonal View of human Development*. Wheaton, IL: The Theosophical Publishing House.

———. 1983. *A Sociable God: Brief Introduction to a Transcendental Socio-logy*. New York: McGraw-Hill.

———. 1995. *Sex, Ecology, and Spirituality: The Spirit of Evolution*. Boston: Shambhala Publications.

———. 1996. *A Brief History of Everything*. Boston: Shambhala Publications.

———. 1997, *The Eye of Spirit: An Integral Vision for a World Gone Slightly Mad*. Boston: Shambhala Publications.

Williams, G. C. 1966. *Adaptation and Natural Selection*. Princeton, NJ: Princeton University Press.

Yockey, H 1992. *Information Theory and Molecular Biology*. Cambridge: Cambridge University Press.